"十四五"职业教育国家规划教材

"十三五"职业教育国家规划教材（修订版）

汽车发动机
电控系统检修

第 2 版

主　编　刘冬生　郭奇峰　韩松畴

副主编　陈帮鸿　何启勇　陆晓平

参　编　李选剑　张燕冲　吴川刚　林　宇　姜一平

　　　　刘耿坚　李虹瑾　魏志远　盛国超　李嘉锋

主　审　魏　霞

机械工业出版社

本书按照汽车运用与维修职业技能等级证书标准的要求编写，由发动机电控系统概述、进气系统传感元件的检查、燃油喷射控制系统的检查、点火控制系统的检查、辅助控制系统的检查共5个项目组成，每个项目根据任务的不同分成1~4个教学任务，每个教学任务包括学习目标（知识目标、技能目标、素养目标）、任务描述、相关知识、学习任务单、任务实施、工作任务单和评分细则7个部分。任务实施、工作任务单和评分细则涵盖了汽车运用与维修职业技能等级证书中汽车动力与驱动系统综合分析技术（初级）模块中动力系统检查与综合保养部分考核标准所要求的技能点。

本书采用了大量的图片，彩色印刷，并整合了移动多媒体技术，在书中相关资料文本或图片附近设置了二维码，读者用智能手机进行扫描，便可在手机屏幕上显示和教学材料相关的多媒体内容，方便读者理解相关知识，以便更深入、直观地学习。

本书内容新颖、全面、图文并茂、通俗易懂、易学好教，可作为职业院校汽车类专业学生的教学用书，也可作为职业技能培训和相关专业人员的参考书。

为方便教学，本书配有电子课件、学习任务单答案、工作任务单答案等资源，同时还配有"示范教学包"，可在超星学习通上实现"一键建课"，方便混合式教学。凡选用本书作为授课教材的教师均可登录www.cmpedu.com，以教师身份注册后下载资源，或咨询相关编辑：010-88379201。

图书在版编目（CIP）数据

汽车发动机电控系统检修 / 刘冬生，郭奇峰，韩松畴主编. —2版（修订本）.
—北京：机械工业出版社，2022.8（2025.9重印）
"十三五"职业教育国家规划教材
ISBN 978-7-111-71030-1

Ⅰ. ①汽… Ⅱ. ①刘…②郭…③韩… Ⅲ. ①汽车—发动机—电子系统—控制系统—检修—高等职业教育—教材 Ⅳ. ①U472.43

中国版本图书馆CIP数据核字（2022）第102452号

机械工业出版社（北京市百万庄大街22号　邮政编码100037）
策划编辑：师　哲　　　　　责任编辑：师　哲　谢熠萌
责任校对：梁　静　王明欣　封面设计：张　静
责任印制：刘　媛
北京华联印刷有限公司印刷
2025年9月第2版第13次印刷
210mm×285mm·12.5印张·232千字
标准书号：ISBN 978-7-111-71030-1
定价：54.80元

电话服务　　　　　　　　　网络服务
客服电话：010-88361066　　机　工　官　网：www.cmpbook.com
　　　　　010-88379833　　机　工　官　博：weibo.com/cmp1952
　　　　　010-68326294　　金　书　网：www.golden-book.com
封底无防伪标均为盗版　　机工教育服务网：www.cmpedu.com

关于"十四五"职业教育国家规划教材的出版说明

为贯彻落实《中共中央关于认真学习宣传贯彻党的二十大精神的决定》《习近平新时代中国特色社会主义思想进课程教材指南》《职业院校教材管理办法》等文件精神，机械工业出版社与教材编写团队一道，认真执行思政内容进教材、进课堂、进头脑要求，尊重教育规律，遵循学科特点，对教材内容进行了更新，着力落实以下要求：

1. 提升教材铸魂育人功能，培育、践行社会主义核心价值观，教育引导学生树立共产主义远大理想和中国特色社会主义共同理想，坚定"四个自信"，厚植爱国主义情怀，把爱国情、强国志、报国行自觉融入建设社会主义现代化强国、实现中华民族伟大复兴的奋斗之中。同时，弘扬中华优秀传统文化，深入开展宪法法治教育。

2. 注重科学思维方法训练和科学伦理教育，培养学生探索未知、追求真理、勇攀科学高峰的责任感和使命感；强化学生工程伦理教育，培养学生精益求精的大国工匠精神，激发学生科技报国的家国情怀和使命担当。加快构建中国特色哲学社会科学学科体系、学术体系、话语体系。帮助学生了解相关专业和行业领域的国家战略、法律法规和相关政策，引导学生深入社会实践、关注现实问题，培育学生经世济民、诚信服务、德法兼修的职业素养。

3. 教育引导学生深刻理解并自觉实践各行业的职业精神、职业规范，增强职业责任感，培养遵纪守法、爱岗敬业、无私奉献、诚实守信、公道办事、开拓创新的职业品格和行为习惯。

在此基础上，及时更新教材知识内容，体现产业发展的新技术、新工艺、新规范、新标准。加强教材数字化建设，丰富配套资源，形成可听、可视、可练、可互动的融媒体教材。

教材建设需要各方的共同努力，也欢迎相关教材使用院校的师生及时反馈意见和建议，我们将认真组织力量进行研究，在后续重印及再版时吸纳改进，不断推动高质量教材出版。

机械工业出版社

前　言

　　本书根据职业院校的教学特点，以提高学习者的职业能力和职业素养为宗旨，倡导以学生为本的教育理念，在进行广泛的企业、行业调研的基础上编写而成。

　　本书借鉴了德国职业教育的先进教学理念，把岗位能力标准作为课程教学目标和鉴定标准，按照岗位能力要求组织教学内容。在本书的开发过程中，充分体现了一体化的职业教育理念，贯穿"工作过程系统化"的项目课程开发思想，针对职业院校学生的学习特征设计教学活动。教学活动环境主要模拟企业真实的工作场所，学生通过完成任务描述所布置的任务掌握必需的理论知识，再通过任务实施有步骤地解决任务描述中的问题，进而逐步具备综合的职业能力。

　　本书坚持以就业与升学并重为导向，突出了职业技能教育的特色。本书的主要特点如下：

　　1）本书采用项目式编写模式，包括发动机电控系统概述、进气系统传感元件的检查、燃油喷射控制系统的检查、点火控制系统的检查、辅助控制系统的检查共5个项目，每个项目包含若干个工作任务。每个工作任务按照学习目标、任务描述、相关知识、学习任务单、任务实施、工作任务单和评分细则进行学习。

　　2）本书按照汽车专业领域职业技能等级证书汽车运用与维修职业技能考核（初级）培训方案准则进行编写，是"课证融通"教材的新尝试。

　　3）本书坚持理论与实践、知识学习与技能训练一体化，贯彻"做中学、学中做"的职教理念，强调实践与理论的有机统一，技能训练上力求满足企业用工需要，理论学习上做到适度、够用。

　　4）本书坚持过程评价和成果评价相结合，即对学生在学习每个工作任务过程中的表现和最后的实训成果进行评价。评价要求明确、直观、实用，可操作性强，可以很好地调动学生的学习积极性。

　　本书由刘冬生、郭奇峰、韩松畴任主编，陈帮鸿、何启勇、陆晓平任副主编。参与本书编写的还有李选剑、张燕冲、吴川刚、林宇、姜一平、刘耿坚、李虹瑾、魏志远、盛国超、李嘉锋。本书由魏霞主审。

　　本书在编写过程中参考了大量的书籍并借鉴了汽车维修手册和相关培训资料，在此谨向其作者及资料提供者致以诚挚的谢意。

　　由于编者水平有限，书中不妥之处，恳请广大读者和专家批评、指正。

编　者

二维码索引

目 录

项目一 / Project 1

发动机电控系统概述

任务

发动机电控系统的认知

随堂笔记

🛠 学习目标

知识目标

1）掌握发动机电控系统的基本组成与功用。

2）了解发动机电控燃油喷射系统的分类。

技能目标

1）能在实车上找到发动机电控系统各传感器、ECU 和执行器。

2）会熟练使用汽车故障诊断仪读取发动机故障码与数据流。

素养目标

1）能够在工作过程中与小组其他成员合作、交流，养成团队合作意识，锻炼沟通能力。

2）养成 7S 的工作习惯。

3）养成服从管理、吃苦耐劳与规范作业的良好工作作风。

🚗 任务描述

有一位丰田卡罗拉轿车车主将车开到维修站，反映发动机起动后位于仪表板左侧的发动机故障警告灯（图 1-1）常亮，需要维修。

发动机故障警告灯工作原理

图 1-1 发动机故障警告灯

相关知识

一、发动机电控系统的组成

发动机电控系统主要由燃料供给系统、点火控制系统、电子控制系统、辅助控制系统和自诊断系统等组成。

1. 燃料供给系统

燃料供给系统包括燃油供给系统和空气供给系统。

（1）燃油供给系统 燃油供给系统的作用是提供汽油喷射所需的压力燃油，在电控单元控制下将燃油喷入进气歧管，主要包括汽油箱、电动燃油泵、进油管、汽油滤清器、燃油分配管、油压调节器、回油管和喷油器等，如图1-2所示。

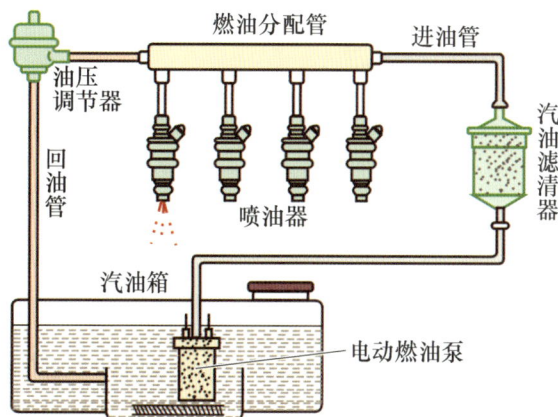

（2）空气供给系统 空气供给系统的作用是为发动机提供清洁的空气，并负责测量、控制汽油燃烧所需的空气量，主要包括空气滤清器、节气门、进气压力传感器、进气总管和进气歧管等，如图1-3所示。

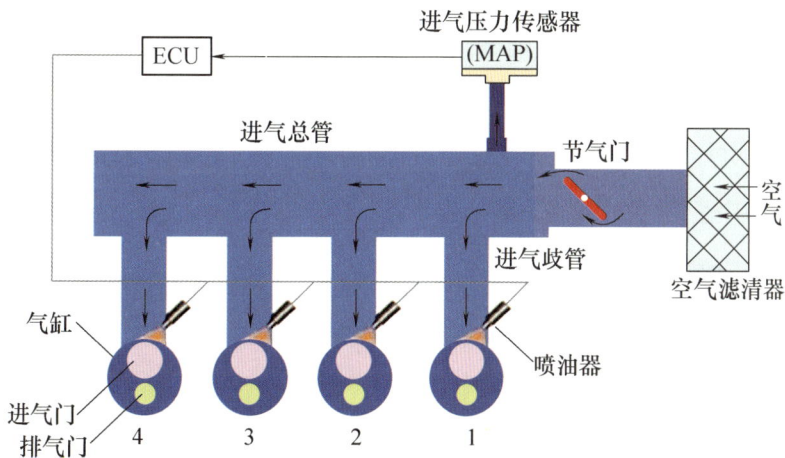

图1-2 燃油供给系统的组成

随堂笔记

图1-3 空气供给系统的组成

2. 点火控制系统

点火控制系统的作用是在适当的时刻产生电火花点燃被压缩的混合气，主要包括火花塞和点火线圈等，如图1-4所示。

3. 电子控制系统

电子控制系统负责收集发动机的工况信息，确定最佳喷油时刻、最佳喷油量和最佳点火时刻，主要由传感器、发动机电控单元（ECU）和执行器三大部分组成，如图1-5所示。

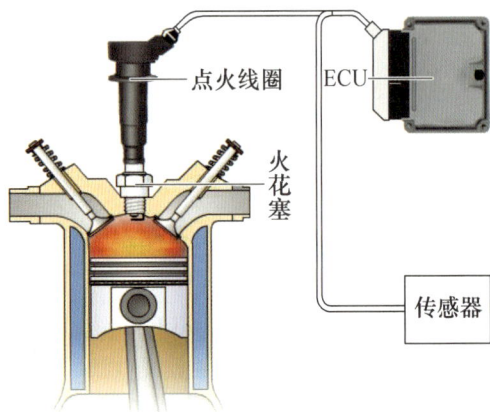

图1-4　点火控制系统的组成

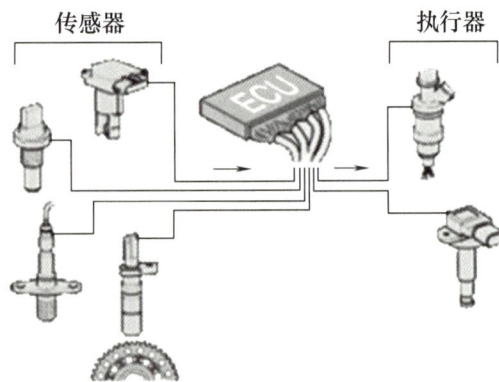

图1-5　电子控制系统的组成

（1）传感器　传感器是装在发动机各个位置的信号装置，用来检测发动机运行状态下的各种参数，并将它们转换成电信号，再输送给ECU。传感器相当于人的"眼睛、耳朵和鼻子"。电控汽油发动机一般安装有空气流量传感器、进气压力传感器、曲轴位置传感器、凸轮轴位置传感器、节气门位置传感器、冷却液温度传感器、进气温度传感器、氧传感器和爆燃传感器等。

随堂笔记

1）空气流量传感器（图1-6）安装在空气滤清器后方的进气管道上，用于测量发动机的进气量，并将进气量转换成电信号输送给ECU，是燃油喷射和点火控制的主控信号。

2）进气压力传感器（图1-7）安装在节气门后方的进气总管上，用于测量进气歧管内气体的绝对压力，并将进气歧管压力转换成电信号输送给ECU，作为燃油喷射和点火控制的主控信号。

图1-6　空气流量传感器

图1-7　进气压力传感器

3）曲轴位置传感器（图1-8）又称转速传感器，一般安装在曲轴前端或后端的气缸体上，用于测量曲轴转角，给ECU提供发动机转速和曲轴转角信号，作为喷油正时控制和点火控制的主控信号。

4）凸轮轴位置传感器（图1-9）一般安装在凸轮轴前端或后端的壳体上，用于给ECU提供曲轴转角基准信号（G信号），作为喷油正时和点火正时控制的主控信号。

图1-8　曲轴位置传感器　　　图1-9　凸轮轴位置传感器

5）节气门位置传感器（图1-10）安装在节气门阀体上，通常与节气门做成一体，用于检测节气门的开度及开度变化，并将此信号转变为电信号输送给ECU，用于燃油喷射控制和其他辅助控制。

6）冷却液温度传感器（图1-11）安装在气缸盖上或发动机出水口的管道上，用于给ECU提供发动机冷却液温度信号，作为燃油喷射控制和点火控制的修正信号。

图1-10　节气门位置传感器

随堂笔记

7）进气温度传感器（图1-12）安装在进气管上，大部分车型将其与空气流量传感器或进气压力传感器做成一体，用于给ECU提供进气温度信号，作为燃油喷射控制和点火控制的修正信号。

图1-11　冷却液温度传感器　　　图1-12　进气温度传感器

8）氧传感器（图1-13）安装在排气总管上，用来检测排气中氧的含量，将氧的含量转变为电信号并输送给ECU，作为空燃比的反馈信号，进行喷油量的闭环控制。

9）爆燃传感器（图1-14）安装在气缸体上，用于检测发动机是否发生爆燃及爆燃强度，将此信号转变为电信号输送给ECU，作为点火正时控制修正（反馈）信号。

图 1-13 氧传感器

图 1-14 爆燃传感器

（2）发动机电控单元 发动机电控单元简称ECU，根据发动机各个位置上传感器发送来的信号，按照一定的程序进行运算、储存和分析处理，然后输出指令，控制执行元件工作，以达到快速、准确、自动地控制发动机工作的目的。发动机电控单元（图1-15）相当于人的"大脑"。

图 1-15 发动机电控单元

（3）执行器 执行器接收ECU的指令，完成必要的动作，如喷油、点火等。执行器相当于人的"手和脚"。电控汽油发动机上一般有电动燃油泵、喷油器、点火线圈、怠速控制阀和真空电磁阀等执行器。

1）电动燃油泵（图1-16）一般安装在燃油箱内，向发动机提供一定压力的燃油。

2）喷油器（图1-17）安装在进气歧管的末端，在ECU的控制下打开或关闭，喷射适时、适量的燃油。

图 1-16 电动燃油泵

图 1-17 喷油器

3）点火线圈（图1-18）安装在各缸火花塞的顶部，其作用是根据ECU的指令，适时产生高电压，使火花塞产生电火花，点燃气缸内的可燃混合气。

4）怠速控制阀（图1-19）一般安装在节气门体上，其作用是在怠速时由ECU控制进气量，根据不同怠速工况满足怠速对空气的需要。

图1-18　点火线圈

图1-19　怠速控制阀

5）真空电磁阀（图1-20）一般安装在发动机进气管的旁边，其作用是在ECU的控制下打开或关闭真空管路，用于进气谐振控制或废气再循环控制等。

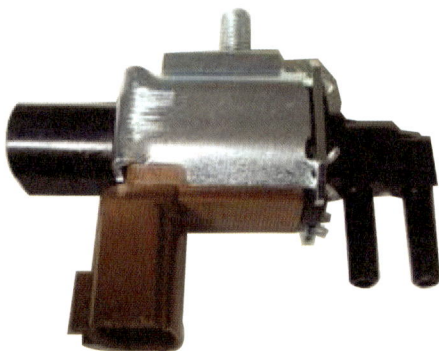

图1-20　真空电磁阀

4. 辅助控制系统

辅助控制系统包括怠速控制系统和进排气控制系统等。

1）怠速控制系统是由ECU控制怠速控制阀工作，向进气系统提供发动机怠速时所需的进气量。

2）进排气控制系统是指利用ECU控制多种排气净化装置，如废气再循环（EGR）、二次空气喷射控制系统等。

5. 自诊断系统

自诊断系统可以在发动机工作时检测各个电子器件的工作情况，当出现故障时，位于仪表板内的发动机故障指示灯会亮起，并且ECU内会存储故障码。驾驶人发现故障灯亮时，可到维修点进行检查，此时可以利用故障诊断仪将故障码调出来，方便更快、更准确地找到故障。电控发动机自诊断系统和故障诊断仪如图1-21所示。

二、发动机电控燃油喷射系统的分类

发动机电控燃油喷射系统按汽油喷射位置、汽油喷射方式和进气量检测方式可

随堂笔记

进行不同的分类。

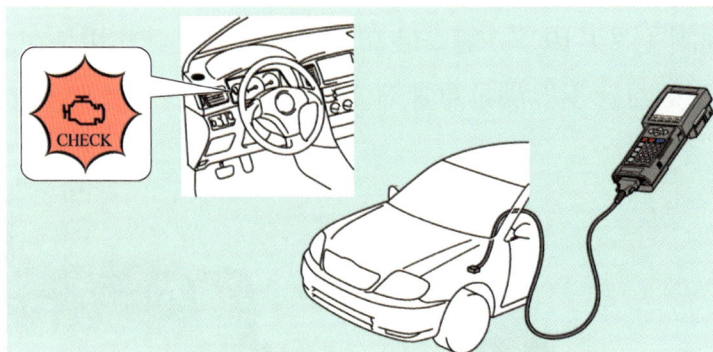

图 1-21　电控发动机自诊断系统和故障诊断仪

1. 按汽油喷射位置分类

（1）缸内喷射　缸内喷射是指直接将汽油喷入缸内。这种喷射方式制造成本高，但汽油雾化效果好，燃烧充分，如图 1-22 所示。

（2）缸外喷射　缸外喷射是指通过喷油器将具有一定压力的汽油，喷射到进气歧管的末端，如图 1-23 所示。

随堂笔记

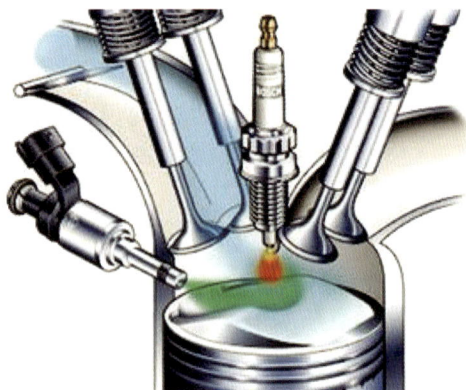

图 1-22　缸内喷射

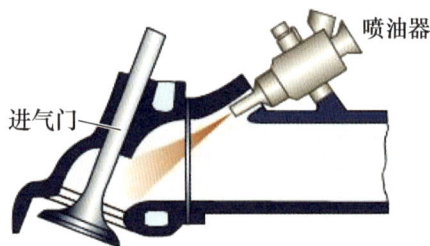

图 1-23　缸外喷射

2. 按汽油喷射方式分类

（1）连续喷射　连续喷射是指在发动机运转期间，汽油由喷油器连续不断地喷射，由于这种方式汽油是在进气道内蒸发并与空气混合，故混合气形成质量较差，如图 1-24 所示。

（2）间歇喷射　间歇喷射也称脉冲喷射，是指在发动机运转期间汽油适时地由喷油器

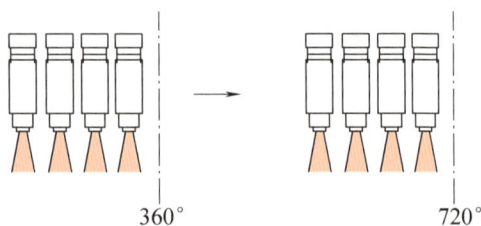

图 1-24　连续喷射

喷出，在喷射压力一定的条件下，喷油量取决于喷油器针阀打开时间的长短，即受 ECU 指令喷油脉冲宽度长短的影响，如图 1-25 所示。

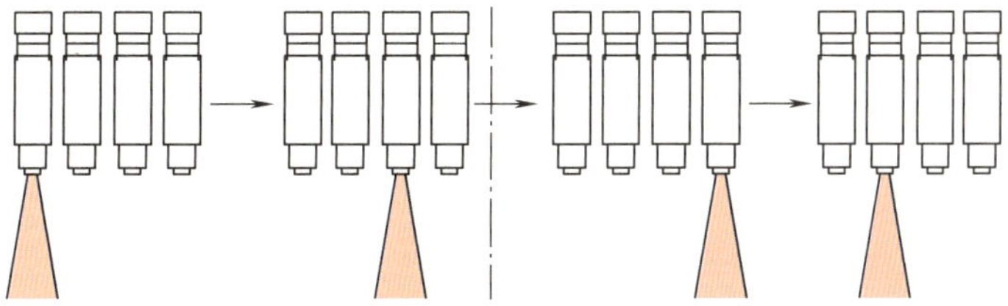

图 1-25　间歇喷射

3. 按进气量检测方式分类

（1）D 型汽油控制喷射系统　它是通过检测进气歧管的真空度来间接测量发动机吸入的空气量，由于空气在进气管内存在压力波动，所以测量精度略低，但传感器尺寸较小，成本较低，因此在一些经济型轿车上采用较多，如图 1-26 所示。

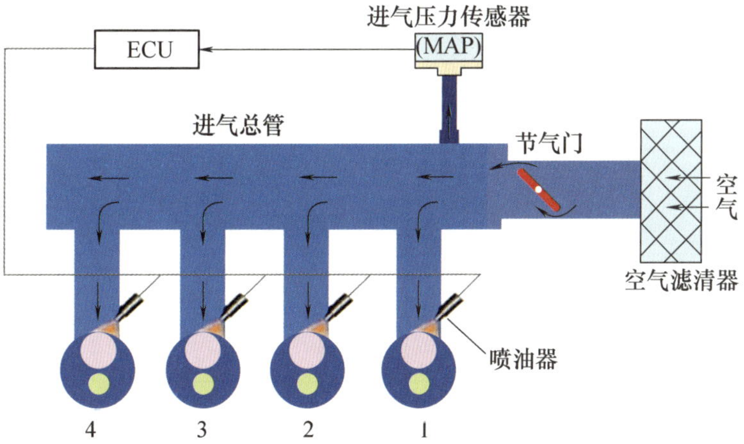

图 1-26　D 型汽油控制喷射系统

（2）L 型汽油控制喷射系统　它是利用空气流量传感器直接测量发动机吸入的空气量，精度较高，因而可以准确地控制空燃比，如图 1-27 所示。

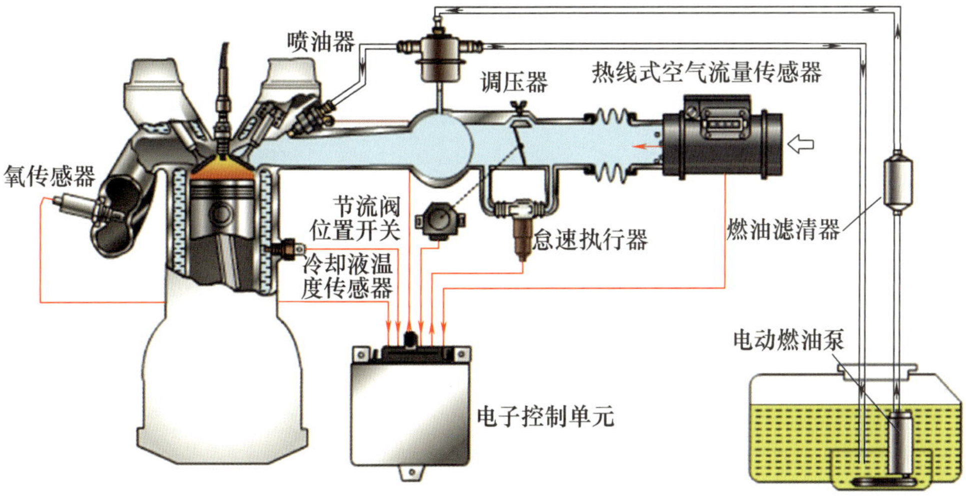

图 1-27　L 型汽油控制喷射系统

随堂笔记

三、发动机电控系统电源电路

丰田卡罗拉 1ZR-FE 发动机电控系统电源电路，如图 1-28 所示。

当接通点火开关时，继电器 IG2 被通电激励，其触点闭合，蓄电池电压经熔丝 IG2—继电器 IG2 触点—熔丝 IGN—ECU 的 IGSW 端子，ECU 再通过 MREL 端子向继电器 EFI MAIN 的线圈供电，使继电器 EFI MAIN 被通电激励，其触点闭合，蓄电池电压经熔丝 EFI MAIN—继电器 EFI MAIN 的触点—熔丝 EFI No.1，到 ECU 的 +B 和 +B2 端子，于是 ECU 进入工作状态。

ECU 的 BATT 端子通过熔丝 EFI MAIN 长期与蓄电池正极相通，即该路电源不受点火开关控制，其目的是在点火开关断开的情况下，ECU 的记忆电路仍然能够维持通电，以便 ECU 能够储存故障码等相关信息。ECU 本身通过 E1 端子搭铁。

随堂笔记

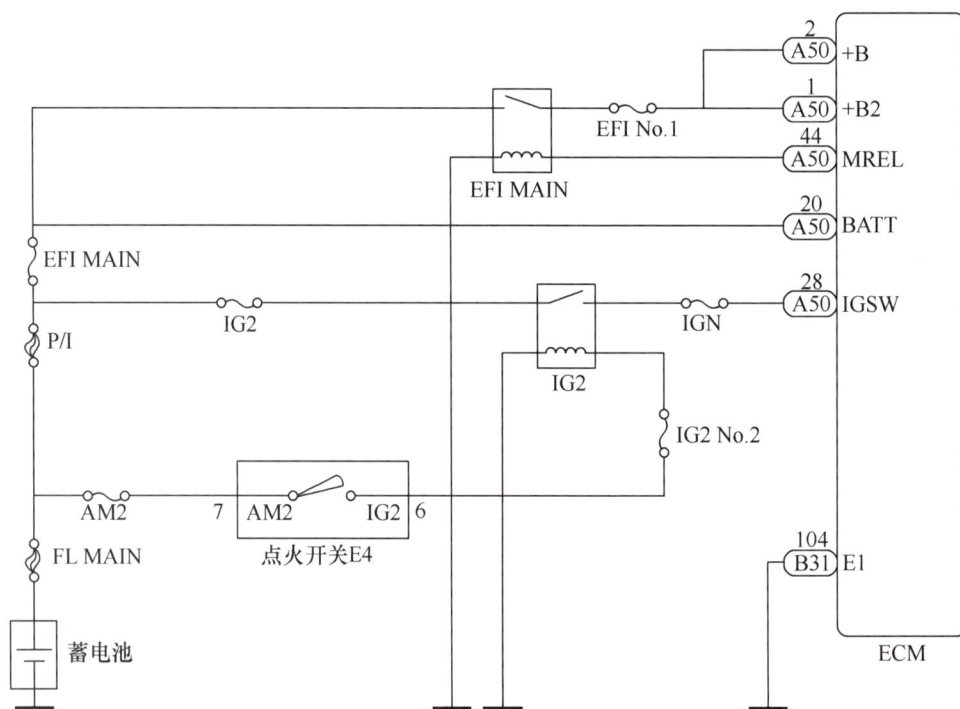

图 1-28　丰田卡罗拉 1ZR-FE 发动机电控系统电源电路

发动机电控系统的认知	学习任务单	班级： 姓名：

1. 发动机电控系统主要由＿＿＿＿＿系统、＿＿＿＿＿系统、电子控制系统、辅助控制系统和自诊断系统等组成。

2. 根据题图 1-1 写出燃油供给系统各零部件的名称：

1: ＿＿＿＿＿＿＿＿　　2: ＿＿＿＿＿＿＿＿　　3: ＿＿＿＿＿＿＿＿

4: ＿＿＿＿＿＿＿＿　　5: ＿＿＿＿＿＿＿＿　　6: ＿＿＿＿＿＿＿＿

7: ＿＿＿＿＿＿＿＿　　8: ＿＿＿＿＿＿＿＿

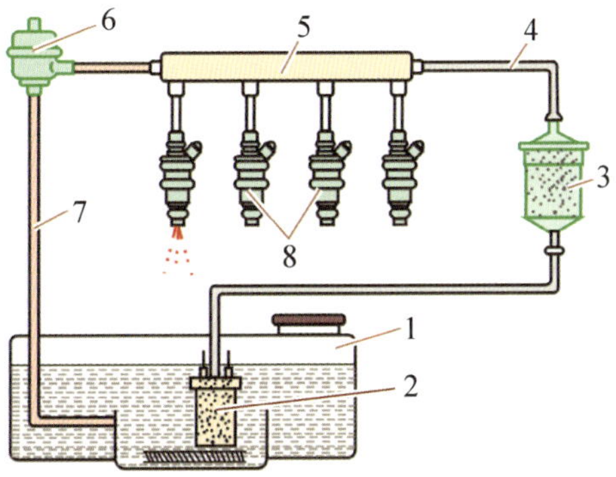

题图　1-1

3. 燃油供给系统的作用是提供汽油喷射所需的＿＿＿＿＿燃油，并在电控单元控制下将燃油喷入进气歧管。空气供给系统的作用是为发动机提供清洁的＿＿＿＿＿，并负责测量、控制汽油燃烧所需的空气量，它主要由空气滤清器、＿＿＿＿＿、进气压力传感器、＿＿＿＿＿和进气歧管等组成。

4. 点火控制系统的作用是在适当的时刻产生＿＿＿＿＿点燃被压缩的混合气。它主要由＿＿＿＿＿、＿＿＿＿＿组成。

5. 电子控制系统负责收集发动机的工况信息，确定最佳喷油时刻、最佳喷油量和最佳点火时刻。它主要由＿＿＿＿＿、发动机电控单元（ECU）和＿＿＿＿＿三大部分组成。

6. 传感器是装在发动机各个位置的信号装置，用来检测发动机运行状态下的各种参数，并将它们转换成＿＿＿＿＿信号，再输送给 ECU。传感器相当于人的"眼睛、耳朵和鼻子"。汽车发动机上用到的传感器主要有：＿＿＿＿＿、＿＿＿＿＿、＿＿＿＿＿、＿＿＿＿＿、＿＿＿＿＿、＿＿＿＿＿、＿＿＿＿＿。

7. 发动机电控单元简称＿＿＿＿＿，根据发动机各个位置上传感器发送来的信号，按照一定的程序进行运算、储存和分析处理，然后输出指令，控制＿＿＿＿＿工作。

8. 执行器接收＿＿＿＿＿的指令，完成必要的动作，相当于人的"手和脚"。汽车发动机上用到的执行器主要有：＿＿＿＿＿、＿＿＿＿＿、＿＿＿＿＿、＿＿＿＿＿。

9. 自诊断系统可以在发动机工作时检测各个电子元件的工作情况，当出现故障时，仪表板内的发动机故障指示灯会＿＿＿＿＿，并且 ECU 内会存储＿＿＿＿＿。

10. 电控发动机汽油喷射系统按汽油喷射位置分类，可分为＿＿＿＿＿和＿＿＿＿＿；按汽油喷射方式分类，可分为＿＿＿＿＿和＿＿＿＿＿；按进气量检测方式分类，可分为＿＿＿＿＿和＿＿＿＿＿。

11. 题图 1-2 是发动机电控系统电源电路，请你把它连接完整。

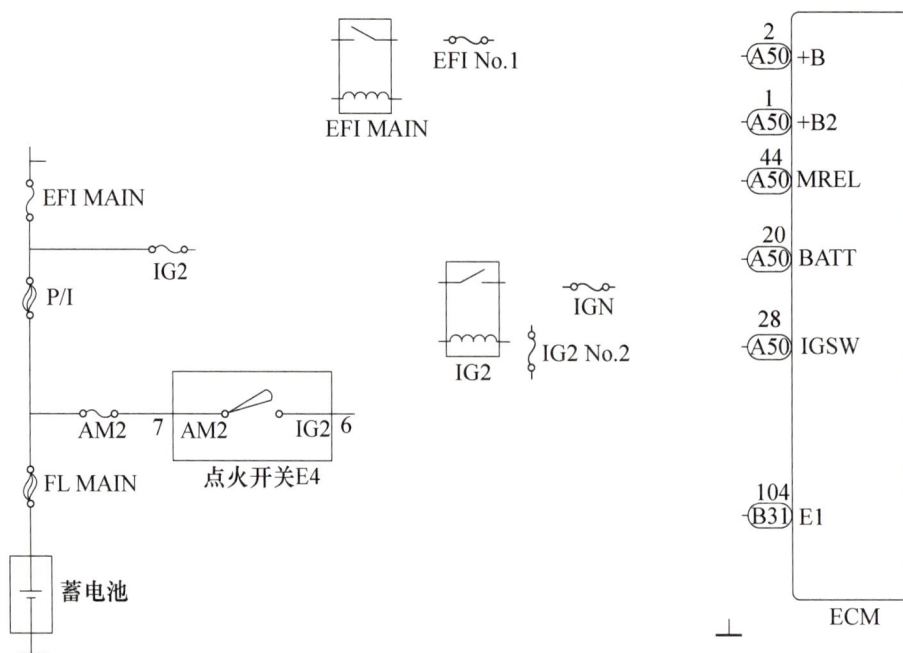

题图 1-2

随堂笔记

任务实施

实训器材

轿车整车或电控发动机实训台架、常用工具、万用表、故障诊断仪等。

作业准备

1）车辆在工位停放周正。

2）铺好车内和车外保护套。

操作步骤

一、发动机故障指示灯的检查

打开点火开关到 IG 位置，仪表板上发动机故障指示灯（图 1-29）应点亮 2~3s 后熄灭，如果故障指示灯不亮，说明故障指示灯电路或发动机电控系统电源电路存在故障；如果故障指示灯常亮，说明自诊断系统检测到了故障，需要诊断并维修。

发动机故障指示灯

图 1-29　仪表板故障指示灯常亮

二、使用汽车故障诊断仪读取 ECU 故障码

1）检查变速器档位是否处于 P 位，驻车制动器是否处于制动状态。

2）打开位于仪表板左下方的车辆诊断接口盖，将汽车故障诊断仪连接到车辆故障诊断接口，如图 1-30 所示。

3）将点火开关打到 ON 位置。

4）打开汽车故障诊断仪，如图 1-31 所示。

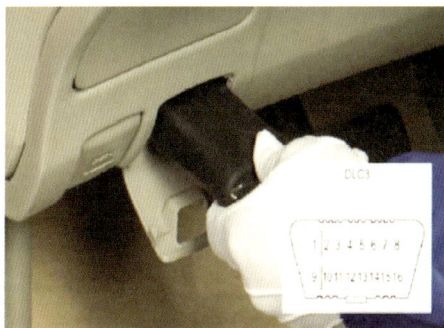

图 1-30　连接到车辆故障诊断接口

图 1-31　打开汽车故障诊断仪

汽车故障诊断仪的使用

5）选择汽车诊断，如图 1-32 所示。

6）选择相应的车系，如图 1-33 所示。

7）选择进入发动机系统。

图1-32 选择汽车诊断

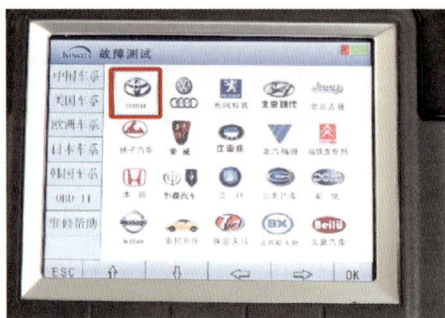

图1-33 选择相应的车系

8）选择读取故障码，如图1-34所示。查看诊断仪是否显示故障码。

9）选择读取定格数据。定格数据是指故障码产生时发动机的运行参数，便于维修人员对故障发生时的状态进行分析。主要读取与故障码相关的定格数据。

10）清除故障码。清除完故障码后再次读取故障码，查看故障码是否再次出现，若再次显示

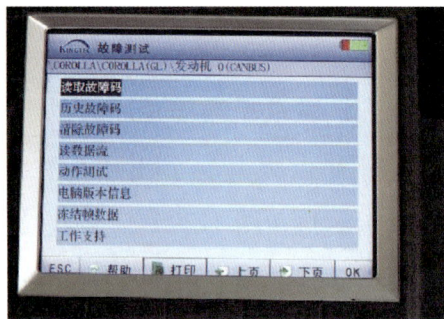

图1-34 选择读取故障码

相同的故障码，说明与故障码相关的传感器或相关电路可能存在故障，需要进行相关的检查。若不再显示故障码，说明可能是历史码或间歇性故障。

11）选择读取数据流。在发动机起动过程中，读取发动机的数据流时要查看发动机转速、发动机冷却液温度、进气温度、发动机进气量、节气门开度、喷油脉宽、点火提前角、氧传感器信号等参数或信号是否随发动机工况的变化而发生变化。

三、检查发动机电控系统各部件安装情况

1）检查各个传感器安装是否到位、线束插接器安装是否牢固。

2）检查发动机ECU安装是否到位、线束插接器安装是否牢固。

3）检查各个执行器安装是否到位、线束插接器安装是否牢固。

随堂笔记

发动机电控系统的认知	工作任务单	班级： 姓名：

1. 车辆信息记录

品牌		整车型号		生产年月	
发动机型号		发动机排量		行驶里程	
车辆识别代号（VIN）					

2. 故障诊断分析报告

项目	诊断记录
故障现象描述	

相关数据流分析	1. 故障码读取与分析

故障指示灯	故障码	故障码说明
不亮□ 常亮□ 正常□		

2. 与故障码相关数据流读取与分析

序号	数据流	数值	判定
1			异常□ 正常□
2			异常□ 正常□
3			异常□ 正常□

检查发动机电控系统各部件

	部件名称	是否装备	线束连接状况	安装位置
部件检查	空气流量传感器	是□ 否□		
	进气歧管压力传感器	是□ 否□		
	曲轴位置传感器	是□ 否□		
	凸轮轴位置传感器	是□ 否□		
	冷却液温度传感器	是□ 否□		
	进气温度传感器	是□ 否□		
	节气门位置传感器	是□ 否□		
	爆燃传感器	是□ 否□		
	氧传感器	是□ 否□		
	喷油器	是□ 否□		
	电动燃油泵	是□ 否□		
	点火线圈	是□ 否□		
	真空电磁阀	是□ 否□		
	怠速控制阀	是□ 否□		
	ECU	是□ 否□		
	节气门体	是□ 否□		

根据检测结果分析 该车故障原因	分析： 维修措施：维修□ 更换□ 调整□

随堂笔记

发动机电控系统的认知			实习日期：			
姓名：		班级：	学号：		导师签名：	
自评：□熟练 □不熟练		互评：□熟练 □不熟练	师评：□合格 □不合格			
日期：		日期：	日期：			

发动机电控系统的认知【评分细则】

序号	评分项	得分条件	分值	评分要求	自评	互评	师评
1	安全/7S/态度	□ 1. 能进行工位 7S 操作 □ 2. 能进行设备和工具安全检查 □ 3. 能进行车辆安全防护操作 □ 4. 能进行工具清洁、校准、存放操作 □ 5. 能进行三不落地操作	15	未完成 1 项扣 3 分，扣分不得超过 15 分	□熟练 □不熟练	□熟练 □不熟练	□合格 □不合格
2	专业技能能力	作业 1 □ 1. 能正确连接故障诊断仪 □ 2. 能正确读取故障码 □ 3. 能正确记录故障码 □ 4. 能正确读取系统数据流 □ 5. 能正确记录分析系统数据流 作业 2 □ 1. 能准确找到各传感器 □ 2. 能准确找到 ECU □ 3. 能准确找到各执行器 □ 4. 能正确检查各部件安装状况 □ 5. 能正确检查各部件线束连接状况 作业 3 □ 1. 能正确检查故障指示灯状况 □ 2. 能正确判定系统故障 □ 3. 能正确得出维修措施	50	未完成 1 项扣 3 分，扣分不得超过 50 分	□熟练 □不熟练	□熟练 □不熟练	□合格 □不合格
3	工具及设备的使用能力	□ 1. 能正确使用维修工具 □ 2. 能正确使用故障诊断仪	10	未完成 1 项扣 3 分，扣分不得超过 10 分	□熟练 □不熟练	□熟练 □不熟练	□合格 □不合格
4	资料、信息查询能力	□ 1. 能正确使用维修手册查询资料 □ 2. 能正确记录查询资料的章节及页码 □ 3. 能正确记录所需维修信息	10	未完成 1 项扣 3 分，扣分不得超过 10 分	□熟练 □不熟练	□熟练 □不熟练	□合格 □不合格
5	数据判断和分析能力	□ 1. 能分析系统故障码是否正常 □ 2. 能判断主要数据流是否正常 □ 3. 能判断各传感器安装是否正常 □ 4. 能判断各执行器安装是否正常 □ 5. 能判断 ECU 安装是否正常	10	未完成 1 项扣 3 分，扣分不得超过 10 分	□熟练 □不熟练	□熟练 □不熟练	□合格 □不合格
6	表单填写和报告撰写能力	□ 1. 字迹清晰 □ 2. 语句通顺 □ 3. 无错别字 □ 4. 无涂改 □ 5. 无抄袭	5	未完成 1 项扣 1 分，扣分不得超过 5 分	□熟练 □不熟练	□熟练 □不熟练	□合格 □不合格

总分：

随堂笔记

项目二 / Project 2

进气系统传感元件的检查

任务一

空气流量传感器的检查

学习目标

知识目标

1）掌握空气流量传感器的安装位置、种类和作用。

2）了解热线式空气流量传感器的基本结构和工作原理。

技能目标

1）会分析空气流量传感器连接电路。

2）能参考维修手册，排除与热线式空气流量传感器相关的故障。

素养目标

1）能够在工作过程中与小组其他成员合作、交流，养成团队合作意识，锻炼沟通能力。

2）养成 7S 的工作习惯。

3）养成服从管理、吃苦耐劳与规范作业的良好工作作风。

任务描述

有一位丰田卡罗拉轿车用户将车开到维修站，反映发动机运行后发动机故障指示灯常亮、动力性下降、油耗增加，而且有时会自动熄火，需要维修。

相关知识

一、空气流量传感器的功用

空气流量（MAF）传感器（图 2-1）的主要作用是对进入气缸的空气量进行测量，并把空气流量信号转变为电信号输送到 ECU，ECU 根据进气量信号和发动机转速信号即可计算出基本喷油量，以获得与发动机运转工况相适应的最佳浓度的可燃混合气。

二、空气流量传感器的安装位置

空气流量传感器一般安装在空气滤清器后面、节气门体前面的连接管道上，如图 2-2 所示。

图 2-1　空气流量传感器

图 2-2　空气流量传感器的安装位置

三、空气流量传感器的类型

空气流量传感器按检测空气量的方式不同可分为两种类型，即测定吸入空气质量的质量型空气流量传感器和测定吸入空气体积的体积型空气流量传感器。

质量型空气流量传感器又分热线式和热膜式（该两种空气流量传感器外形与结构基本相同）。

体积型空气流量传感器又分叶片式和卡门涡街式，空气流量传感器的类型如图 2-3 所示。

通常，大多数汽车采用热线式空气流量传感器，因为它测量精度高、质量小且耐久性好。

四、热线式空气流量传感器的结构

热线式空气流量传感器主要由铂热丝（也称热线）、温度补偿电阻（也称冷线）、控制电路、插接器针脚等组成，如图 2-4 所示。

随堂笔记

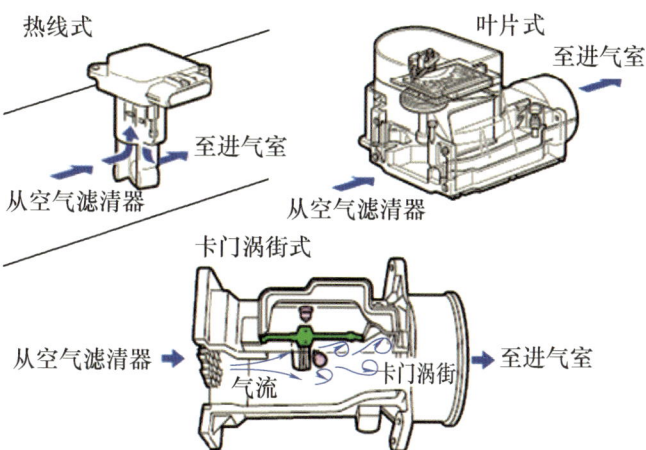

图 2-3　空气流量传感器的类型

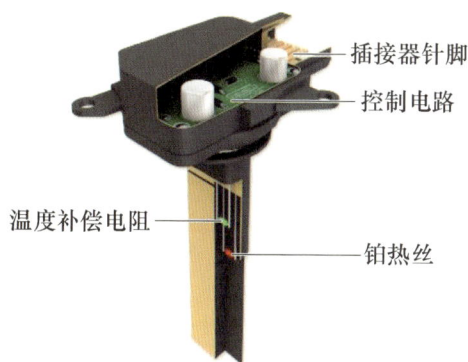

图 2-4　热线式空气流量传感器的结构

五、热线式空气流量传感器的工作原理

"热线"是一根暴露在进气流中的铂热丝。控制电路将热线加热至某一温度，进气流则对热线有冷却作用，使热线的温度降低。为了保持热线原来的温度，控制电路需要增大加热电流，即进气量越大，热线需要的加热电流就越大。控制电路将加热电流的变化转变为电压的变化，作为进气量信号输出，其工作原理如图 2-5 所示。

进气温度的变化也会使热线温度发生变化，从而影响进气量的测量精度。为消除这种影响，在热线附近安装一根温度补偿电阻（也称为"冷线"），冷线温度接近进气温度且随进气温度的变化而发生变化。工作时，控制电路使热线温度始终高于冷线温度100℃，这样冷线温度起到参考作用，使进气温度的变化不会影响到传感器的测量精度。

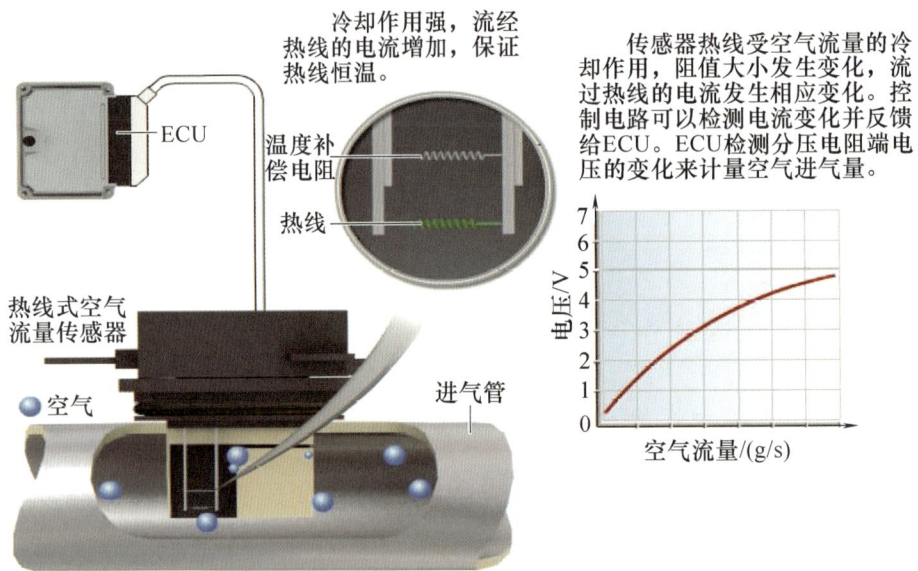

图 2-5　热线式空气流量传感器的工作原理

六、热线式空气流量传感器的连接电路

丰田卡罗拉 1ZR-FE 发动机采用热线式空气流量传感器，其连接电路如图 2-6 所示。当 EFI MAIN 继电器工作后，向空气流量传感器 +B 端子提供 12V 电源，E2G 端子通过 ECM 后搭铁，VG 端子向 ECM 输送与进气量成正比的电压。

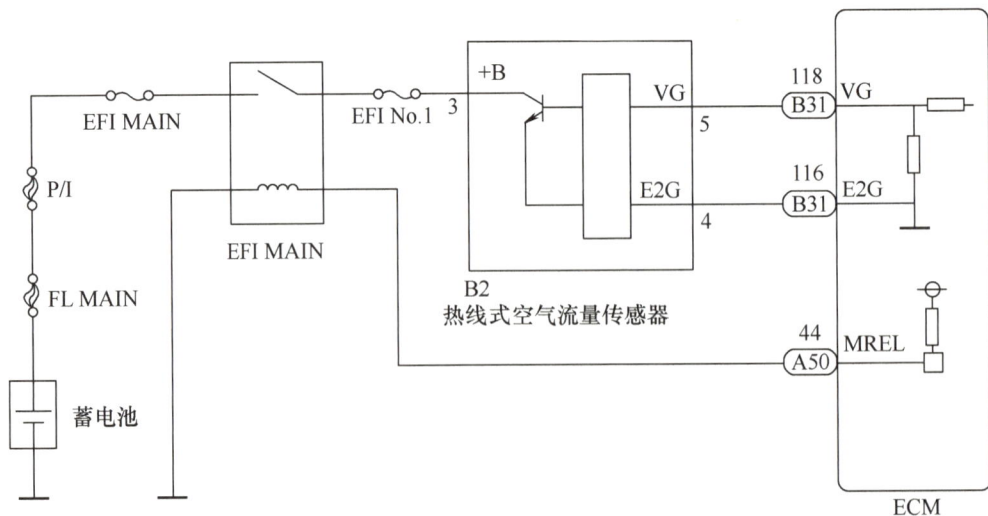

图 2-6　热线式空气流量传感器连接电路

七、热膜式空气流量传感器的结构

如图 2-7 所示，热膜式空气流量传感器主要由热膜、控制电路、温度传感器和护网等组成。

与热线式空气流量传感器相比，它只是将发热体由热线改为热膜。热膜是由发热金属铂固定在薄树脂膜上构成的。该结构由于发热体不直接承受空气流动所产生的作用力，从而提高了空气流量传感器的可靠性。

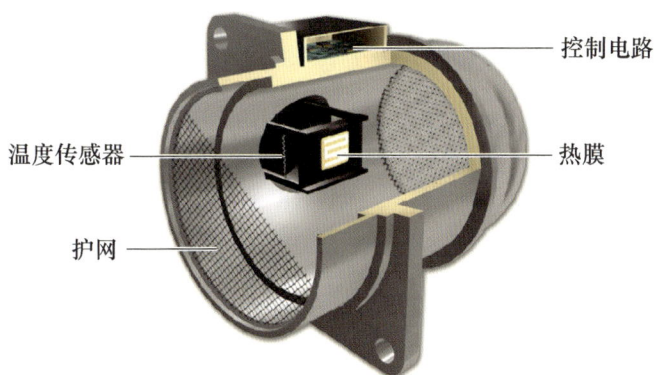

图 2-7　热膜式空气流量传感器的结构

八、热膜式空气流量传感器的工作原理

热膜式空气流量传感器内部的控制电路将热膜加热至某一温度，进气流则对热膜有冷却作用，使热膜的温度降低。为了保持热膜原来的温度，控制电路需要增大加热电流。即进气量越大，热膜需要的加热电流就越大。控制电路将加热电流的变化转变为电压的变化，作为进气量信号输出，其工作原理如图 2-8 所示。

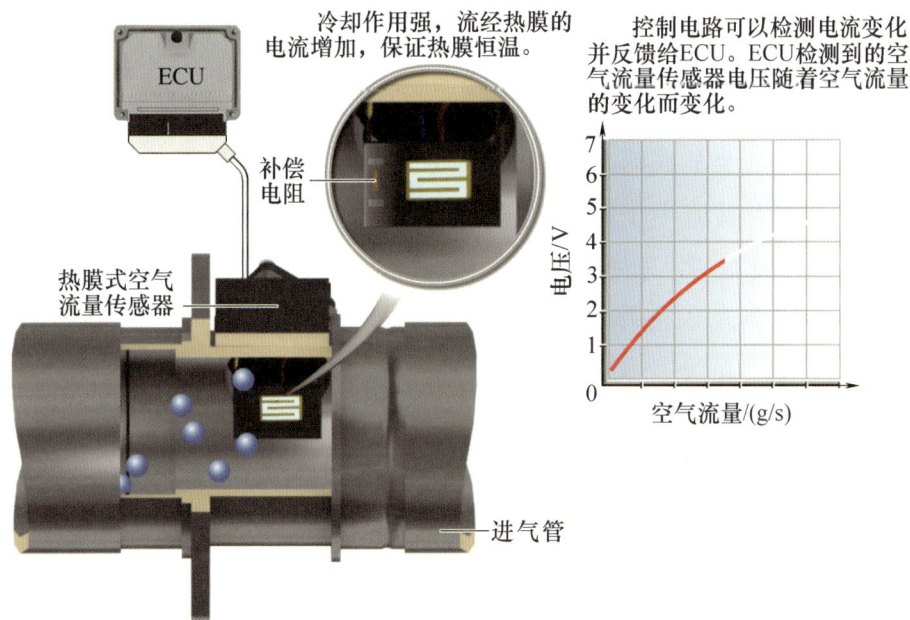

图 2-8　热膜式空气流量传感器的工作原理

九、卡门涡街式空气流量传感器

1. 卡门涡街现象

当野外架空的电线被风吹时，就会发出"嗡、嗡"的响声，风速越大，声音的频率越高，这是为什么呢？——这是由于气流流过电线后形成旋涡所致。实际上，

液体、气体等流体均会发生这种现象。

在流体中放置一个柱状物体（称为涡流发生器）后，在其下游流体中就会形成两列平行状旋涡，并且左右交替出现，如图2-9所示，该旋涡出现的频率与液体的流速成正比，即流体的流速越大，旋涡出现的频率越高。这种现象首先被冯·卡门发现，因此称为卡门涡街现象。

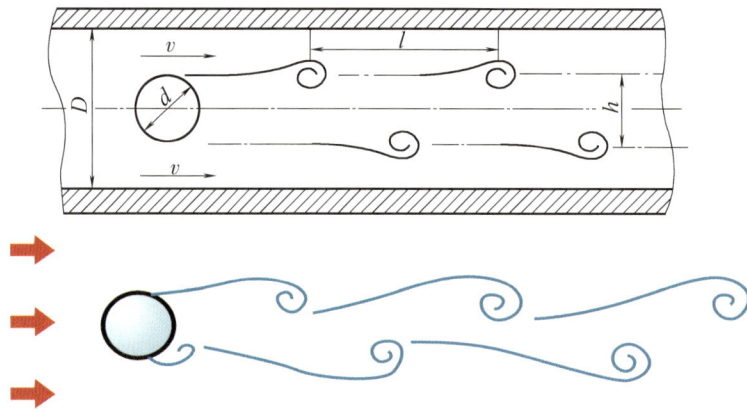

图2-9 卡门涡街现象产生的原理

随堂笔记

2. 结构与工作原理

根据卡门涡街现象，只要能够测量出涡流发生器后旋涡出现的频率，就可以测量出流体的流速与流量。卡门涡街式空气流量传感器就是根据这一原理制成的，传感器中央设有一个锥状体作为涡流发生器，涡流发生器前面设有蜂窝状整流器，以消除气流中的干扰涡流。根据旋涡频率的检测方式不同，该传感器又可分为光电检测式和超声波检测式两种，如图2-10和图2-11所示。

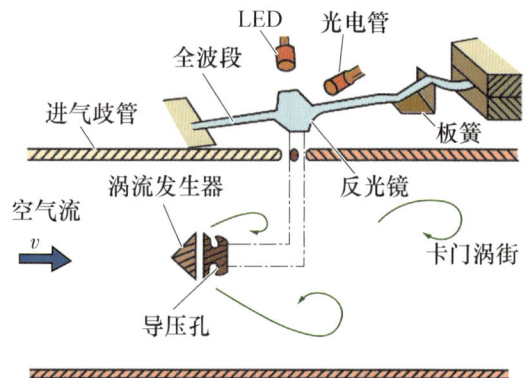

图2-10 光电检测式

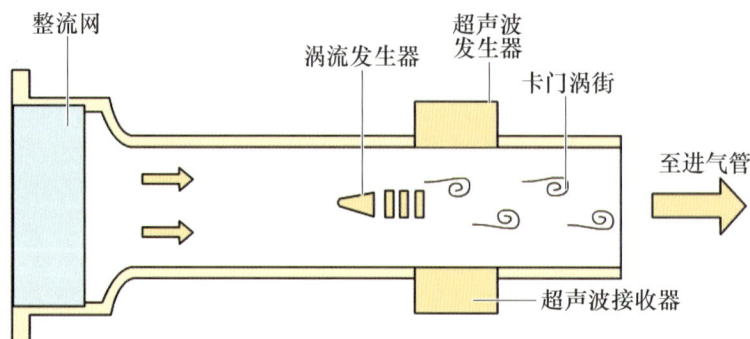

图2-11 超声波检测式

卡门涡街的光电检测原理如图 2-12 所示，涡流发生器两侧的压力变化通过导压孔引向薄金属制成的反光镜背面，使反光镜产生振动。反光镜振动时，将发光二极管投射的光反射给光电晶体管，光电晶体管通过对反光信号的检测，即可求得卡门涡街的频率。

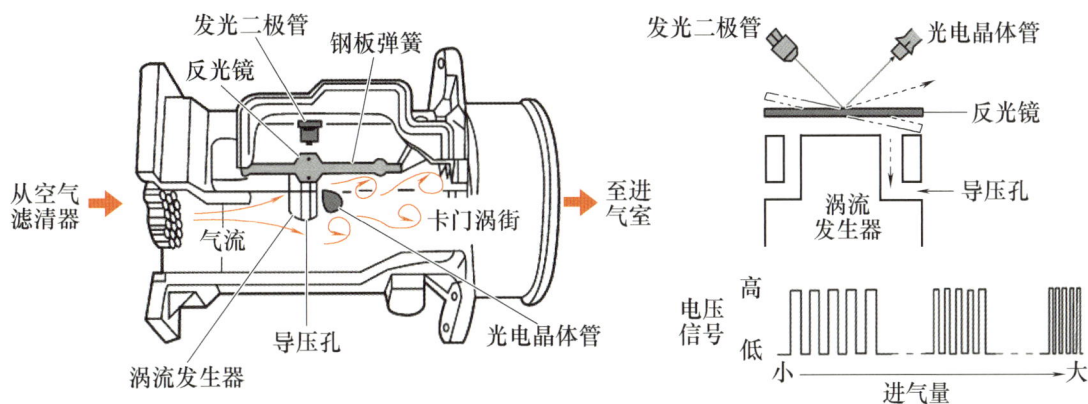

图 2-12　卡门涡街的光电检测原理

卡门涡街的超声波检测原理如图 2-13 所示，在空气流动的垂直方向安装超声波发生器，在其对面安装超声波接收器。由超声波发生器发出的超声波因受到卡门涡街的影响，到达超声波接收器时发生了相位上的变化，放大电路将该相位变化转化为方波信号，其频率即为卡门涡街产生的频率。

两种卡门涡街式空气流量传感器输出的均为方波频率信号（脉冲信号），频率的大小就代表了空气流量的大小。

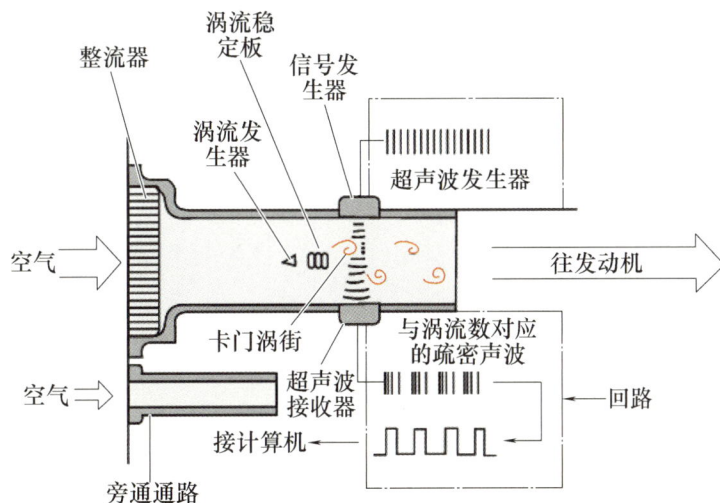

图 2-13　卡门涡街的超声波检测原理

空气流量传感器的检查	学习任务单	班级：_____ 姓名：_____

1. 空气流量传感器的主要作用是对进入_____进行测量，并把空气流量信号转变为_____输送到 ECU，ECU 根据进气量信号、发动机转速信号即可计算出基本喷油量，以获得与发动机运转工况相适应的最佳浓度的可燃混合气。

2. 空气流量传感器一般安装在_____后面，节气门体前面的连接管道上。

3. 空气流量传感器按检测空气量的方式不同可分为_____型空气流量传感器和_____型空气流量传感器。其中热线式属于_____型空气流量传感器，卡门涡街式属于_____型空气流量传感器。

4. 写出题图 2-1 画线处零部件的名称。

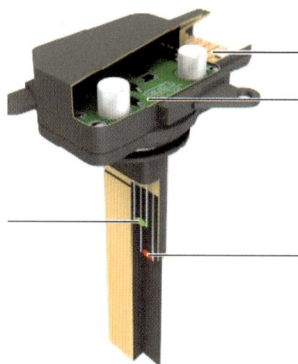

题图　2-1

随堂笔记

5. 热线式空气流量传感器的"热线"是一根暴露在进气流中的铂热丝，发动机进气量越大，热线需要的加热电流就越大。控制电路将加热电流的变化转变为电压的变化，作为进气量信号输出，即进气量越_____，输出的信号电压越_____。

6. 连接热线式空气流量传感器的连接电路（题图 2-2）。

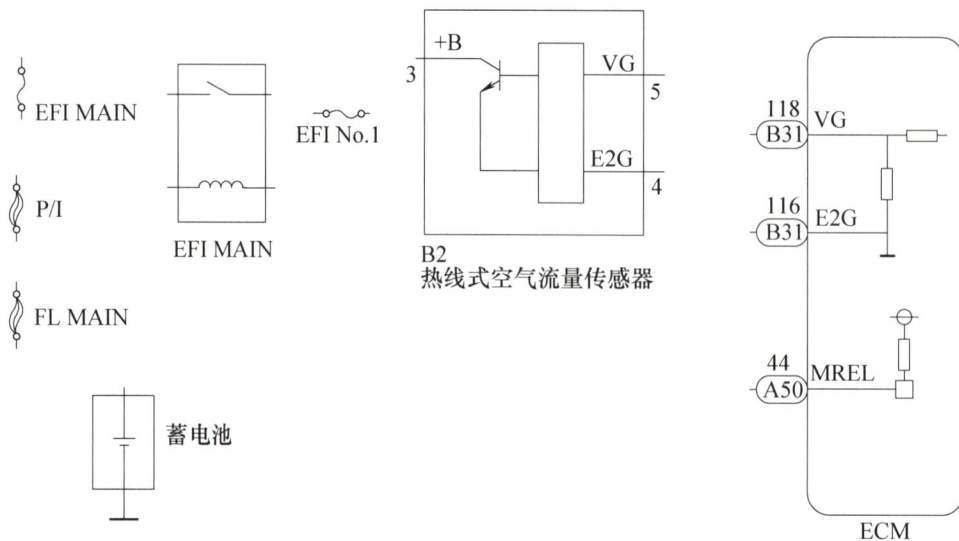

题图　2-2

任务实施

实训器材

轿车整车或电控发动机实训台架、常用工具、万用表、故障诊断仪等。

作业准备

1）车辆在工位停放周正。

2）铺好车内和车外护套。

操作步骤

一、使用汽车故障诊断仪读取 ECM 故障码和数据流

1）检查变速器档位是否处于 P 位，驻车制动器是否处于制动状态。

2）打开位于仪表板左下方的车辆诊断接口盖，将汽车故障诊断仪连接到车辆故障诊断接口。

3）起动发动机。

4）打开故障诊断仪，按指示菜单操作，进入发动机系统。

5）选择读取故障码。

查看诊断仪是否显示 P0100（空气流量传感器电路）、P0102（空气流量传感器电路低输入）、P0103（空气流量传感器电路高输入）等与空气流量传感器相关的故障码，若显示相关的故障码，说明空气流量传感器或相关电路可能存在故障，需要进行相关的检查。

6）选择读取数据流。

① 使用智能检测仪读取数值（质量空气流量）。起动发动机，并打开诊断仪；选择以下菜单项：Powertrain/Engine and ECT/DataList/MAF；读取检测仪上的值，如图 2-14 所示。

② 检测的结果。

【故障 1】诊断仪显示的结果：质量空气流量约为 0.0g/s。

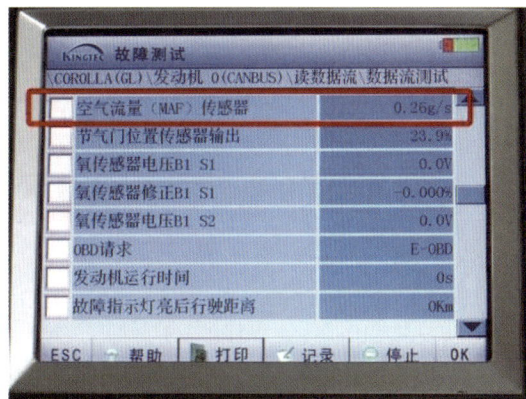

图 2-14　空气流量传感器数据流

【故障 2】诊断仪显示的结果：质量空气流量约为 270.0g/s 或更高。

二、检测空气流量传感器及相关电路

1.【故障 1】诊断与排除

（1）检测空气流量传感器电源电压

① 断开空气流量传感器插接器。

空气流量传感器的检修

② 将点火开关置于 ON 位。

③ 根据表 2-1 中的值测量电压。

表 2-1　标准电压（一）

检测仪连接	开关状态	规定状态
B2-3（+B）—车身搭铁	点火开关置于 ON 位	9~14V

④ 重新连接空气流量传感器插接器。

如果所测电压值不在规定范围内，表示电源电压异常，需要检查 EFI No.1 熔丝。如果熔丝正常，则需维修或更换线束插接器。如果所测电压在规定范围内，则继续检测空气流量传感器 VG 电压。

（2）检测空气流量传感器 VG 电压

① 断开空气流量传感器插接器。

② 向端子 +B 和 E2G 之间施加蓄电池电压。

③ 将万用表正极表笔连接至端子 VG，万用表负极表笔连接至端子 E2G，如图 2-15 所示。

④ 根据表 2-2 中给出的规定测量电压。

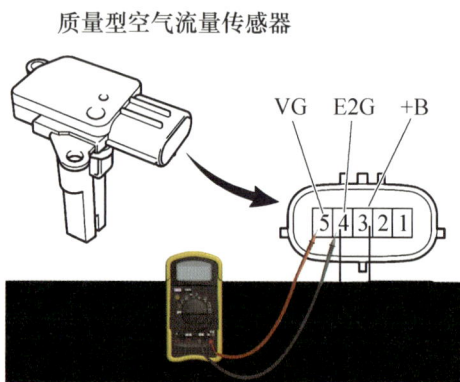

图 2-15　空气流量传感器的测量

表 2-2　标准电压（二）

检测仪连接	条　件	规定状态
5（VG）—4（E2G）	向端子 +B 和 E2G 之间施加蓄电池电压	0.2~4.9V

如果检测结果不符合规定，则更换空气流量传感器；如果结果正常，检查线束和插接器（空气流量传感器—ECM）。

（3）检测线束和插接器（空气流量传感器—ECM）

① 断开空气流量传感器插接器。

② 断开 ECM 插接器。

③ 根据表 2-3 和表 2-4 中给出的规定测量电阻。

表 2-3　标准电阻（断路检查）

检测仪连接	条　件	规定状态
B2-5（VG）—B31-118（VG）	始终	<1Ω
B2-4（E2G）—B31-116（E2G）	始终	<1Ω

表 2-4　标准电阻（短路检查）

检测仪连接	条　件	规定状态
B2-5（VG）或 B31-118（VG）—车身搭铁	始终	≥10kΩ

2.【故障2】诊断与排除

（1）检测线束和插接器（传感器搭铁）

① 断开空气流量传感器插接器。

② 根据表 2-5 中给出的规定测量电阻。

表 2-5　标准电阻

检测仪连接	条　件	规 定 状 态
B2-4（E2G）—车身搭铁	始终	<1Ω

如果测量结果在规定范围内，则更换空气流量传感器。如果测量结果不符合规定，检查线束和插接器（空气流量传感器—ECM）。

（2）检测线束和插接器（空气流量传感器—ECM）

① 断开空气流量传感器。

② 断开 ECM 插接器。

③ 根据表 2-6 和表 2-7 中给出的规定测量电阻。

表 2-6　标准电阻（断路检查）

检测仪连接	条　件	规 定 状 态
B2-4（E2G）—B31-116（E2G）	始终	<1Ω

表 2-7　标准电阻（短路检查）

检测仪连接	条　件	规 定 状 态
B2-4（E2G）或 B31-116（E2G）—车身搭铁	始终	≥ 10kΩ

如果测量结果在规定范围内，则更换 ECM；如果测量结果不符合规定，则维修或更换线束或插接器（质量型空气流量传感器 -ECM）。

三、更换空气流量传感器

1. 拆卸空气流量传感器

1）按下插接器锁舌，分离空气流量传感器插接器。

2）选用十字螺钉旋具，拆卸空气流量传感器固定螺钉，如图 2-16 所示。

3）取下空气流量传感器，用干净的布或胶带盖住安装孔，防止异物进入进气管。

2. 检测新空气流量传感器

目视检测空气流量传感器的外观是

图 2-16　拆卸空气流量传感器

随堂笔记

否完好、O 形圈是否完好、铂热丝上是否有异物等。

3. 安装空气流量传感器

1）按拆卸相反顺序安装空气流量传感器。

2）按照检查顺序，再次用故障诊断仪进行检查，确认空气流量传感器故障码是否消失和空气流量传感器数据流是否正常。

随堂笔记

空气流量传感器的检查	工作任务单	班级： 姓名：

1. 车辆信息记录

品牌		整车型号		生产年月	
发动机型号		发动机排量		行驶里程	
车辆识别代号（VIN）					

2. 故障诊断分析报告

项目	诊断记录
故障现象描述	

相关数据流分析	1. 故障码读取及分析

故障指示灯	故障码	故障码说明
常亮□　正常□		

2. 与故障码相关数据流读取及分析

序号	项目名称	数据	判定
1	质量空气流量		异常□　正常□
2			异常□　正常□

故障诊断步骤

1. 故障 1 电路检测

电路端子	条件	标准值	测量值	判定
B2-3（+B）—车身搭铁	电压测量			异常□　正常□
5（VG）—4（E2G）	电压测量			异常□　正常□
B2-5（VG）—B31-118（VG）	断路测量			异常□　正常□
B2-4（E2G）—B31-116（E2G）	断路测量			异常□　正常□
B2-5（VG）或 B31-118（VG）—车身搭铁	短路测量			异常□　正常□

2. 故障 2 电路检测

电路端子	条件	标准值	测量值	判定
B2-4（E2G）—车身搭铁	断路测量			异常□　正常□
B2-4（E2G）—B31-116（E2G）	断路测量			异常□　正常□
B2-4（E2G）或 B31-116（E2G）—车身搭铁	短路测量			异常□　正常□

3. 部件检测

部件名称	检测记录	判定
EFI No.1 熔丝		异常□　正常□
空气流量传感器		异常□　正常□

4. 部件 / 电路故障点确认及分析

维修措施：维修□　更换□　调整□

随堂笔记

空气流量传感器的检查				实习日期：			
姓名：		班级：		学号：		导师签名：	
自评：□熟练　□不熟练		互评：□熟练　□不熟练		师评：□合格　□不合格			
日期：		日期：		日期：			

空气流量传感器的检查【评分细则】

序号	评分项	得分条件	分值	评分要求	自评	互评	师评
1	安全／7S／态度	□ 1. 能进行工位 7S 操作 □ 2. 能进行设备和工具安全检查 □ 3. 能进行车辆安全防护操作 □ 4. 能进行工具清洁、校准、存放操作 □ 5. 能进行三不落地操作	15	未完成 1 项扣 3 分，扣分不得超过 15 分	□熟练 □不熟练	□熟练 □不熟练	□合格 □不合格
2	专业技能能力	作业 1 □ 1. 能正确读取故障码 □ 2. 能正确记录故障码 □ 3. 能正确读取系统数据流 □ 4. 能正确记录并分析系统相关数据流 作业 2 □ 1. 能正确选用电阻档 □ 2. 能正确读取电阻测量值 □ 3. 能正确选用直流电压档 □ 4. 能正确读取直流电压测量值 □ 5. 能正确测量电路电阻值 □ 6. 能正确测量电路电压值 作业 3 □ 1. 能正确检查部件外观是否正常 □ 2. 能正确检测部件是否正常	50	未完成 1 项扣 3 分，扣分不得超过 50 分	□熟练 □不熟练	□熟练 □不熟练	□合格 □不合格
3	工具及设备的使用能力	□ 1. 能正确使用维修工具 □ 2. 能正确使用故障诊断仪 □ 3. 能正确使用万用表	10	未完成 1 项扣 3 分，扣分不得超过 10 分	□熟练 □不熟练	□熟练 □不熟练	□合格 □不合格
4	资料、信息查询能力	□ 1. 能正确使用维修手册查询资料 □ 2. 能正确记录查询资料的章节及页码 □ 3. 能正确记录所需维修信息	10	未完成 1 项扣 3 分，扣分不得超过 10 分	□熟练 □不熟练	□熟练 □不熟练	□合格 □不合格
5	数据判断和分析能力	□ 1. 能分析系统故障码是否正常 □ 2. 能分析系统数据流是否正常 □ 3. 能判断测量电路是否正常 □ 4. 能判断测量元件是否正常	10	未完成 1 项扣 3 分，扣分不得超过 10 分	□熟练 □不熟练	□熟练 □不熟练	□合格 □不合格
6	表单填写和报告撰写能力	□ 1. 字迹清晰 □ 2. 语句通顺 □ 3. 无错别字 □ 4. 无涂改 □ 5. 无抄袭	5	未完成 1 项扣 1 分，扣分不得超过 5 分	□熟练 □不熟练	□熟练 □不熟练	□合格 □不合格

随堂笔记

总分：

任务二

进气压力传感器的检查

随堂笔记

学习目标

知识目标

1）掌握进气压力传感器的安装位置、种类和作用。

2）了解进气压力传感器的基本结构和工作原理。

技能目标

1）会分析进气压力传感器连接电路。

2）能参考维修手册，排除与进气压力传感器相关的故障。

素养目标

1）能够在工作过程中与小组其他成员合作、交流，养成团队合作意识，锻炼沟通能力。

2）养成 7S 的工作习惯。

3）养成服从管理、吃苦耐劳与规范作业的良好工作作风。

任务描述

有一位通用雪佛兰轿车用户将车开到维修站，反映发动机运行后发动机故障指示灯常亮、动力性下降、油耗明显增加，现在需要维修。

相关知识

一、进气压力传感器的功用

进气压力传感器（MAP 传感器）（图 2-17）用于测量进气总管内气体的绝对压力，并将进气压力转换成电信号输送给 ECM，ECM 根据进气管内的绝对压力和发动机转速推算出发动机的进气量，再根据进气量和发动机转速确定基本喷油量。进气压力信号是燃油喷射和点火控制的主控信号之一。

图 2-17 进气压力传感器

二、进气压力传感器的安装位置

进气压力传感器一般安装在节气门后方的进气总管上，如图2-18所示。有部分车型将进气压力传感器安装在进气管的旁边，然后再通过一条真空管与进气总管相连。

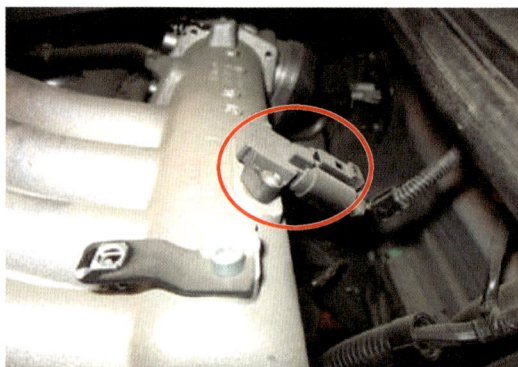

图2-18 进气压力传感器的安装位置

三、进气压力传感器的类型

进气压力传感器的种类较多，按其检测原理不同可分为压敏电阻式、电容式、膜盒式和表面弹性波式等，在D型电控燃油喷射系统中应用最多的是压敏电阻式。

四、进气压力传感器的结构

压敏电阻式进气压力传感器主要由真空室、集成电路、插接器和壳体等组成，如图2-19所示。

随堂笔记

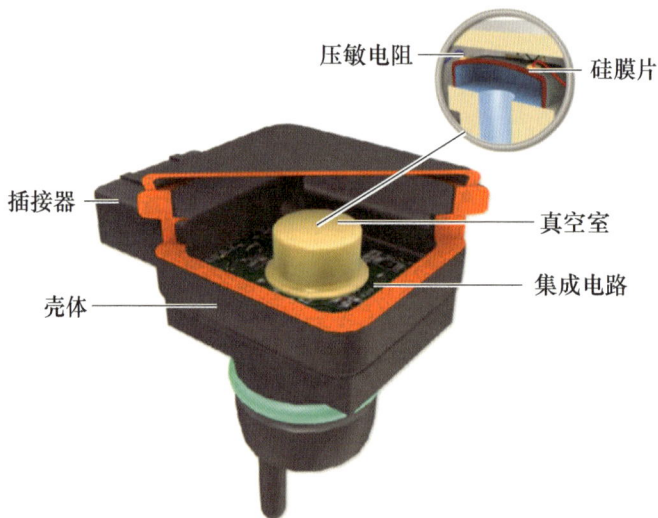

图2-19 压敏电阻式进气压力传感器结构

五、进气压力传感器的工作原理

压敏电阻式进气压力传感器的工作原理如图2-20和图2-21所示，在传感器的真空室内有一个硅膜片，硅膜片上有4个压敏电阻，硅膜片的一侧通过真空管与进气总管相通，另一侧通真空室，当进气总管内的压力变化时，会造成硅膜片变形（图2-21），从而使硅膜片上的压敏电阻形状发生变化，压敏电阻的电阻值也会根据变形程度而变化。此电阻值变动经集成电路变换后所得的电压信号就是进气歧管压力信号。一般进气管内的压力越小时，输出的信号电压也越小，反之，信号电压越大。

进气压力传感器硅膜片随进气管内的真空度变化而发生变形，硅膜片表面的压敏电阻阻值也随之发生变化，从而输出变化的电信号至ECU。

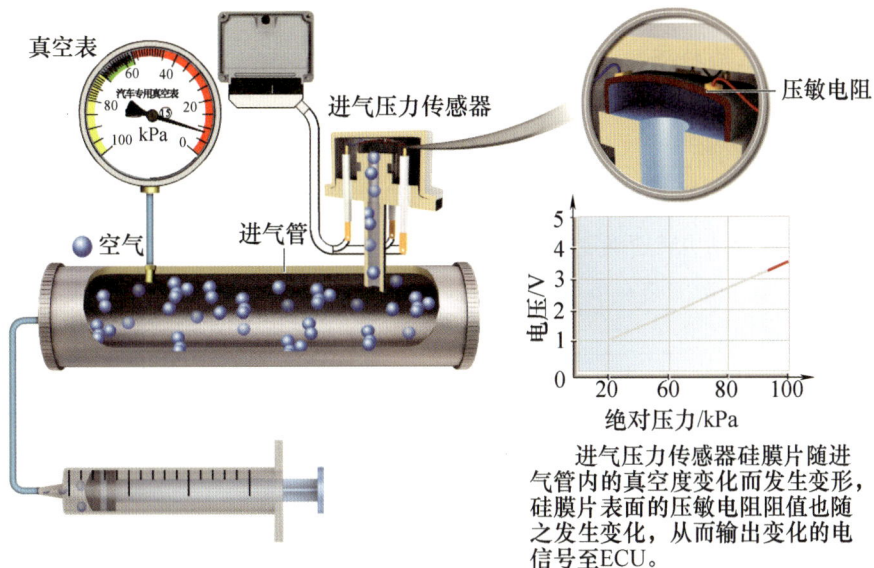

图 2-20　压敏电阻式进气压力传感器的工作原理（一）

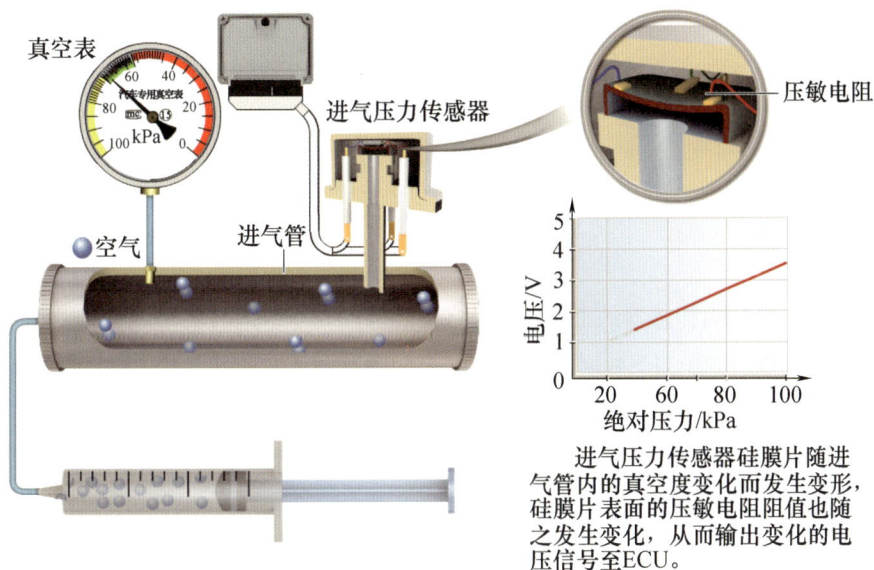

进气压力传感器硅膜片随进气管内的真空度变化而发生变形，硅膜片表面的压敏电阻阻值也随之发生变化，从而输出变化的电压信号至ECU。

图 2-21　压敏电阻式进气压力传感器的工作原理（二）

六、进气压力传感器的连接电路

进气压力传感器的连接电路如图 2-22 所示。ECU 通过 V_C 端子向进气压力传感器提供 5V 的电源，E2 端子通过 ECU 后搭铁，PIM 端子向 ECU 提供随进气压力变化而变化的信号电压。

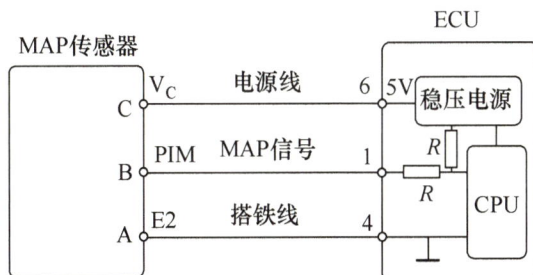

图 2-22　进气压力传感器的连接电路

进气压力传感器的检查	学习任务单	班级：
		姓名：

1. 进气压力传感器简称＿＿＿＿＿＿。它用于测量＿＿＿＿＿＿的绝对压力，并将进气压力转换成＿＿＿＿＿＿信号输送给 ECM，ECM 根据进气管内的绝对压力和发动机转速推算出发动机的进气量，再根据进气量和发动机转速确定基本喷油量。

2. 进气压力传感器一般安装在节气门＿＿＿＿＿＿。有部分车型将进气压力传感器安装在发动机进气管的旁边，然后再通过＿＿＿＿＿＿与进气总管相连。

3. 进气压力传感器的种类较多，按其检测原理不同可分为压敏电阻式、电容式、膜盒式和表面弹性波式等，在 D 型电控燃油喷射系统中应用最多的是＿＿＿＿＿＿式。

4. 写出题图 2-3 画线处零部件的名称。

题图 2-3

5. 压敏电阻式进气压力传感器的工作原理是在传感器的真空室内有一个硅膜片，硅膜片上有 4 个压敏电阻，当进气总管内的压力变化时，会造成硅膜片变形，从而使硅膜片上的压敏电阻形状发生变化，压敏电阻的＿＿＿＿＿＿也会根据变形程度而变化。＿＿＿＿＿＿就是进气歧管压力信号。一般进气管内的压力越＿＿＿＿＿＿，输出的信号电压越＿＿＿＿＿＿。

6. 连接进气压力传感器的连接电路并分析（题图 2-4）。

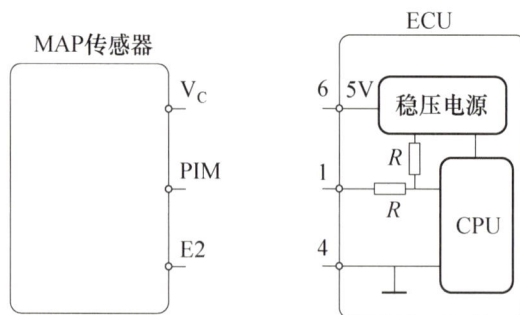

题图 2-4

根据题图 2-4 中你所连接的电路分析，当 ECU 正常工作时，V_C 端子的电压为＿＿＿＿＿＿V；当进气压力逐渐降低时，ECU 的 1 号端子电压逐渐＿＿＿＿＿＿。

任务实施

实训器材

安装进气压力传感器的轿车整车或电控发动机实训台架、常用工具、万用表、故障诊断仪等。

作业准备

1）车辆在工位停放周正。

2）铺好车内和车外护套。

操作步骤

一、使用汽车故障诊断仪读取 ECU 故障码

1）检查变速器档位是否处于 P 位，驻车制动器是否处于制动状态。

2）打开位于仪表板左下方的车辆诊断接口盖，将汽车故障诊断仪连接到车辆故障诊断接口。

3）起动发动机。

4）打开故障诊断仪，按指示菜单操作，进入发动机系统。

5）选择读取故障码。

查看诊断仪是否显示 P0107 或 P0108 等与进气压力传感器相关的故障码，若显示相关的故障码，说明进气压力传感器或相关电路可能存在故障。

6）选择读取数据流。

起动发动机，并打开诊断仪；读取诊断仪上进气压力的数值，此数值应能随节气门开度和发动机转速的变化而变化，否则说明存在故障，应执行相关检查。

二、检查进气压力传感器

1. 进气压力传感器外观的检查

检查进气压力传感器外观是否变形或有裂纹，安装是否牢固等。若存在变形或裂纹，则需更换；若安装松动，则重新安装牢固。

2. 检查真空软管连接情况

检查进气压力传感器的真空软管与进气总管的连接情况。若有连接不良或漏气情况，则需更换真空软管。

三、检查进气压力传感器相关电路

1）断开进气压力传感器插接器。

2）将点火开关置于 ON 位。

3）根据表 2-8 中给出的规定测量电压。

随堂笔记

表 2-8 标准电压

检测仪连接	开 关 状 态	规 定 状 态
MAP-C（VC）—车身搭铁	点火开关置于 ON 位	4.5~5.0V

4）根据表 2-9 中给出的规定测量电阻。

表 2-9 标准电阻

检测仪连接	开 关 状 态	规 定 状 态
MAP-A（E2）—车身搭铁	点火开关置于 OFF 位	<1Ω

5）检查线束（进气压力传感器—ECU）

① 将点火开关置于 OFF 位，拆下蓄电池负极端头。

② 断开 ECU 插接器。

③ 根据表 2-10 和表 2-11 中给出的规定测量电阻。

表 2-10 标准电阻（断路检查）

检测仪连接	条 件	规 定 状 态
MAP-B—ECU-1（PIM）	始终	<1Ω

随堂笔记

表 2-11 标准电阻（短路检查）

检测仪连接	条 件	规 定 状 态
MAP-B 或 ECU-1（PIM）—车身搭铁	始终	≥ 10kΩ

④ 重新连接进气压力传感器插接器。

⑤ 重新连接 ECU 插接器，并安装好蓄电池负极端头。

6）测试传感器信号电压。用 T 形线或大头针等引出信号线，接通点火开关，用万用表测 MAP 端子"B"—车身搭铁之间的电压，应为 4.0~5.0V。

起动发动机并怠速运转，信号电压应下降到 1.5~2.1V；拔下真空软管或取下进气压力传感器，信号电压应立即上升到 4.0~5.0V。

连接好真空软管或安装好进气压力传感器，增大节气门开度，信号电压应逐渐升高。

若不符合以上要求，则更换进气压力传感器；若以上测试都正常，则需更换ECU。

进气压力传感器的检查	工作任务单	班级：
		姓名：

1. 车辆信息记录

品牌		整车型号		生产年月	
发动机型号		发动机排量		行驶里程	
车辆识别代号（VIN）					

2. 故障诊断分析报告

项目	诊断记录
故障现象描述	

相关数据流分析	1. 故障码读取与分析

故障指示灯	故障码	故障码说明
常亮□　正常□		

2. 与故障码相关数据流读取与分析

序号	项目名称	数据	判定
1	进气压力		异常□　正常□
2			异常□　正常□

故障诊断步骤

1. 电路检测

电路端子	条件	标准值	测量值	判定
MAP-C（VC）—车身搭铁	电压测量			异常□　正常□
MAP-A（E2）—车身搭铁	断路测量			异常□　正常□
MAP-B—ECU-1（PIM）	断路测量			异常□　正常□
MAP-B 或 ECU-1（PIM）—车身搭铁	短路测量			异常□　正常□

2. 测量传感器信号电压

检测项目	条件	标准值	测量值	判定
MAP 端子"B"电压	未起动			异常□　正常□
	怠速状态			异常□　正常□
	怠速状态且拔下真空软管			异常□　正常□
	加大节气门开度			异常□　正常□

3. 部件检测

部件名称	检测记录	判定
进气压力传感器		异常□　正常□
真空软管		异常□　正常□

4. 部件 / 电路故障点确认及分析

维修措施：维修□　更换□　调整□

随堂笔记

进气压力传感器的检查				实习日期：			
姓名：		班级：		学号：		导师签名：	
自评：□熟练 □不熟练		互评：□熟练 □不熟练		师评：□合格 □不合格			
日期：		日期：		日期：			

进气压力传感器的检查【评分细则】

序号	评分项	得分条件	分值	评分要求	自评	互评	师评
1	安全/7S/态度	□1. 能进行工位7S操作 □2. 能进行设备和工具安全检查 □3. 能进行车辆安全防护操作 □4. 能进行工具清洁、校准、存放操作 □5. 能进行三不落地操作	15	未完成1项扣3分，扣分不得超过15分	□熟练 □不熟练	□熟练 □不熟练	□合格 □不合格
2	专业技能能力	作业1 □1. 能正确读取故障码 □2. 能正确记录故障码 □3. 能正确读取系统数据流 □4. 能正确记录并分析数据流 作业2 □1. 能正确选用电阻档 □2. 能正确读取电阻测量值 □3. 能正确选用直流电压档 □4. 能正确读取直流电压测量值 □5. 能正确测量电路电阻值 作业3 □1. 能正确测量未起动时传感器信号电压 □2. 能正确测量怠速时传感器信号电压 □3. 能正确测量拔下真空软管时传感器信号电压 □4. 能正确测量加速时传感器信号电压 □5. 能正确检查部件外观是否正常	50	未完成1项扣3分，扣分不得超过50分	□熟练 □不熟练	□熟练 □不熟练	□合格 □不合格
3	工具及设备的使用能力	□1. 能正确使用维修工具 □2. 能正确使用故障诊断仪 □3. 能正确使用万用表	10	未完成1项扣3分，扣分不得超过10分	□熟练 □不熟练	□熟练 □不熟练	□合格 □不合格
4	资料、信息查询能力	□1. 能正确使用维修手册查询资料 □2. 能正确记录查询资料的章节及页码 □3. 能正确记录所需维修信息	10	未完成1项扣3分，扣分不得超过10分	□熟练 □不熟练	□熟练 □不熟练	□合格 □不合格
5	数据判断和分析能力	□1. 能分析系统故障码是否正常 □2. 能分析系统数据流是否正常 □3. 能判断测量电路是否正常 □4. 能判断信号电压是否正常 □5. 能判断测量元件是否正常	10	未完成1项扣2分，扣分不得超过10分	□熟练 □不熟练	□熟练 □不熟练	□合格 □不合格
6	表单填写和报告撰写能力	□1. 字迹清晰 □2. 语句通顺 □3. 无错别字 □4. 无涂改 □5. 无抄袭	5	未完成1项扣1分，扣分不得超过5分	□熟练 □不熟练	□熟练 □不熟练	□合格 □不合格

随堂笔记

总分：

任务三

温度传感器的检查

✖ 学习目标

知识目标

1）掌握温度传感器的安装位置、种类和作用。

2）了解冷却液温度传感器和进气温度传感器的工作原理。

技能目标

1）能规范检测冷却液温度传感器。

2）会分析和测量冷却液温度传感器连接电路。

3）能参考维修手册，排除与温度传感器相关的故障。

素养目标

1）能够在工作过程中与小组其他成员合作、交流，养成团队合作意识，锻炼沟通能力。

2）养成 7S 的工作习惯。

3）养成服从管理、吃苦耐劳与规范作业的良好工作作风。

随堂笔记

🚗 任务描述

有一位丰田卡罗拉轿车用户将车开到维修站，反映早上第一次起动发动机时，起动机带动发动机运转正常，但需要起动多次才能着车，且起动后发动机故障指示灯常亮，需要维修。

相关知识

一、温度传感器的作用与类型

1. 作用

发动机电控系统主要利用温度传感器来判别发动机的冷起动工况，用于喷油量修正、点火提前角修正、反馈控制和怠速控制等。

2. 类型

温度传感器根据其结构的不同，主要类型有热敏电阻式、热电耦式和金属片式

等，其中在汽车中应用最广泛的是热敏电阻式。

热敏电阻是利用陶瓷半导体材料的电阻值随温度变化而变化的特性制成。根据热敏电阻的特性不同，可分为负温度系数热敏电阻和正温度系数热敏电阻。电阻值随温度升高而减小的称为负温度系数热敏电阻；电阻值随温度升高而增大的称为正温度系数热敏电阻。汽车上一般采用负温度系数热敏电阻。

温度传感器根据其在发动机上的用途来分，主要有冷却液温度传感器、进气温度传感器、机油温度传感器和排气温度传感器等，如图2-23所示。各种温度传感器工作原理和特性基本一致。

冷却液温度传感器　进气温度传感器

机油温度传感器　排气温度传感器

图 2-23　发动机上各种温度传感器

二、冷却液温度传感器的作用、安装位置、结构、工作原理与连接电路

1. 作用

冷却液温度传感器（图2-24）也称水温传感器，用于检测发动机冷却液的温度，并以电压信号的形式传给ECU。ECU根据获取的信号对基本喷油量、点火提前角和怠速转速等进行修正，如果冷却液温度传感器中的热敏电阻失灵，传感器将无法检测到冷却液温度，无法给ECU提供参考信号。

随堂笔记

2. 安装位置

冷却液温度传感器一般安装在气缸盖的水道上或发动机出水口的管道上，如图2-25所示。

图 2-24　冷却液温度传感器

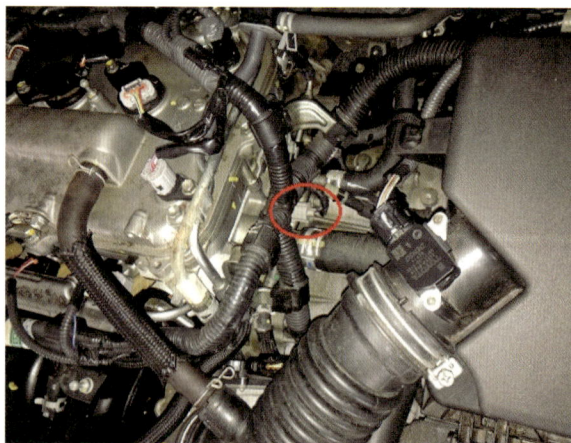

图 2-25　冷却液温度传感器的安装位置

3. 结构

冷却液温度传感器的结构如图2-26所示。它主要由热敏元件、壳体、接线护管和

插接器等组成。插接器针脚一般为两个。

4. 工作原理

负温度系数热敏电阻式冷却液温度传感器当冷却液温度较低时，传感器的电阻较大；当冷却液温度升高时，传感器的电阻变小，这种变化通过连接电路转化为电信号输送给 ECU，ECU 根据输入的电信号（即冷却液温度的变化信号）对发动机的喷油量及喷油时间进行修正，同时调整空燃比，使进入发动机内的可燃混合气稳定地燃烧，冷机时供给较浓的可燃混合

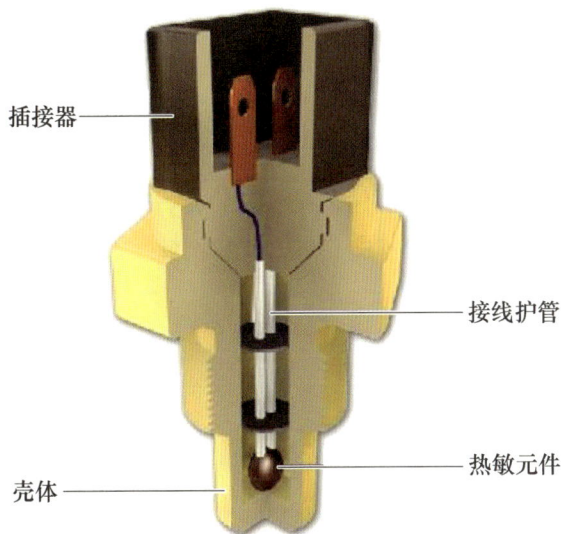

图 2-26　冷却液温度传感器的结构

气，热机时供给较稀的可燃混合气，使发动机处于良好的工作状态。冷却液温度传感器的工作原理和特性曲线如图 2-27 所示。

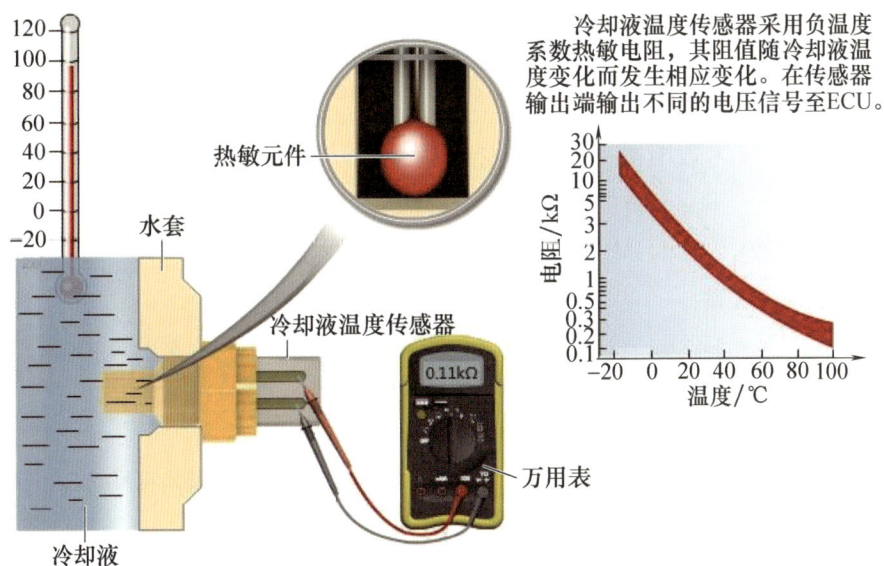

图 2-27　冷却液温度传感器的工作原理和特性曲线

5. 连接电路

冷却液温度传感器与 ECU 的连接电路如图 2-28 所示。传感器的热敏电阻通过导线与 ECU 相连，并与 ECU 内部的分压电阻 R 串联，形成分压电路。ECU 向该分压电路提供稳定的工作电压（一般为 5V），当冷却液温度逐渐升高时，冷却液温度传感器电阻值逐渐减小，端子 THW 电压逐渐减小；反之，端子 THW 电压增大。

三、进气温度传感器的作用、安装位置、结构、工作原理与连接电路

1. 作用

进气温度传感器主要用于检测进气道的空气温度。空气密度随空气温度的变化

而变化，因此，发动机电控单元（ECU）要根据不同温度下的进气量对喷油量进行校正，即根据进入气缸中的空气温度来增加或减少喷油量，以优化发动机当前条件下所需的空燃比。进气温度由温度传感器探测。发动机 ECU 将空气温度设定为标准值（20℃），当空气温度高于或低于标准值时，就会确定一个校正量。进气温度低，密度增加，因而校正量也增加；进气温度高，密度降低，因而校正量也减少。

图 2-28　冷却液温度传感器与 ECU 的连接电路

2. 安装位置与结构

随堂笔记

进气温度传感器一般与空气流量传感器或进气压力传感器制成一体，结构上主要是一个负温度系数热敏电阻和两个插接器针脚，如图 2-29 所示。

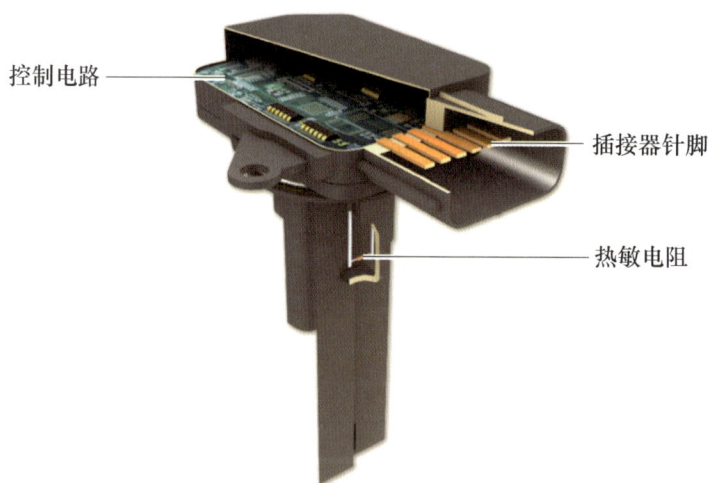

图 2-29　进气温度传感器的结构

3. 工作原理

进气温度传感器随空气流量传感器安装在进气道中，发动机进气时，气流从传感器周围流过，当进气温度较低时，其电阻值较大；随着进气温度的升高，其电阻值随之变小，电阻值的这些变化被转化为电压信号传送给 ECU。进气温度传感器的工作原理和特性曲线如图 2-30 所示。

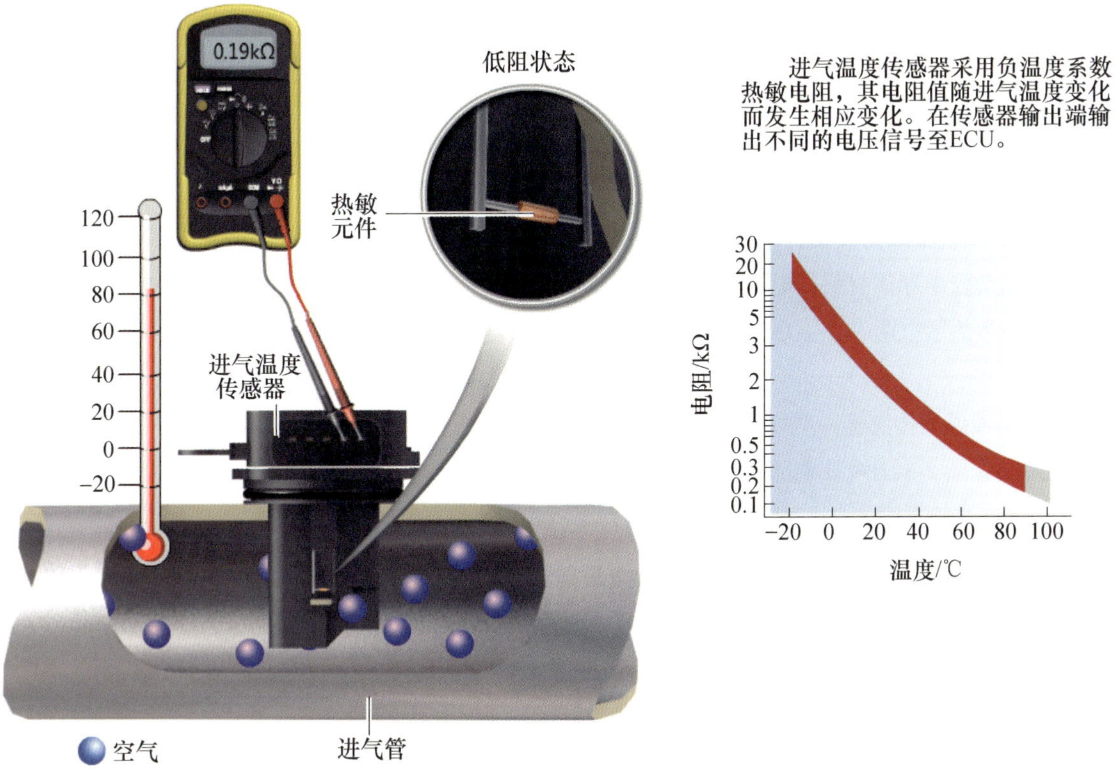

进气温度传感器采用负温度系数热敏电阻，其电阻值随进气温度变化而发生相应变化。在传感器输出端输出不同的电压信号至ECU。

图 2-30　进气温度传感器的工作原理和特性曲线

4. 连接电路

进气温度传感器与 ECU 的连接电路如图 2-31 所示。传感器的热敏电阻通过导线与 ECU 相连，并与 ECU 内部的分压电阻 R 串联，形成分压电路。ECU 向该分压电路提供稳定的工作电压（一般为 5V），当进气温度逐渐升高时，进气温度传感器电阻值逐渐减小，端子 THA 电压逐渐减小；反之，端子 THA 电压增高。

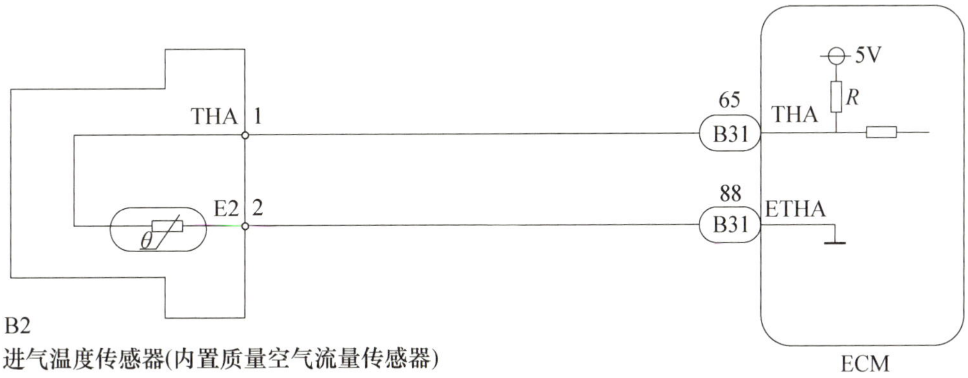

图 2-31　进气温度传感器与 ECU 的连接电路

温度传感器的检查	学习任务单	班级：
		姓名：

1. 发动机电控系统主要利用_____传感器来判别发动机的冷起动工况，用于喷油量修正、点火提前角修正、反馈控制和怠速控制等。

2. 温度传感器根据其结构的不同，主要类型有_____式、热电耦式和金属片式等。热敏电阻是利用陶瓷半导体材料的电阻值随温度变化而变化的特性制成。根据热敏电阻的特性不同，可分为负温度系数热敏电阻和正温度系数热敏电阻。电阻值随温度升高而_____的称为负温度系数热敏电阻。

3. 冷却液温度传感器一般安装在发动机_____的管道上。

4. 写出题图 2-5 画线处零部件的名称。

随堂笔记

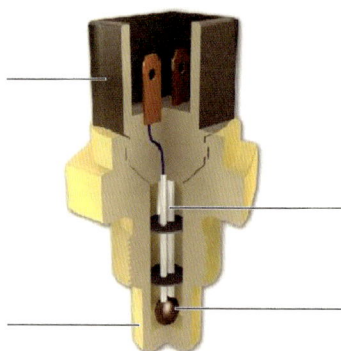

题图 2-5

5. 负温度系数热敏电阻式冷却液温度传感器当冷却液温度较低时，它的电阻较大；当冷却液温度_____时，它的电阻变小，这种变化通过连接电路转化为电信号输送给_____。

6. 连接冷却液温度传感器的连接电路并分析（题图 2-6）。

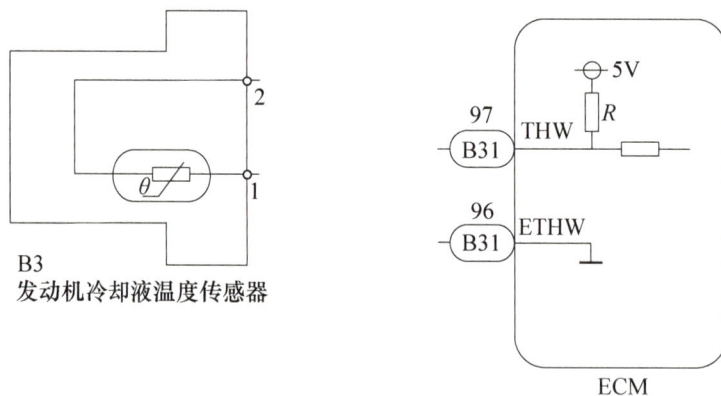

题图 2-6

根据题图 2-6 中你所连接的电路分析，当冷却液温度逐渐降低时，冷却液温度传感器电阻值逐渐_____，端子 THW 电压逐渐_____。

7. 进气温度传感器主要用于检测_____的空气温度。它一般与_____或进气压力传感器制成一体，结构上主要是一个_____和两个插接器针脚。

8. 进气温度传感器随空气流量传感器安装在进气道中，发动机进气时，气流从传感器周围流过，当进气温度_____时，其电阻值较小；随着进气温度的降低，其电阻值随之变_____，电阻值的这些变化被转化为电压信号传送给 ECU。

任务实施

实训器材

轿车整车或电控发动机实训台架、常用工具、万用表、故障诊断仪等。

作业准备

1）车辆在工位停放周正。

2）铺好车内和车外护套。

操作步骤

进气温度传感器故障诊断步骤与冷却液温度传感器诊断步骤基本相同，下面以冷却液温度传感器为例介绍故障诊断操作步骤。

一、用汽车故障诊断仪读取 ECU 故障码

1）检查变速器档位是否处于 P 位，驻车制动器是否处于制动状态。

2）打开位于仪表板左下方的车辆诊断接口盖，将汽车故障诊断仪连接到车辆故障诊断接口。

3）起动发动机。

4）打开故障诊断仪，按指示菜单操作，进入发动机系统。

5）选择读取故障码，可能的故障码见表 2-12。

随堂笔记

表 2-12　故障码

故　障　码	含　　义
P0115	发动机冷却液温度传感器电路故障
P0116	发动机冷却液温度传感器电路范围 / 性能故障
P0117	发动机冷却液温度传感器电路低输入
P0118	发动机冷却液温度传感器电路高输入

二、用汽车故障诊断仪读取 ECU 内的数据流

1）打开故障诊断仪，按指示菜单操作，进入发动机系统。

2）选择读取发动机系统数据流，结果见表 2-13。

表 2-13　数据流

结　　果	转　　至
显示温度为 −40℃	故障 1 诊断与排除
显示温度为 140℃ 或更高	故障 2 诊断与排除

标准：发动机暖机后，冷却液温度在 80~100℃。

三、冷却液温度传感器的故障排除

1. 故障 1 诊断与排除

冷却液温度传感器电路断路。

1) 确认发动机冷却液温度传感器连接良好。

2) 断开冷却液温度传感器插接器。

3) 连接线束侧传感器插接器端子 1 和 2,如图 2-32 所示。

4) 将故障诊断仪连接到故障诊断座。

5) 将点火开关置于 ON 位并开启诊断仪。

6) 读取诊断仪上的显示值。正常标准:140℃或更高。

如果读取的数值在 140℃或以上,则更换发动机冷却液温度传感器,如果仍显示 -40℃,则需检测冷却液温度传感器连接电路是否存在断路。

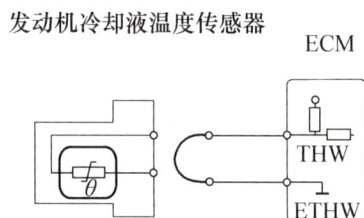

图 2-32　连接传感器端子 1 和 2

2. 故障 2 诊断与排除

冷却液温度传感器电路短路。

1) 断开冷却液温度传感器插接器。

2) 将故障诊断仪连接到故障诊断座。

3) 将点火开关置于 ON 位并开启检测仪。

4) 读取诊断仪上的显示值。正常标准:-40℃。

如果读取的数值在标准范围内,则更换发动机冷却液温度传感器,如果仍显示 140℃,则需检测冷却液温度传感器连接电路是否存在短路。

3. 冷却液温度传感器的检测

1) 断开冷却液温度传感器插接器。

2) 选用合适的工具(棘轮扳手,19mm 套筒),正确组合工具,拧松冷却液温度传感器,并用手取下。

3) 检查冷却液温度传感器外观是否破损。

4) 选用数字万用表,调到欧姆档,将红黑表笔互测检查万用表误差。

5) 将冷却液温度传感器放入烧杯的水中,并加热,测量不同温度下,传感器的阻值。正常情况下,在 20℃时,标准阻值为 2.32~2.59kΩ;80℃时,标准阻值为 0.310~0.326kΩ,如果测得的阻值不符合标准,则更换冷却液温度传感器。

4. 冷却液温度传感器—ECM 电路的检测

1) 断开发动机冷却液温度传感器插接器。

2）断开 ECM 插接器。

3）根据表 2-14 中给出的规定测量电阻。

表 2-14　标准电阻

检测仪连接	条　件	规 定 状 态
B3-2—B31-97（THW）	始终	<1Ω
B3-1—B31-96（ETHW）	始终	<1Ω
B3-2 或 B31-97（THW）—车身搭铁	始终	10kΩ 或无穷大

如果测量的数值不在规定范围内，则更换线束或插接器（冷却液温度传感器 -ECM）；如果读取数值在规定范围内，则更换 ECM。

温度传感器的检查	工作任务单	班级：
		姓名：

1. 车辆信息记录

品牌		整车型号		生产年月	
发动机型号		发动机排量		行驶里程	
车辆识别代号（VIN）					

2. 故障诊断分析报告

项目	诊断记录
故障现象描述	

相关数据流分析	1. 故障码读取并分析

故障指示灯	故障码	故障码说明
常亮□　正常□		

2. 与故障码相关数据流读取并分析

序号	项目名称	数据	判定
1	冷却液温度		异常□　正常□
2			异常□　正常□

故障诊断步骤

1. 电路检测

电路端子	条件	标准值	测量值	判定
（B3）端子1和2进行短接测试	读取数据			异常□　正常□
B3-2—B31-97（THW）	断路测量			异常□　正常□
B3-1—B31-96（ETHW）	断路测量			异常□　正常□
B3-2 或 B31-97（THW）—车身搭铁	短路测量			异常□　正常□

2. 检测冷却液温度传感器不同温度下的电阻值

检测项目	冷却液温度/℃	标准值	测量值	判定
冷却液温度传感器电阻值	20			异常□　正常□
	30			异常□　正常□
	40			异常□　正常□
	50			异常□　正常□
	60			异常□　正常□
	70			异常□　正常□
	80			异常□　正常□
	90			异常□　正常□
	100			异常□　正常□

3. 部件／电路故障点确认并分析

维修措施：维修□　更换□　调整□

随堂笔记

温度传感器的检查			实习日期:		
姓名:		班级:	学号:		导师签名:
自评:□熟练　□不熟练		互评:□熟练　□不熟练	师评:□合格　□不合格		
日期:		日期:	日期:		

温度传感器的检查【评分细则】

序号	评分项	得分条件	分值	评分要求	自评	互评	师评
1	安全 / 7S/ 态度	□ 1. 能进行工位 7S 操作 □ 2. 能进行设备和工具安全检查 □ 3. 能进行车辆安全防护操作 □ 4. 能进行工具清洁、校准、存放操作 □ 5. 能进行三不落地操作	15	未完成1项扣3分，扣分不得超过15分	□熟练 □不熟练	□熟练 □不熟练	□合格 □不合格
2	专业技能能力	作业 1 □ 1. 能正确读取与记录故障码 □ 2. 能正确读取温度数据流 □ 3. 能正确记录分析系统数据流 作业 2 □ 1. 能正确短接传感器端子 □ 2. 能正确读取短接后冷却液温度 □ 3. 能正确测量传感器电阻 □ 4. 能正确测量传感器电路故障 作业 3 □ 1. 能正确加热温度传感器 □ 2. 能正确测量各温度下传感器电阻	50	未完成1项扣5分，扣分不得超过50分	□熟练 □不熟练	□熟练 □不熟练	□合格 □不合格
3	工具及设备的使用能力	□ 1. 能正确使用维修工具 □ 2. 能正确使用故障诊断仪 □ 3. 能正确使用万用表	10	未完成1项扣3分，扣分不得超过10分	□熟练 □不熟练	□熟练 □不熟练	□合格 □不合格
4	资料、信息查询能力	□ 1. 能正确使用维修手册查询资料 □ 2. 能正确记录查询资料的章节及页码 □ 3. 能正确记录所需维修信息	10	未完成1项扣3分，扣分不得超过10分	□熟练 □不熟练	□熟练 □不熟练	□合格 □不合格
5	数据判断和分析能力	□ 1. 能分析系统故障码是否正常 □ 2. 能分析系统数据流是否正常 □ 3. 能判断测量电路是否正常 □ 4. 能判断测量元件是否正常	10	未完成1项扣3分，扣分不得超过10分	□熟练 □不熟练	□熟练 □不熟练	□合格 □不合格
6	表单填写和报告撰写能力	□ 1. 字迹清晰 □ 2. 语句通顺 □ 3. 无错别字 □ 4. 无涂改 □ 5. 无抄袭	5	未完成1项扣1分，扣分不得超过5分	□熟练 □不熟练	□熟练 □不熟练	□合格 □不合格
总分:							

随堂笔记

任务四

节气门位置传感器的检查

随堂笔记

✂ 学习目标

知识目标

1）掌握节气门位置传感器的作用、安装位置和种类。

2）了解节气门位置传感器的基本结构和工作原理。

技能目标

1）会分析节气门位置传感器连接电路。

2）能规范检测节气门位置传感器。

3）能参考维修手册，排除与节气门位置传感器相关的故障。

素养目标

1）能够在工作过程中与小组其他成员合作、交流，养成团队合作意识，锻炼沟通能力。

2）养成 7S 的工作习惯。

3）养成服从管理、吃苦耐劳与规范作业的良好工作作风。

🚗 任务描述

有一位丰田卡罗拉轿车用户将车开到维修站，反映最近车辆存在加速不良、油耗明显增加的故障，需要维修。

相关知识

一、节气门位置传感器的作用

节气门位置传感器的作用主要是将节气门开度以及节气门开度变化速率，转变为电信号输入发动机 ECU，用于判别发动机的各种工况，从而控制不同的喷油量和点火正时。

二、节气门位置传感器的安装位置

节气门位置传感器安装在节气门体总成上，检测节气门开度，如图 2-33 所示。

三、节气门位置传感器的类型

节气门位置传感器按结构与工作过程不同可分为线性与霍尔式两种，如图 2-34

所示。其中线性一般在传统的拉索控制式节气门中使用。新型的智能电子节气门所用的节气门位置传感器一般采用霍尔式。

（一）霍尔式节气门位置传感器

1. 霍尔式节气门位置传感器和节气门体的结构

霍尔式节气门位置传感器主要由一个固定在节气门轴上的永久磁铁、两个输出电压与磁通量成正比的线性霍尔集成电路等组成。霍尔式节气门位置传感器和节气门体的结构如图 2-35 所示。

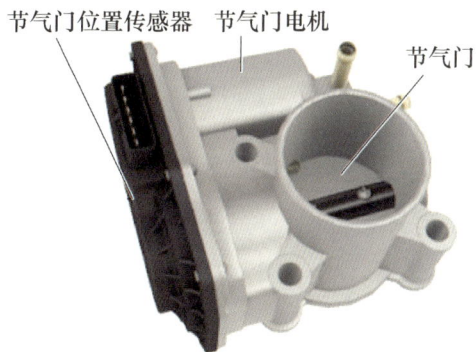

图 2-33 节气门位置传感器的安装位置

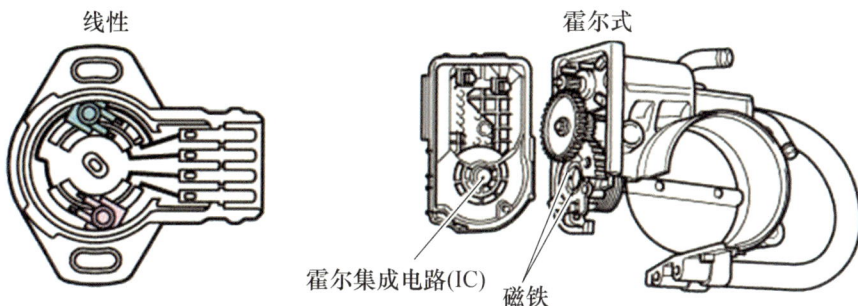

图 2-34 节气门位置传感器的类型

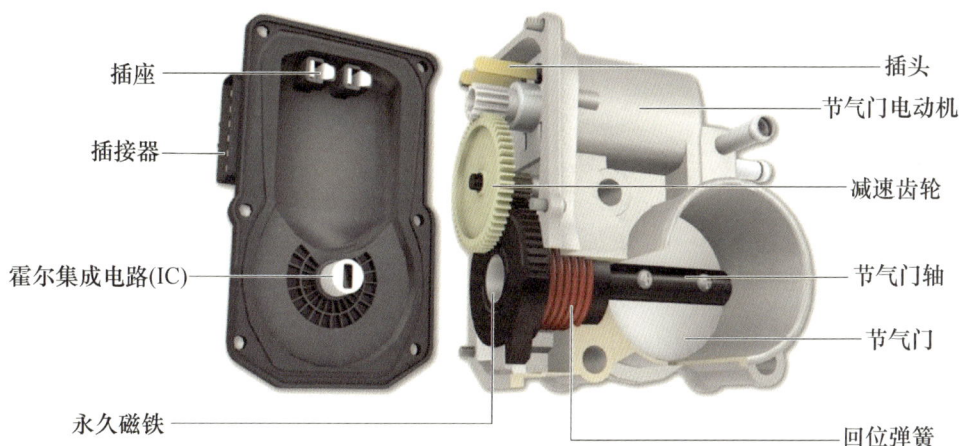

图 2-35 霍尔式节气门位置传感器和节气门体的结构

2. 霍尔式节气门位置传感器的工作原理

当节气门的开度较小时，通过霍尔元件 IC1 和 IC2 的磁通量也较少，此时两个霍尔集成电路的输出电压也会较小，如图 2-36a 所示；当节气门的开度由小到大变化时，与节气门同轴安装的磁铁也会发生偏转，因此流入霍尔集成电路的磁通量也会由小到大变化，此时两个霍尔集成电路的输出电压也会由小到大变化，如图 2-36b 所示，通过两个系统（主、副）输出，提高了系统测量故障的准确性，增强了故障保护功能，确保了可靠性。

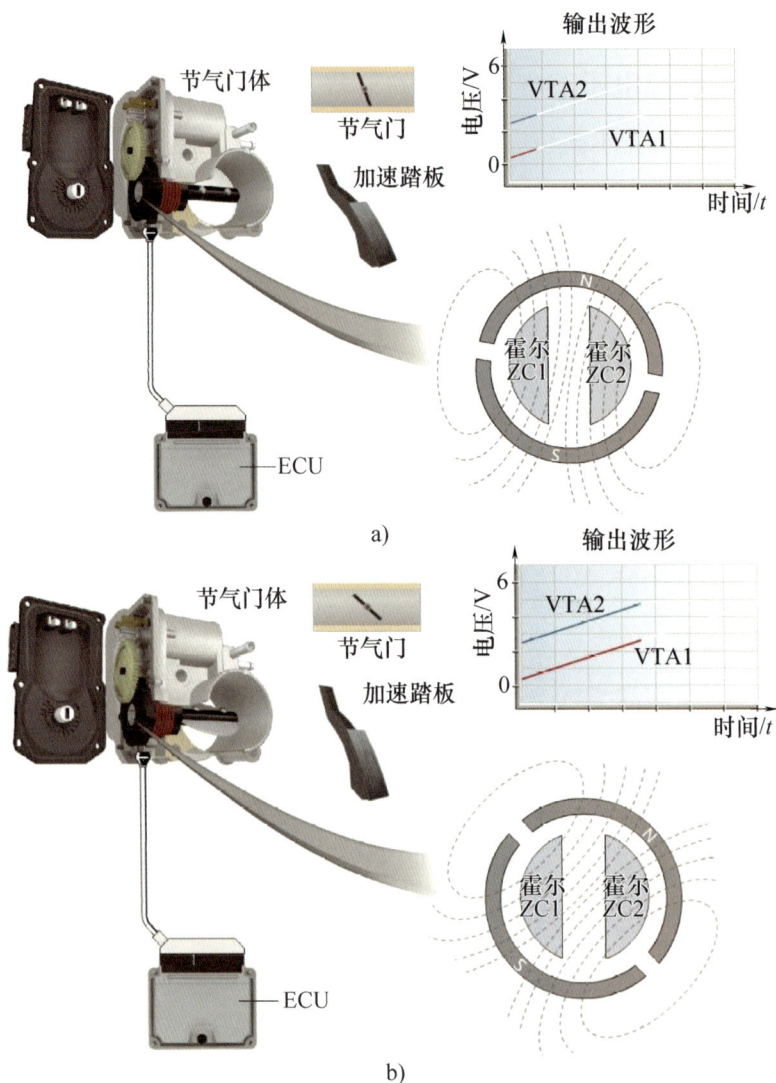

图 2-36 霍尔式节气门位置传感工作原理

a）节气门开度较小时　b）节气门开度较大时

3. 霍尔式节气门位置传感器的连接电路

霍尔式节气门位置传感器与 ECM 的连接电路如图 2-37 所示。ECM 通过 VC 端子为节气门位置传感器内的 1 号 IC 和 2 号 IC 提供 5V 的电源，再通过 E2 端子流经 ECM 后搭铁，VTA1 和 VTA2 分别为 1 号 IC 和 2 号 IC 的信号输出端子，向 ECM 提供两组随节气门开度增加而增大的电压信号。

（二）线性节气门位置传感器

1. 线性节气门位置传感器的结构

线性节气门位置传感器用在传统的拉索控制式节气门体上，主要由电阻膜、节气门开度信号用动触点、怠速信号用动触点及传感器壳体等组成，当节气门开度发生变化时，节气门开度信号用动触点在电阻膜上滑动，如图 2-38 所示。电阻膜制作在传感器底板上，一端由 ECU 提供 5V 工作电源（VC 端子），另一端通过 ECU 搭铁

随堂笔记

（E2 端子）；节气门开度信号用动触点与信号输出端子 VTA 相连，并随节气门轴一同转动；怠速信号用动触点的一端由 ECU 提供 5V 的信号参考电压（IDL 端子），另一端也通过 ECU 搭铁，如图 2-39 所示。

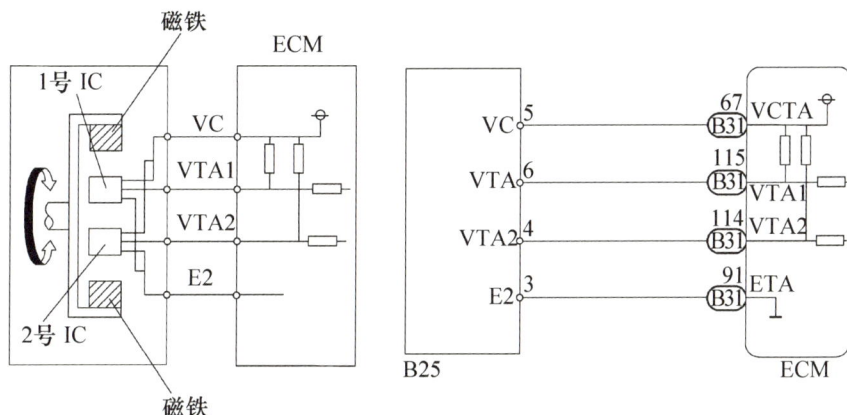

图 2-37　霍尔式节气门位置传感器与 ECM 的连接电路

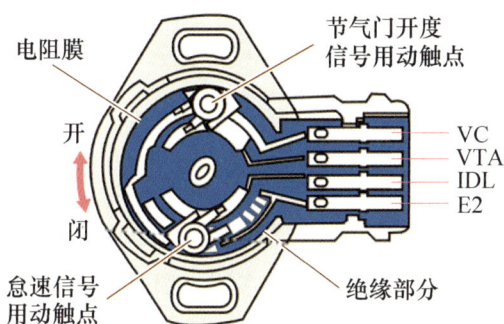

图 2-38　线性节气门位置传感器结构

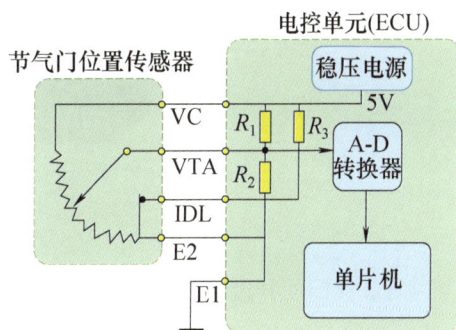

图 2-39　线性节气门位置传感器连接电路

随堂笔记

2. 线性节气门位置传感器的工作原理

　　当节气门关闭时，怠速触点接通，当稍微打开节气门时，怠速触点断开，向 ECU 提供怠速控制信号。当节气门开度从全关到全开变化时，节气门开度信号用动触点在电阻膜上滑动，从电阻膜上获得分压电压，并作为节气门开度信号输送到 ECU。节气门从全关到全开变化时，信号电压从 0.5V 到 4.5V 变化，信号变化如图 2-40 所示。

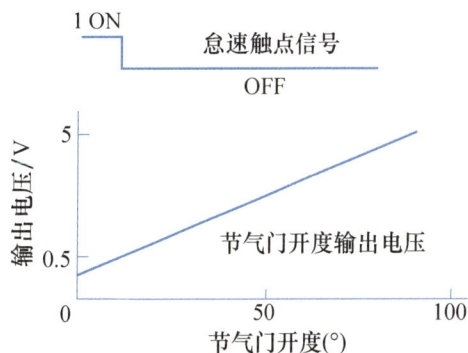

图 2-40　线性节气门位置传感器输出信号变化

　　由于该传感器可以检测到节气门开度的连续变化情况，因此 ECU 可以实现更多的控制功能，例如：加速燃油加浓控制、空气流量信号替代控制（即空气流量传感器发生故障时，利用节气门位置和发动机转速计算进气量）等。

节气门位置传感器的检查	学习任务单	班级：
		姓名：

1. 节气门位置传感器的作用主要是将节气门_____以及节气门开度变化速率，转变为电信号输入发动机_____，用于判别发动机的各种工况。

2. 节气门位置传感器安装在_____。

3. 节气门位置传感器按结构与工作过程不同可分为线性与_____两种。其中线性一般在传统的拉索控制式节气门中使用。新型的智能电子节气门所用的节气门位置传感器一般采用_____。

4. 写出题图 2-7 画线处所指零部件的名称。

随堂笔记

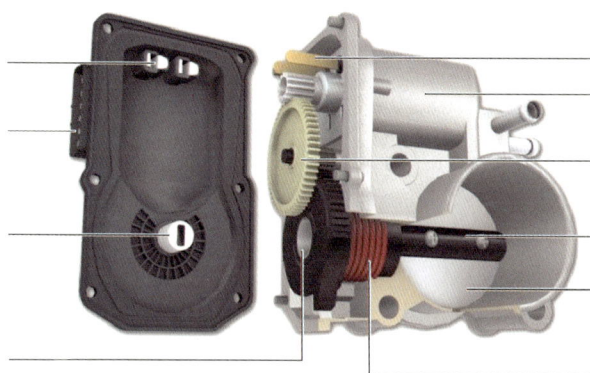

题图 2-7

5. 当节气门的开度由小到大变化时，与节气门同轴安装的磁铁也会发生偏转，因此流入霍尔集成电路的磁通量也会由小到大变化，此时两个霍尔集成电路的输出电压也会由小到大变化，即节气门开度越_____，输出的信号电压越_____。

6. 连接节气门位置传感器与 ECM 的连接电路并分析（题图 2-8）。

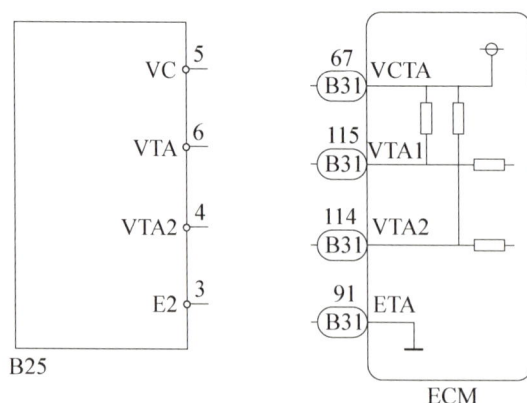

题图 2-8

根据题图 2-8 中你所连接的电路分析，5 号端子（VC）电压应为_____V，当节气门开度逐渐减小时，6 号端子（VTA）电压应逐渐_____，4 号端子（VTA2）电压应逐渐_____。

任务实施

实训器材

轿车整车或电控发动机实训台架、常用工具、万用表、故障诊断仪等。

作业准备

1）车辆在工位停放周正。

2）铺好车内和车外护套。

操作步骤

一、用汽车故障诊断仪读取 ECU 故障码

1）检查变速器档位是否处于 P 位，驻车制动器是否处于制动状态。

2）打开位于仪表板左下方的车辆诊断接口盖，将汽车故障诊断仪连接到车辆故障诊断接口。

3）起动发动机。

4）打开故障诊断仪，按菜单指示操作，进入发动机系统。

5）选择读取故障码，可能的故障码见表 2-15。

随堂笔记

表 2-15　故障码

故 障 码	含 义
P0120	节气门 / 踏板位置传感器 / 开关"A"电路故障
P0122	节气门 / 踏板位置传感器 / 开关"A"电路低输入
P0123	节气门 / 踏板位置传感器 / 开关"A"电路高输入
P0220	节气门 / 踏板位置传感器 / 开关"B"电路故障
P0222	节气门 / 踏板位置传感器 / 开关"B"电路低输入
P0223	节气门 / 踏板位置传感器 / 开关"B"电路高输入
P2135	节气门 / 踏板位置传感器 / 开关"A"/"B"电路故障

二、用汽车故障诊断仪读取 ECU 内的数据流

1）打开故障诊断仪，按菜单指示操作，进入发动机系统。

2）选择读取发动机系统数据流，标准值见表 2-16。

表 2-16　数据流标准值

检测仪显示	完全松开加速踏板	完全踩下加速踏板
节气门位置 1	0.5~1.1V	3.3~4.9V
节气门位置 2	2.1~3.1V	4.6~5.0V

三、测量节气门位置传感器电路

1）断开节气门位置传感器插接器。

2）断开 ECU 插接器。

3）根据表 2-17 和表 2-18 中给出的规定测量电路。

表 2-17　标准电阻（断路检查）

检测仪连接	条　件	规 定 状 态
B25-5（VC）—B31-67（VCTA）	始终	<1Ω
B25-6（VTA）—B31-115（VTA1）	始终	<1Ω
B25-4（VTA2）—B31-114（VTA2）	始终	<1Ω
B25-3（E2）—B31-91（ETA）	始终	<1Ω

表 2-18　标准电阻（短路检查）

检测仪连接	条　件	规 定 状 态
B25-5（VC）或 B31-67（VCTA）—车身搭铁	始终	≥10kΩ
B25-6（VTA）或 B31-115（VTA1）—车身搭铁	始终	≥10kΩ
B25-4（VTA2）或 B31-114（VTA2）—车身搭铁	始终	≥10kΩ

随堂笔记

若测量值不在表 2-17 和表 2-18 的范围内，说明该电路存在断路或短路的故障，需要更换或维修节气门位置传感器—ECU 的连接电路。若正常，进行下一步测量。

4）根据表 2-19 中给出的规定测量电压。

表 2-19　标准电压

检测仪连接	开 关 状 态	规 定 状 态
B25-5（VC）—B25-3（E2）	点火开关置于 ON 位	4.5~5.5V

若测量值不在表 2-19 的范围内，说明 ECU 损坏，需更换 ECU；若测量值在表 2-19 的范围内，则说明节气门位置传感器损坏，需更换节气门体总成。

节气门位置传感器的检查	工作任务单	班级：
		姓名：

1. 车辆信息记录

品牌		整车型号		生产年月	
发动机型号		发动机排量		行驶里程	
车辆识别代号（VIN）					

2. 故障诊断分析报告

项目	诊断过程记录
故障现象描述	

相关数据流分析

1. 故障码读取及分析

故障指示灯	故障码	故障码说明
常亮□ 正常□		

2. 与故障码相关数据流读取与分析

序号	项目名称	踩下加速踏板数据	松开加速踏板数据	判定
1	节气门位置1			异常□ 正常□
2	节气门位置2			异常□ 正常□

故障诊断步骤

1. 电路检测

电路端子	条件	标准值	测量值	判定
B25-5（VC）—B31-67（VCTA）	断路测量			异常□ 正常□
B25-6（VTA）—B31-115（VTA1）	断路测量			异常□ 正常□
B25-4（VTA2）—B31-114（VTA2）	断路测量			异常□ 正常□
B25-3（E2）—B31-91（ETA）	断路测量			异常□ 正常□
B25-5（VC）或 B31-67（VCTA）—车身搭铁	短路测量			异常□ 正常□
B25-6（VTA）或 B31-115（VTA1）—车身搭铁	短路测量			异常□ 正常□
B25-4（VTA2）或 B31-114（VTA2）—车身搭铁	短路测量			异常□ 正常□

2. 检测 VC 电压值

电路端子	条件	标准值	测量值	判定
B25-5（VC）—B25-3（E2）	点火开关在 ON 位置			异常□ 正常□

3. 部件/电路故障点确认及分析

维修措施：维修□　更换□　调整□

节气门位置传感器的检查			实习日期：		
姓名：		班级：	学号：		导师签名：
自评：□熟练　□不熟练		互评：□熟练　□不熟练	师评：□合格　□不合格		
日期：		日期：	日期：		

节气门位置传感器的检查【评分细则】

序号	评分项	得分条件	分值	评分要求	自评	互评	师评
1	安全/7S/态度	□ 1. 能进行工位 7S 操作 □ 2. 能进行设备和工具安全检查 □ 3. 能进行车辆安全防护操作 □ 4. 能进行工具清洁、校准、存放操作 □ 5. 能进行三不落地操作	15	未完成1项扣3分，扣分不得超过15分	□熟练 □不熟练	□熟练 □不熟练	□合格 □不合格
2	专业技能能力	作业 1 □ 1. 能正确读取故障码 □ 2. 能正确读取未踩加速踏板时的数据流 □ 3. 能正确读取踩加速踏板时的数据流 □ 4. 能正确记录并分析数据流 作业 2 □ 1. 能正确测量电路断路故障 □ 2. 能正确测量电路短路故障 □ 3. 能正确测量电路电压值	50	未完成1项扣5分，扣分不得超过50分	□熟练 □不熟练	□熟练 □不熟练	□合格 □不合格
3	工具及设备的使用能力	□ 1. 能正确使用维修工具 □ 2. 能正确使用故障诊断仪 □ 3. 能正确使用万用表	10	未完成1项扣3分，扣分不得超过10分	□熟练 □不熟练	□熟练 □不熟练	□合格 □不合格
4	资料、信息查询能力	□ 1. 能正确使用维修手册查询资料 □ 2. 能正确记录查询资料的章节及页码 □ 3. 能正确记录所需维修信息	10	未完成1项扣3分，扣分不得超过10分	□熟练 □不熟练	□熟练 □不熟练	□合格 □不合格
5	数据判断和分析能力	□ 1. 能分析系统故障码是否正常 □ 2. 能分析系统数据流是否正常 □ 3. 能判断测量电路是否正常 □ 4. 能判断系统元件是否正常	10	未完成1项扣3分，扣分不得超过10分	□熟练 □不熟练	□熟练 □不熟练	□合格 □不合格
6	表单填写和报告撰写能力	□ 1. 字迹清晰 □ 2. 语句通顺 □ 3. 无错别字 □ 4. 无涂改 □ 5. 无抄袭	5	未完成1项扣1分，扣分不得超过5分	□熟练 □不熟练	□熟练 □不熟练	□合格 □不合格

随堂笔记

总分：

项目三 / Project 3

燃油喷射控制系统的检查

任务一

燃油供给系统的检查

学习目标

知识目标

1）掌握燃油供给系统的组成。

2）掌握燃油供给系统各元件的安装位置、作用和工作原理。

技能目标

1）会规范地检查燃油压力、燃油泵及其控制电路。

2）能参考维修手册，排除与燃油供给系统相关的故障。

素养目标

1）能够在工作过程中与小组其他成员合作、交流，养成团队合作意识，锻炼沟通能力。

2）养成 7S 的工作习惯。

3）养成服从管理、吃苦耐劳与规范作业的良好工作作风。

任务描述

有一位丰田卡罗拉轿车用户开车到维修站，反映最近车辆行驶无力，发动机怠速时抖动，油耗明显增加，需要检修。

相关知识

一、燃油供给系统的作用

燃油供给系统的作用是为发动机提供所需的清洁的压力燃油。当发动机运行时，发动机电控单元根据空气流量信号、发动机转速信号及其他信号，计算出发动机燃烧所需要的燃油量，并在合适的时刻发出喷油信号，打开喷油器，向进气道或气缸内喷射适量的燃油，并与空气混合，供给发动机运行。

二、燃油供给系统的组成与工作原理

燃油供给系统一般由电动燃油泵、燃油压力调节器、燃油滤清器、喷油器、燃油分配管和燃油箱等组成，如图 3-1 所示。目前，一些车辆还采用了新型无回油燃油

随堂笔记

60

供给系统,在该系统中取消了燃油压力调节器和回油管路。

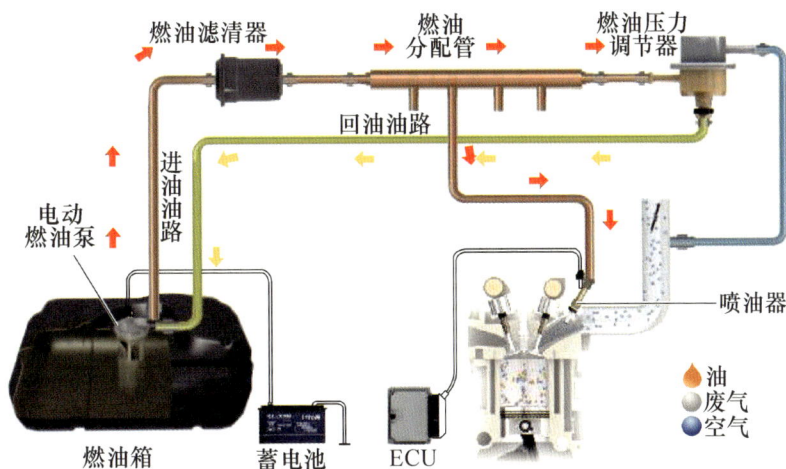

图 3-1　燃油供给系统的组成

发动机工作时,电动燃油泵将汽油从燃油箱泵出,经燃油滤清器过滤后,再经燃油压力调节器调压,将压力调整到比进气管压力高出约 250kPa 的压力,然后经输油管配送给各个喷油器,喷油器根据 ECU 发来的喷射信号,把适量汽油喷射到进气歧管中。当油路压力超过规定值时,燃油压力调节器工作,将多余的汽油经回油管流回燃油箱中。

1. 电动燃油泵

(1) 作用　电动燃油泵的作用是将燃油从燃油箱内吸出,为发动机燃油供给系统提供压力燃油。

(2) 类型

1)按电动燃油泵的安装位置不同可分为外装式和内装式两种。

① 外装式:电动燃油泵安装在燃油箱外低于燃油箱的位置,在大排量汽车上常作为第二级增压泵。

② 内装式:电动燃油泵安装在燃油箱内,淹没在燃油中,现已被广泛采用。

2)按电动燃油泵的结构不同分类。泵体是电动燃油泵泵油的主体,根据其结构的不同大致可以分为涡轮式、滚柱式和齿轮式三种,如图 3-2 所示。现代汽车几乎全部采用齿轮式或涡轮式电动燃油泵。

(3) 结构　涡轮式电动燃油泵由永磁电机(转子、永久磁铁、壳体、换向器)、涡轮、止回阀(弹簧、钢球)、限压阀(也称安全阀)和滤网等组成,如图 3-3 所示。

电动燃油泵的电机部分包括固定在外壳上的永久磁铁和产生电磁力矩的电枢(转子)以及安装在外壳上的电刷装置。电刷与电枢上的换向器相接触,其引线连接到外壳上的接柱上,将控制电动燃油泵的电压引到电枢绕组上。电动燃油泵的外壳两端卷边铆紧,使各部件组装成一个不可拆卸的总成。

随堂笔记

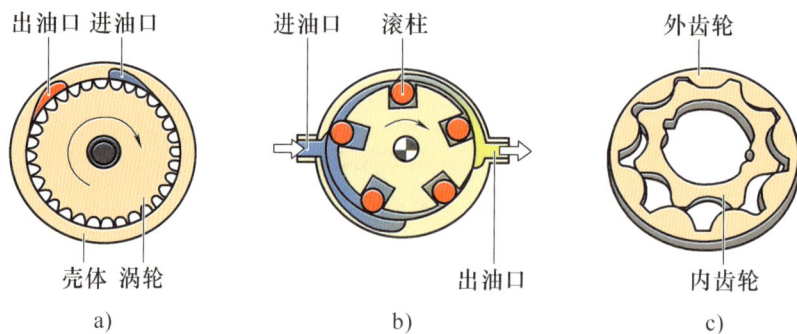

图 3-2 电动燃油泵的类型

a）涡轮式 b）滚柱式 c）齿轮式

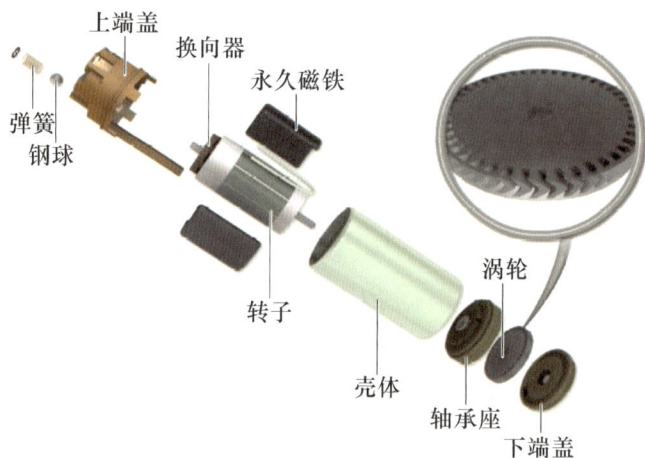

涡轮式电动燃油泵工作原理

随堂笔记

图 3-3 涡轮式电动燃油泵的结构

（4）工作原理 涡轮式电动燃油泵的工作原理如图 3-4 所示，当外部电路向电动燃油泵供电时，电动燃油泵工作，永磁电机带动涡轮旋转，将汽油从进油口吸入，汽油经电动燃油泵内部，再从出油口压出，燃油供给系统开始供油。电动燃油泵的转速和泵油量由外加电压决定，通常情况下为恒定值。

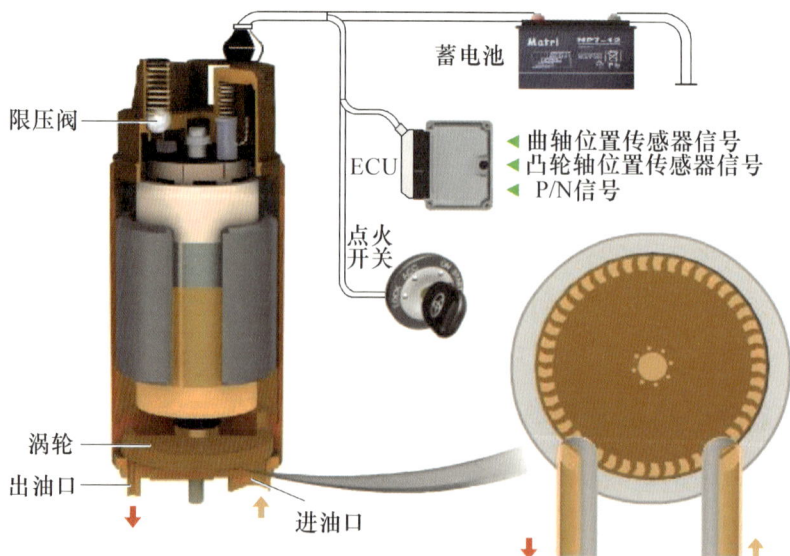

图 3-4 涡轮式电动燃油泵工作原理

涡轮旋转时，涡轮内的汽油随同一起高速旋转，出油口处的油压增高，进油口处油压降低，从而使汽油从进油口处吸入，从出油口流出。

随堂笔记

在电动燃油泵的出油口处设有一个止回阀，可以在发动机熄火后，防止燃油倒流，以保持燃油供给系统有一定的残余压力，便于下次起动。

在电动燃油泵的出油口旁边设有一个限压阀，可以在燃油滤清器或高压管路堵塞等意外情况发生时，打开而泄压，从而保护直流电机。

在电动燃油泵的进油口处安装有一个滤网，可防止杂质进入电动燃油泵造成卡死或密封不良。

（5）控制电路　为了提高安全性，电动燃油泵只有在发动机运转时工作，若发动机停止运转，即使点火开关开启，电动燃油泵也不应运转。

电动燃油泵的控制电路如图 3-5 所示，EFI 继电器受点火开关的控制，控制整个电控发动机各元件的电源，也通过电动燃油泵继电器触点给电动燃油泵提供电源，电动燃油泵继电器线圈供电受点火开关的控制，同时还受发动机 ECU 的控制。

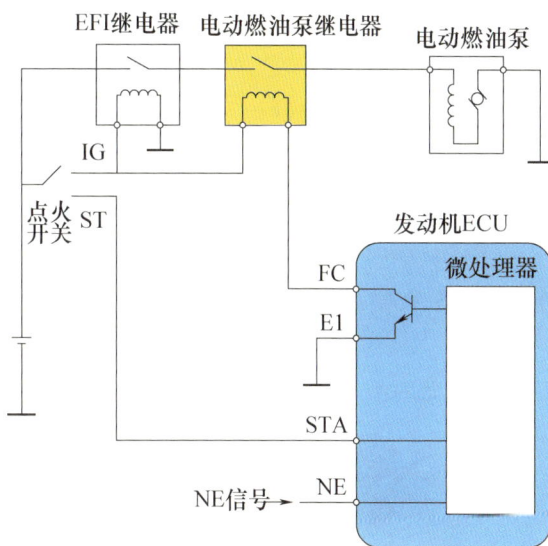

当驾驶人打开点火开关到起动档（ST档）时，从点火开关的 ST 端子会传递一

图 3-5　电动燃油泵的控制电路

个 STA 信号（起动信号）到发动机 ECU，发动机 ECU 内部的晶体管接通，电动燃油泵继电器接通，给电动燃油泵提供电源，从而使电动燃油泵工作。当产生 NE 信号（发动机运转信号）时，ECU 内部的晶体管继续接通，从而电动燃油泵也保持运转，其工作电路如图 3-6 所示，直到驾驶人熄火或发动机停止运转，NE 信号消失，ECU内部的晶体管截止，电动燃油泵继电器断开，电动燃油泵停止运转。

2. 燃油滤清器

燃油滤清器（图 3-7）安装在电动燃油泵后面的高压油路中，其作用是滤除燃油中的杂质和水分，防止燃油系统堵塞，减少机械磨损，以保证发动机正常工作。

在发动机电控系统中，燃油供给系统一般采用的都是纸质滤芯、一次性的燃油滤清器。燃油滤清器的结构如图 3-8 所示，燃油从进油管进入燃油滤清器，经过壳体内的滤芯过滤后，清洁的燃油从出油管流出。

一般汽车每行驶 20000~40000km 或 1~2 年，应更换燃油滤清器。更换燃油滤清器时，应首先释放燃油系统压力，并注意燃油滤清器壳体上的箭头标记应为燃油流动方向。

燃油滤清器
工作原理

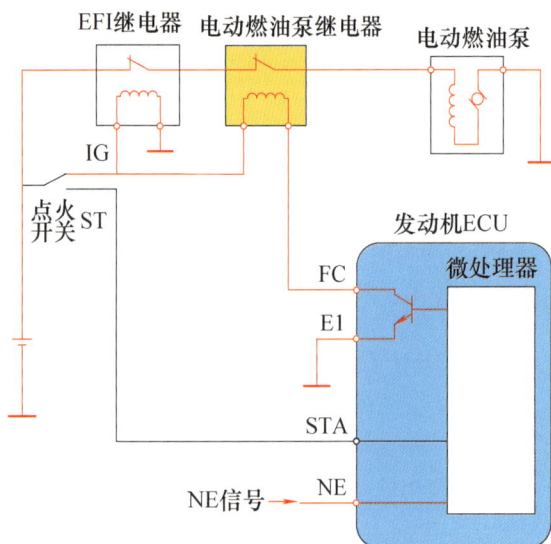

图3-6 发动机运转时电动燃油泵工作电路

图3-7 燃油滤清器

3. 燃油分配管

被电动燃油泵加压并经燃油滤清器过滤输送而来的压力燃油，再经燃油分配管分配给各个喷油器，如图3-9所示。

随堂笔记

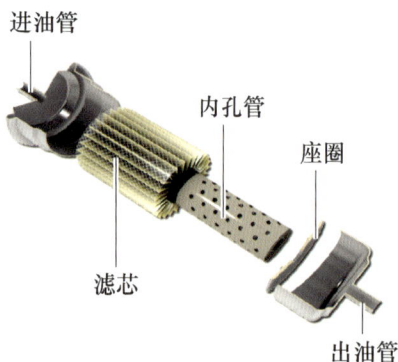

图3-8 燃油滤清器的结构

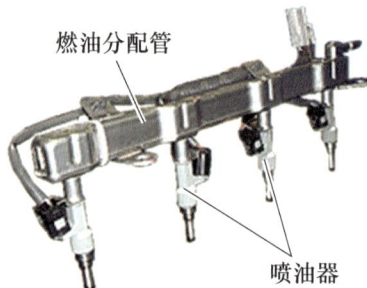

图3-9 燃油分配管

4. 燃油压力调节器

（1）作用 燃油压力调节器（图3-10）的作用就是调节燃油压力，使喷油器上、下压差保持恒定。因为在电控燃油喷射系统中，ECU通过控制喷油器的打开时间可实现对喷油量的控制。因此，要保证燃油喷射量的精确控制，在喷油器的结构尺寸一定时，必须保持恒定的喷油压差。由于进气管内的气体压力是随发动机转速和负荷的变化而变化的，要保持恒定的喷油压差，必须根据进气管内压力的变化来调节燃油压力，使分配油管内的油压随进气总管压力的变化而变化。

图3-10 燃油压力调节器

（2）**结构**　燃油压力调节器通常安装在输油管的一端，其结构如图 3-11 所示，主要由膜片、弹簧、回油阀和壳体等组成。膜片将燃油压力调节器壳体内部分成两个室，即弹簧室和燃油室；膜片上方的弹簧室通过软管与进气管相通，膜片与回油阀相连，回油阀控制回油量。

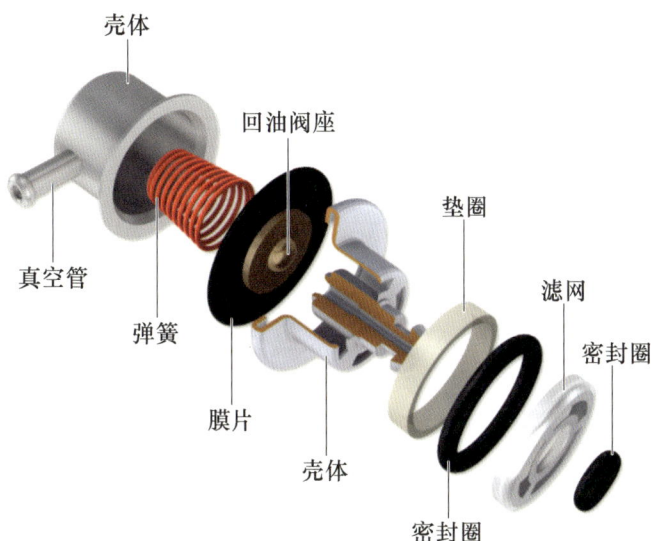

图 3-11　燃油压力调节器的结构

随堂笔记

（3）**工作原理**　燃油压力调节器的工作原理如图 3-12 所示，当进气管内压力下降（真空度增大）时，膜片向下移动，回油阀开度增大，回油量增多，使输油管内燃油压力下降；反之，当进气管内的压力升高时，则膜片带动回油阀向上移动，回油阀开度减小，回油量减少，使输油管内燃油压力升高。

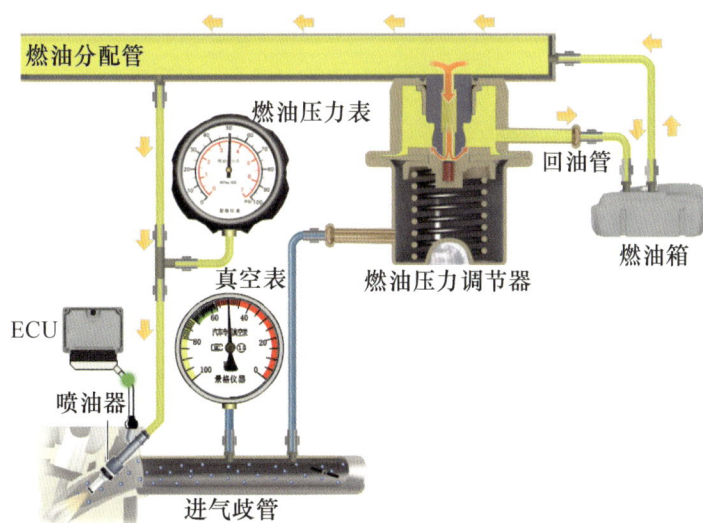

图 3-12　燃油压力调节器的工作原理

燃油供给系统的检查	学习任务单	班级：
		姓名：

1. 燃油供给系统的作用是为发动机提供所需的清洁的_____燃油。

2. 根据题图 3-1 写出燃油供给系统各零件的名称：

1: _____   2: _____   3: _____

4: _____   5: _____   6: _____

7: _____   8: _____

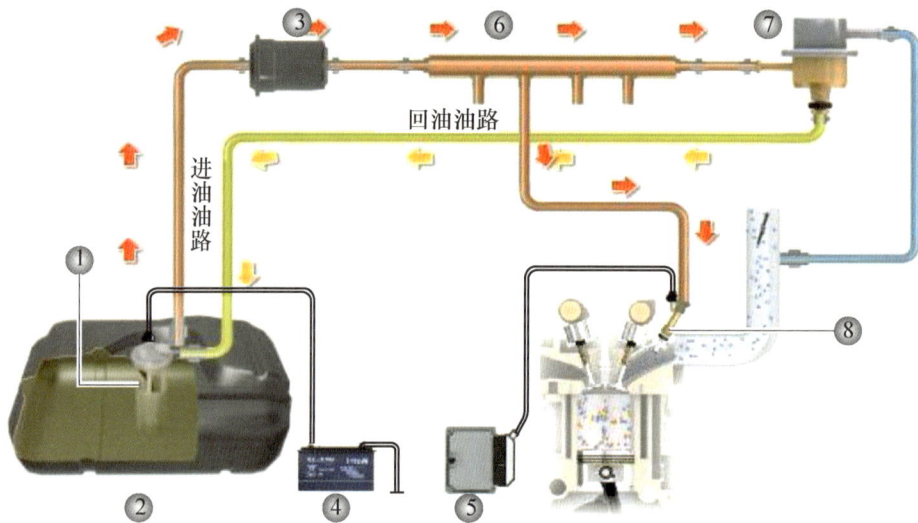

题图　3-1

3. 发动机工作时，_____将汽油从燃油箱泵出，经燃油滤清器过滤后，再经燃油压力调节器调压，将压力调整到比进气管压力高出约_____kPa 的压力，然后经输油管配送给各个喷油器，喷油器根据 ECU 发来的喷射信号，把适量汽油喷射到进气歧管中。当油路压力超过规定值时，燃油压力调节器工作，将多余的汽油经回油管流回_____中。

4. 电动燃油泵的作用是将燃油从油箱内吸出，为发动机燃油供给系统提供压力燃油。按电动燃油泵的安装位置不同分类，可分为外装式和_____式。按电动燃油泵的结构不同分类，可分为_____式、滚柱式和齿轮式。

5. 连接电动燃油泵控制电路并分析（题图 3-2）。

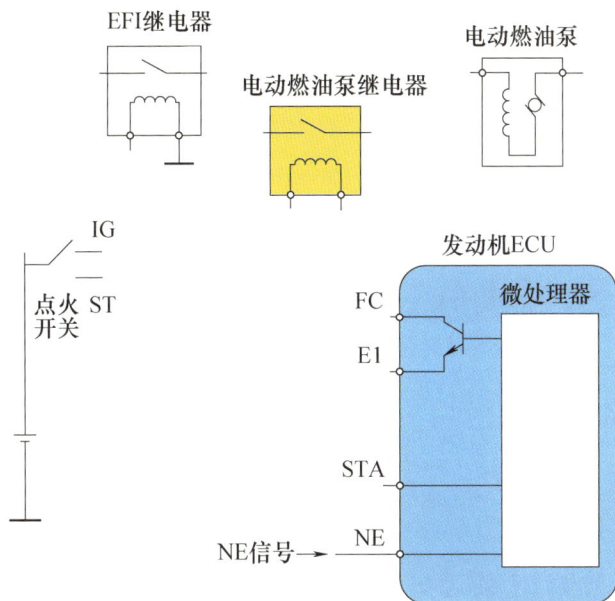

题图　3-2

根据题图3-2中你所连接的电路分析，该电动燃油泵工作需要具备的条件：＿＿＿＿＿＿＿＿＿＿
＿＿＿
＿＿＿

6. 燃油滤清器的作用是滤除燃油中的＿＿＿＿＿＿和水分，防止燃油系统堵塞，减少机械磨损，以保证发动机正常工作。一般汽车每行驶＿＿＿＿＿＿km或1~2年，应更换燃油滤清器。

7. 燃油压力调节器的作用就是调节＿＿＿＿＿＿，使喷油器上、下压差保持恒定。当进气管内气体压力下降（真空度增大）时，输油管内燃油压力＿＿＿＿＿＿；反之，当进气管内的气体压力升高时，输油管内燃油压力＿＿＿＿＿＿。

随堂笔记

任务实施

实训器材

轿车整车或电控发动机实训台架、常用工具、万用表、燃油压力表等。

作业准备

1）车辆在工位停放周正。

2）铺好车内和车外护套。

操作步骤

一、燃油供给系统卸压

1）用双手以合适的力度使后排座椅垫的左右挂钩分离，并拆下后排座椅垫总成。

2）从电动燃油泵总成上断开电动燃油泵插接器，如图3-13所示。

3）检查确认变速杆是否处于P位，检查确认驻车制动器是否处于制动状态。

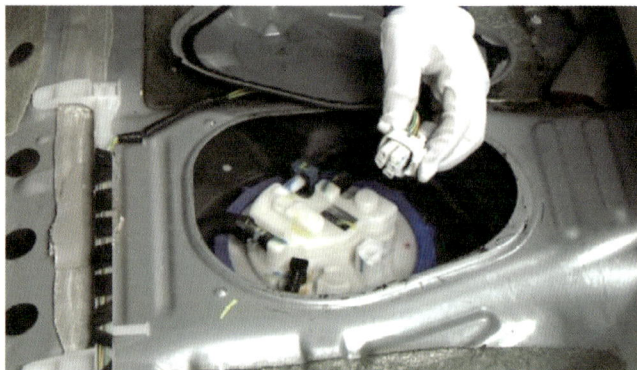

图3-13 断开电动燃油泵插接器

4）起动发动机，使发动机运转到自动熄火，将点火开关置于OFF位。

5）再次起动发动机，并确认发动机不能起动。

6）打开燃油加注盖，释放燃油箱中的压力。

7）重新连接电动燃油泵总成插接器。

二、检测燃油供给系统压力

1）卸放了燃油供给系统的压力后从主燃油管上断开燃油软管，如图3-14所示。

2）根据维修手册，选用燃油压力表，并将燃油压力表连接至燃油管路中。

3）起动发动机，测量怠速情况下的燃油压力。正常情况下丰田卡罗拉发动机怠速时燃油压力为304~343kPa。

图3-14 断开燃油软管

4）检查燃油压力后，从燃油管路上断开燃油压力表，并取下燃油压力表接头。

检查燃油系统压力

随堂笔记

5）用干净的布对主燃油管进行清洁，并将燃油管重新连接到主燃油管上。

6）检查燃油是否泄漏。

三、检测电动燃油泵

电动燃油泵不工作会造成发动机不能起动，此时接通点火开关，应能从燃油箱口处听到电动燃油泵运转 2~3s 的声音；或用手捏住进油管时，能感觉到进油管的油压脉动。如果电动燃油泵不工作，按以下步骤检查。

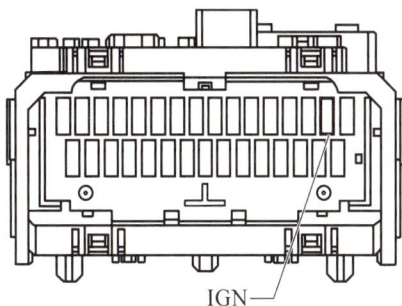

图 3-15 拆卸 IGN 熔丝

1. 检查燃油泵控制电路

1）从仪表板熔断器盒上拆下 IGN 熔丝，如图 3-15 所示。

2）根据表 3-1 中的值测量电阻。

表 3-1 标准电阻（一）

检测仪连接	条　件	规 定 状 态
IGN 熔丝	始终	<1Ω

若 IGN 熔丝的值不在表 3-1 的范围内，则更换 IGN 熔丝；若正常，则进入下一步检查。

3）根据表 3-2 中的值检测电动燃油泵继电器。

表 3-2 标准电阻（二）

检测仪连接	条　件	规 定 状 态
2A-8—2B-11	始终	≥ 10kΩ
	在端子 2B-10 和 2F-4 上施加蓄电池电压	<1Ω

若检测电动燃油泵继电器的值不在表 3-2 的范围内，则更换电动燃油泵继电器，若正常则进入下一步检查。

2. 检测电动燃油泵

1）拆卸后排座椅垫总成。

2）拆卸后地板检修孔盖，如图 3-16 所示。

3）断开燃油泵插接器。

4）燃油供给系统泄压。

5）拆卸电动燃油泵壳体上的连接管路，如图 3-17 所示。

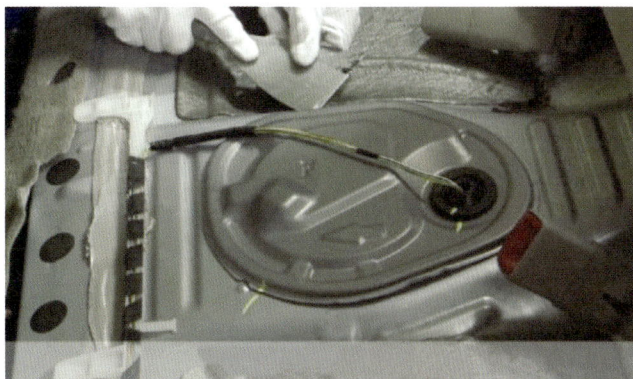

图 3-16 拆卸后地板检修孔盖

随堂笔记

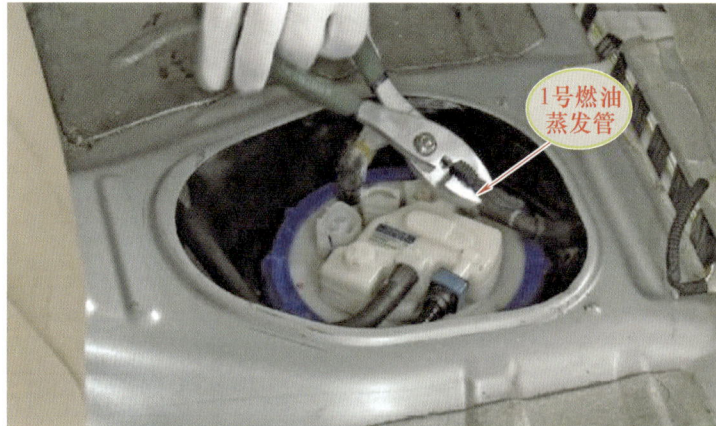

图 3-17　拆卸电动燃油泵连接管路

注意铲刀角度，防止检修孔盖变形。

6）将专用拆装工具安装到电动燃油泵壳体固定圈上，正确使用工具拧松固定圈，如图 3-18 所示。

7）向上将电动燃油泵壳体总成从燃油箱中取出，放到清洁的零部件盆中，并遮挡燃油箱口，防止灰尘或异物进入燃油箱，如图 3-19 所示。

随堂笔记

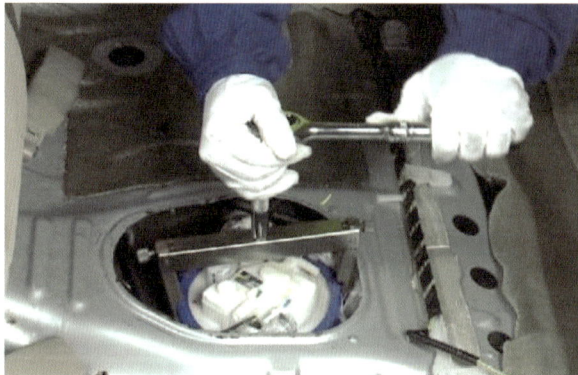

图 3-18　拧松电动燃油泵壳体固定圈

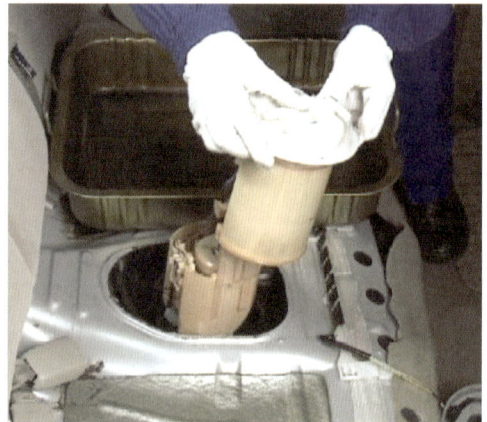

图 3-19　取出电动燃油泵总成

8）分解电动燃油泵壳体总成，如图 3-20 所示。取出燃油泵电动机。

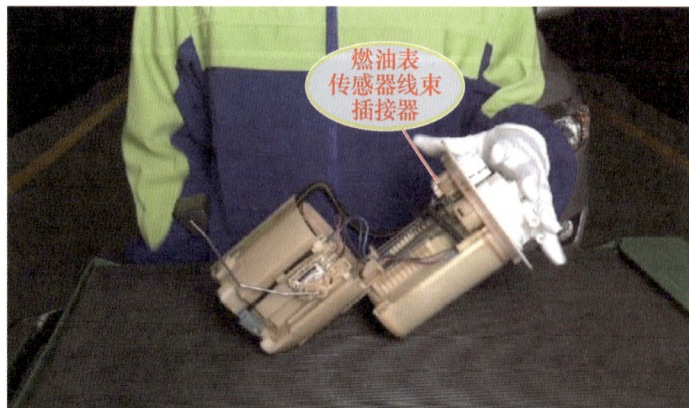

图 3-20　分解电动燃油泵壳体总成

9）用数字万用表检测电动燃油泵两个端子之间的电阻，如图 3-21 所示。20℃条件下，标准电阻应为 0.2~3.0Ω，若不符合标准，则更换电动燃油泵；也可在电动燃油泵的两个端子之间施加蓄电池电压，检查并确认电动燃油泵是否工作。如果电动机不工作，则应更换电动燃油泵。

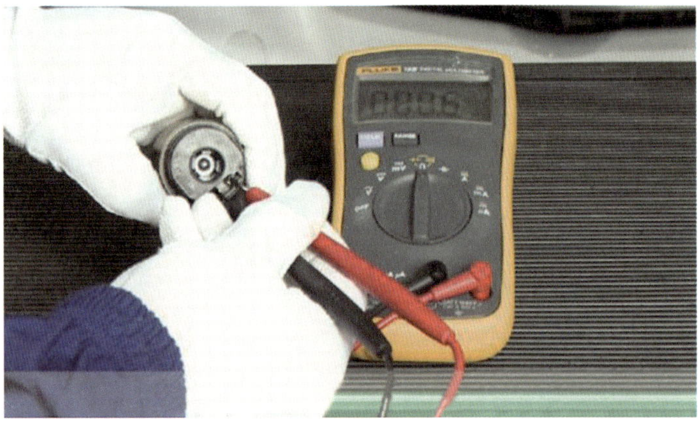

图 3-21　检测电动燃油泵两个端子之间的电阻

10）按与拆卸相反的顺序安装电动燃油泵。

注意事项

在对燃油供给系统进行检查操作时，严禁吸烟或有明火靠近。

随堂笔记

燃油供给系统的检查	工作任务单	班级：
		姓名：

1. 车辆信息记录

品牌		整车型号		生产年月	
发动机型号		发动机排量		行驶里程	
车辆识别代号（VIN）					

2. 检测燃油供给系统压力

项目名称	条件	标准值	测量值	判定
燃油供给系统压力	怠速时			异常□ 正常□
	急加速时			异常□ 正常□
	大负荷时			异常□ 正常□
	拔下燃油压力调节器真空管时			异常□ 正常□
	残余压力			异常□ 正常□

3. 部件检测

序号	元件名称	端子	条件	标准值	测量值	判定
1	IGN 熔丝	1—2	电阻测量			异常□ 正常□
2	电动燃油泵继电器	2B-10—2F-4	电阻测量			异常□ 正常□
		2A-8—2B-11	电阻测量			异常□ 正常□
			施加电压后电阻	—		异常□ 正常□
3	电动燃油泵	1—2	电阻测量	—		异常□ 正常□

4. 部件测试

序号	元件名称	条件	测试结果	判定
1	电动燃油泵	在 1—2 端子施加 12V 电压	工作□ 未工作□	异常□ 正常□

5. 故障确认及分析

部件／电路故障点确认及分析：

维修措施：维修□　更换□　调整□

6. 查阅维修手册

序号	部件名称	章节及页码	规格（公制）
1		第　　章　　页	
2		第　　章　　页	

随堂笔记

燃油供给系统的检查			实习日期：			
姓名：		班级：	学号：		导师签名：	
自评：□熟练　□不熟练		互评：□熟练　□不熟练	师评：□合格　□不合格			
日期：		日期：	日期：			

燃油供给系统的检查【评分细则】

序号	评分项	得分条件	分值	评分要求	自评	互评	师评
1	安全/7S/态度	□ 1. 能进行工位 7S 操作 □ 2. 能进行设备和工具安全检查 □ 3. 能进行车辆安全防护操作 □ 4. 能进行工具清洁、校准、存放操作 □ 5. 能进行三不落地操作	15	未完成1项扣3分，扣分不得超过15分	□熟练 □不熟练	□熟练 □不熟练	□合格 □不合格
2	专业技能能力	作业 1 □ 1. 能正确对燃油供给系统卸压 □ 2. 能正确使用燃油压力表 □ 3. 能正确安装燃油压力表 □ 4. 能正确读取燃油压力值 □ 5. 能正确拆卸燃油压力表 作业 2 □ 1. 能正确拆卸燃油滤清器 □ 2. 能正确安装燃油滤清器 作业 3 □ 1. 能正确检测电动燃油泵电路 □ 2. 能正确检测电动燃油泵继电器 □ 3. 能正确拆卸电动燃油泵总成 □ 4. 能正确测量电动燃油泵电阻 □ 5. 能正确对电动燃油泵施加电压 □ 6. 能正确安装电动燃油泵 □ 7. 能正确检查电动燃油泵是否泄漏	50	未完成1项扣3分，扣分不得超过50分	□熟练 □不熟练	□熟练 □不熟练	□合格 □不合格
3	工具及设备的使用能力	□ 1. 能正确使用维修工具 □ 2. 能正确使用燃油压力表 □ 3. 能正确使用万用表	10	未完成1项扣3分，扣分不得超过10分	□熟练 □不熟练	□熟练 □不熟练	□合格 □不合格
4	资料、信息查询能力	□ 1. 能正确使用维修手册查询资料 □ 2. 能正确记录查询资料的章节及页码 □ 3. 能正确记录所需维修信息	10	未完成1项扣3分，扣分不得超过10分	□熟练 □不熟练	□熟练 □不熟练	□合格 □不合格
5	数据判断和分析能力	□ 1. 能判断燃油供给系统压力值是否正常 □ 2. 能判断熔丝是否正常 □ 3. 能判断继电器是否正常 □ 4. 能判断电动燃油泵是否正常	10	未完成1项扣3分，扣分不得超过10分	□熟练 □不熟练	□熟练 □不熟练	□合格 □不合格
6	表单填写和报告撰写能力	□ 1. 字迹清晰 □ 2. 语句通顺 □ 3. 无错别字 □ 4. 无涂改 □ 5. 无抄袭	5	未完成1项扣1分，扣分不得超过5分	□熟练 □不熟练	□熟练 □不熟练	□合格 □不合格

总分：

随堂笔记

任务二

喷油器的检查

🔧 学习目标

知识目标

1）掌握喷油器的结构与工作原理。

2）了解喷射时间的控制。

技能目标

1）能够使用工具清洗和检查喷油器。

2）会检测喷油器的控制电路。

素养目标

1）能够在工作过程中与小组其他成员合作、交流，养成团队合作意识，锻炼沟通能力。

2）养成 7S 的工作习惯。

3）养成服从管理、吃苦耐劳与规范作业的良好工作作风。

随堂笔记

🚗 任务描述

有一位丰田卡罗拉轿车用户将车开到维修站，反映发动机故障指示灯常亮，且车辆行驶无力，发动机怠速时严重抖动，需要维修。

相关知识

一、喷油器的作用

电控燃油喷射系统的执行元件是喷油器，如图 3-22 所示。喷油器的作用是根据 ECU 的指令，将压力燃油雾状喷入进气歧管末端。

二、喷油器的类型

1）按喷油器的结构不同分类，可分为轴针式喷油器和轴孔式喷油器。

2）按喷油器的阻值不同分类，可分为高阻值喷油器（电阻为 13~16Ω）和低阻值喷油器（电阻为 2~3Ω）。

图 3-22 喷油器

74

3）按喷油器的驱动方式不同分类，可分为电流驱动方式和电压驱动方式两种。

三、喷油器的结构

喷油器一般由电磁线圈、回位弹簧、衔铁、针阀和进油滤网等组成，图3-23所示为轴针式喷油器的结构。其优点是针阀前端的轴针伸入喷孔，可使燃油以环状喷出，有利于雾化，且由于轴针在喷口中不断运动，故喷孔不易堵塞；缺点是燃油雾化质量稍差，且由于针阀质量较大，因而动态响应性较差。

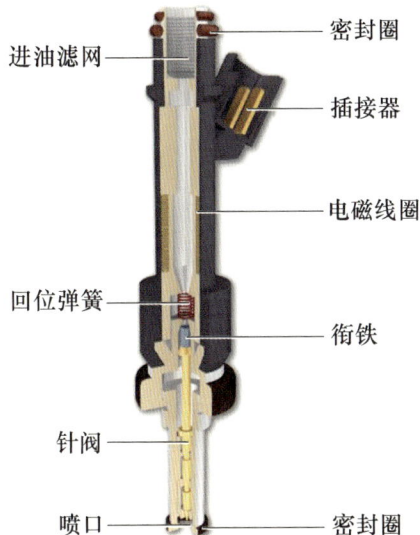

图 3-23　轴针式喷油器的结构

四、喷油器的工作原理

喷油器实际上是一个电磁阀，针阀与衔铁制成一体并随衔铁一起移动。当电磁线圈通电后，衔铁被吸起（针阀升程约为0.1mm），高压汽油便从喷孔喷射出去，如图3-24所示。当电磁线圈断电后磁力消失，针阀被弹簧压紧在阀座上，汽油因此被密封在油腔内。喷油量取决于ECU给喷油器通电的时间。

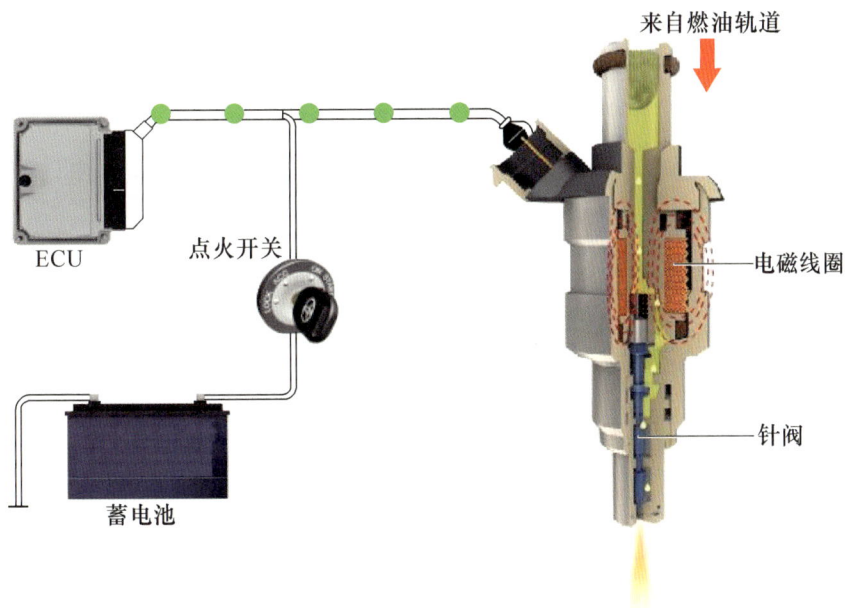

图 3-24　喷油器的工作原理

五、喷油器的连接电路

丰田卡罗拉发动机喷油器的连接电路如图3-25所示。当点火开关置于ON位时，IG2号继电器触点吸合，为4个喷油器提供12V的电源，4个喷油器分别受ECM内功率晶体管控制搭铁。

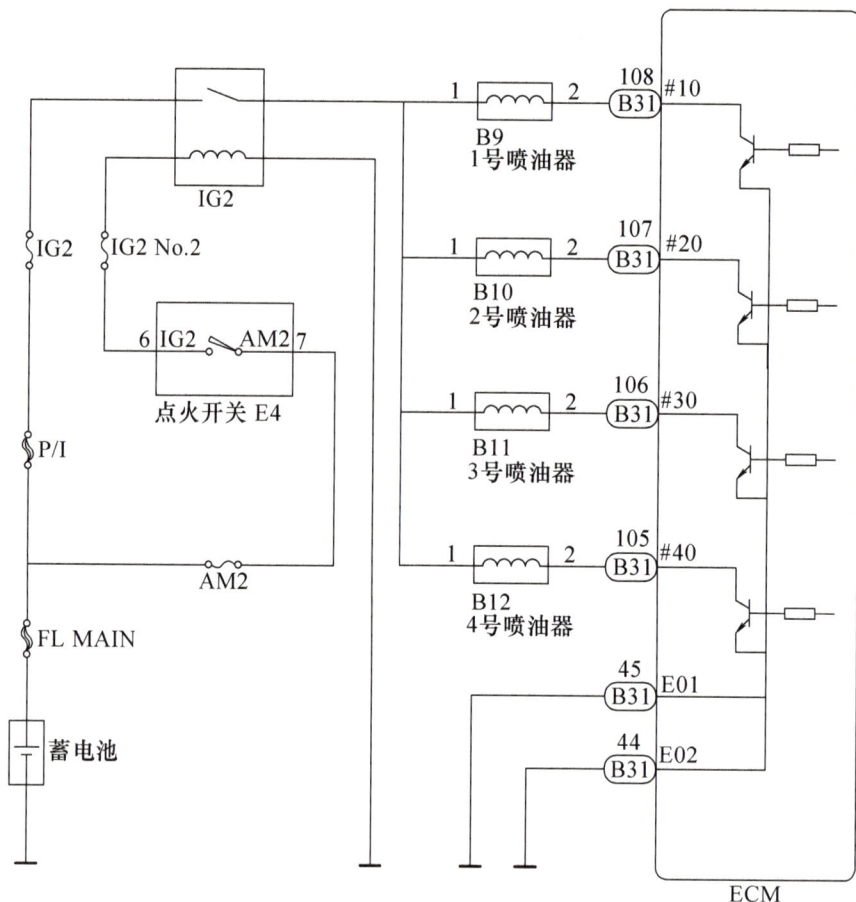

图 3-25 喷油器的连接电路

六、喷射时间的控制

喷油器喷油量的多少取决于喷油压力和打开的时间，由于喷油器前后压力差通过燃油压力调节器维持恒定，因此发动机 ECU 只需要控制喷射时间即可控制喷油量，喷射时间越长，喷油量越多。

喷射时间由两部分组成：喷射时间 = 基本喷射时间 + 校正喷射时间。

基本喷射时间：由发动机的进气量和转速确定，进气量越大、转速越低，基本喷射时间越长。

校正喷射时间：包括起动加浓校正、预热加浓校正、空燃比反馈校正、加速加浓校正、燃油切断控制、功率加浓校正、进气温度校正等，如图 3-26 所示。

1. 起动加浓校正

由于起动时发动机的转速和进气量变化较大，难以用转速和进气量来确定喷油量，因此，起动时的燃油喷射时间一般由冷却液温度来决定。

冷却液温度由冷却液温度传感器来检测。冷却液温度越低，燃油的雾化性越差，喷射时间越长，从而得到越浓的混合气，如图 3-27 所示。

2. 预热加浓校正

在冷机起动后，由于发动机还未达到正常工作温度，燃油不容易雾化，喷油量需要适当增加，从而获得较浓混合气，因此，发动机 ECU 将增加燃油喷射时间。随着冷却液温度的升高，燃油喷射时间的增加量逐步减少，如图 3-28 所示。

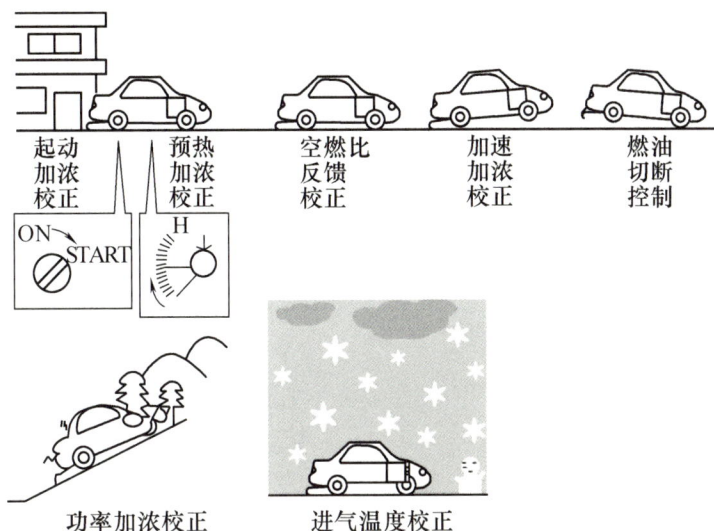

图 3-26　各种校正喷射时间

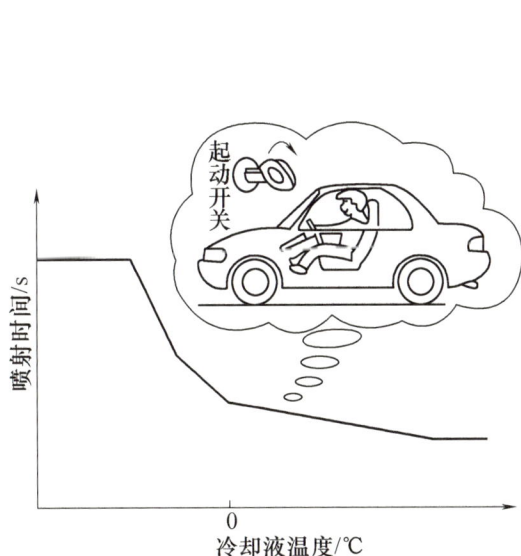

图 3-27　起动加浓校正

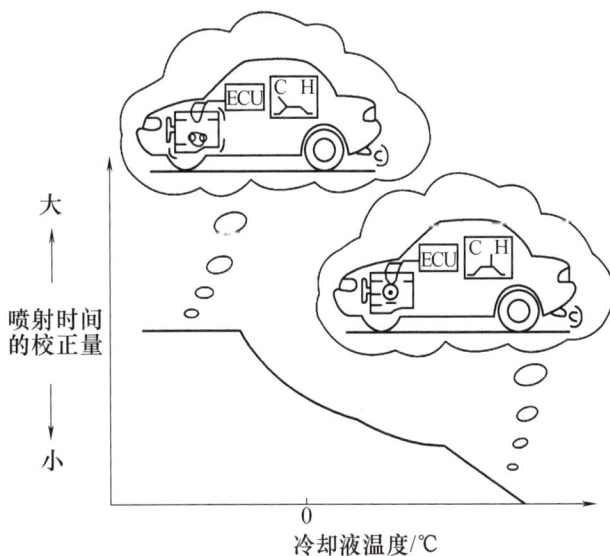

图 3-28　预热加浓校正

3. 空燃比反馈校正

空燃比：混合气中空气与燃料的质量之比。空燃比越大，表明混合气越稀；空燃比越小，表明混合气越浓。空气与燃料都正好完全燃烧时的空燃比称为理论空燃比（约为 14.7）。

如果氧传感器检测的信号反映空燃比高于理论值，则说明混合气偏稀，ECU 将增加喷射时间，从而使混合气变浓；如果从氧传感器检测的信号反映空燃比低于理论值，则说明混合气偏浓，ECU 将减少喷射时间，从而使混合气变稀。如此循环，确保空燃比保持在理论值附近（这种控制方式称为闭环控制），如图 3-29 所示。

为保证发动机运转良好且满足行驶的需要，空燃比反馈校正在以下情况下停止工作（即进行开环控制）：

1）发动机起动时。

2）起动后加浓时。

3）功率加浓时。

4）冷却液温度低于预定值时。

5）燃油切断时。

6）氧传感器持续无信号超过一定时间时。

4. 加速加浓校正

在汽车突然加速时，特别是在突然加速的开始阶段，由于燃料供应的增加滞后于进气量的增加，造成混合气瞬时变稀，有可能引起发动机暂时熄火或燃烧不良，使汽车产生加速不良现象。为了避免出现这一问题，在汽车突然加速时，发动机ECU会瞬时延长燃油喷射时间，增加喷油量，以防止混合气瞬时偏稀。

加速加浓的多少取决于节气门开度的变化速度：节气门开启越快，加速加浓校正越多，如图3-30所示。

5. 燃油切断控制

在减速过程中，为了减少有害气体的排放和增加发动机的制动效果，ECU将根据减速的具体条件停止燃油喷射。

ECU对减速状态的判断取决于节气门的开度和发动机的转速，当节气门关闭且发动机转速较高时，ECU就判定汽车在减速，并进行燃油切断控制，停止燃油喷射；当发动机转速低于另一个预定值或者节气门重新开启时，将重新开始燃油喷射。

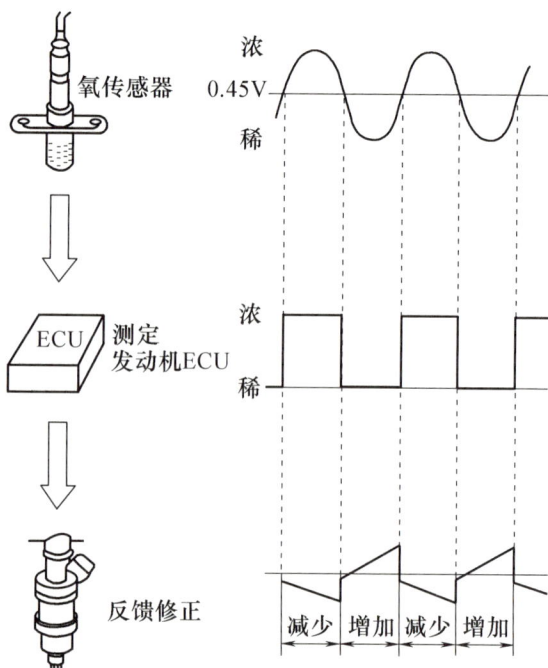

图3-29 空燃比反馈控制

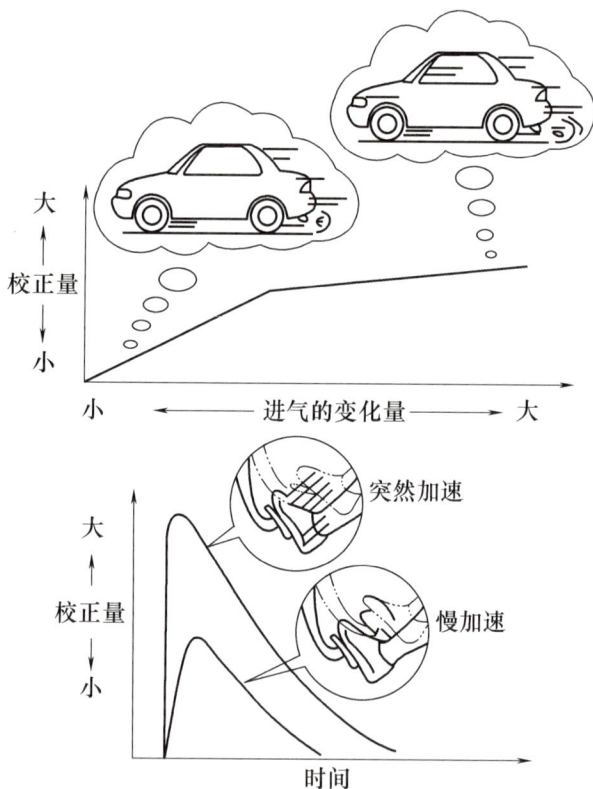

图3-30 加速加浓校正

随堂笔记

6. 功率加浓校正

在高负荷情况下，比如当汽车在爬陡峭的山路时，发动机需要发出较大的功率，此时混合气稍浓一些则比较有利，为此，ECU 将适当增大喷油量。

ECU 对功率负荷（也称大负荷）的判断依靠是节气门的开度、发动机的转速和进气量。

7. 进气温度校正

由于空气密度随空气温度的变化而变化，因此，需要根据进气温度对喷油量进行校正，即根据进入气缸中的空气温度来增加或减少燃油的量。

进气温度由进气温度传感器进行检测。发动机 ECU 将空气温度设定为标准值（20℃）：当进气温度低于标准值时，空气密度增加，校正量也随之增加；当进气温度高于标准时，空气密度降低，校正量也随之减少。

随堂笔记

喷油器的检查	学习任务单	班级：
		姓名：

1. 喷油器的作用是根据_____的指令，将雾状燃油喷入进气歧管末端。

2. 喷油器按结构不同分类，可分为轴针式喷油器和_____式喷油器；按喷油器的阻值不同分类，可分为高阻值喷油器（电阻为13~16Ω）和_____喷油器（电阻为2~3Ω）；按喷油器的驱动方式不同分类，可分为_____驱动方式和电压驱动方式两种。

3. 根据题图3-3写出画线处所指零件的名称。

4. 喷油器实际上是一个电磁阀。当_____通电后，衔铁被吸起，高压汽油便从喷孔喷射出去。当电磁线圈断电后磁力消失，针阀被_____压紧在阀座上，汽油因此被密封在油腔内。

5. 将题图3-4中喷油器的连接电路连接完整。

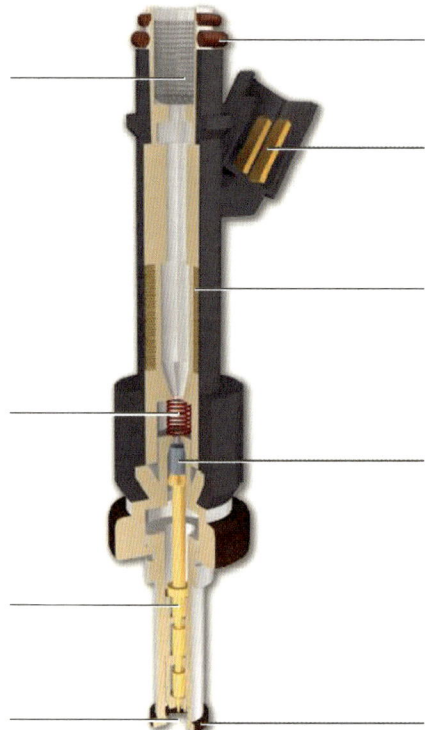

题图 3-3

随堂笔记

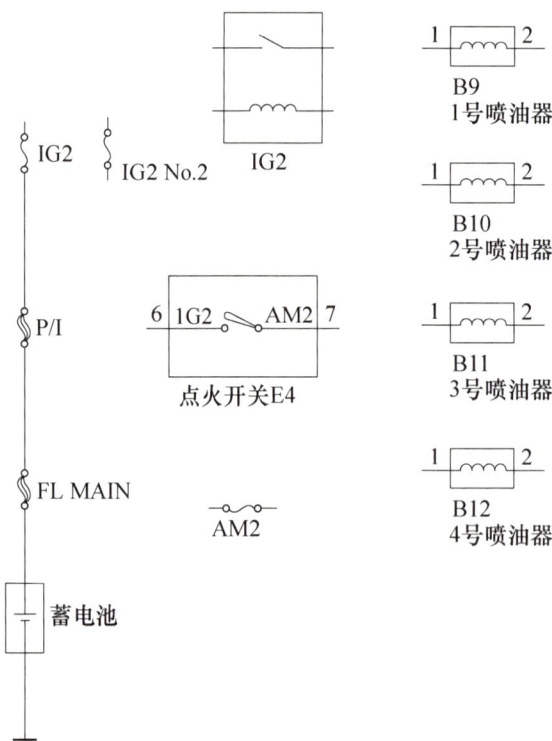

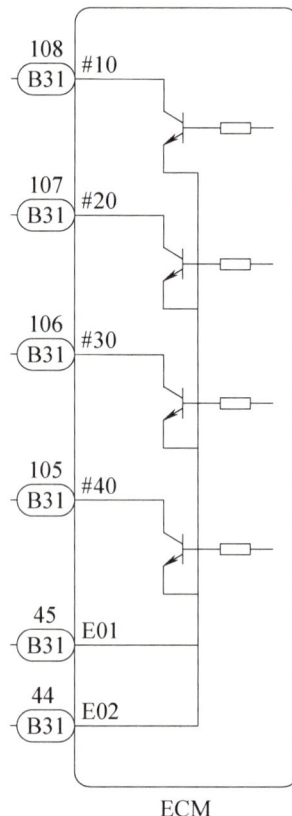

题图 3-4

任务实施

实训器材

轿车整车或电控发动机实训台架、常用工具、万用表、燃油压力表等。

作业准备

1）车辆在工位停放周正。

2）铺好车内和车外护套。

操作步骤

一、用汽车故障诊断仪读取 ECU 故障码

1）检查变速器档位是否处于 P 位，驻车制动器是否处于制动状态。

2）打开位于仪表板左下方的车辆诊断接口盖，将汽车故障诊断仪连接到车辆故障诊断接口。

3）起动发动机。

4）打开故障诊断仪，按菜单指示操作，进入发动机系统。

5）选择读取故障码，可能的故障码见表3-3。

随堂笔记

表 3-3　读取故障码

故　障　码	含　　义
P0300	检测到多个气缸缺火
P0301	检测到 1 缸缺火
P0302	检测到 2 缸缺火
P0303	检测到 3 缸缺火
P0304	检测到 4 缸缺火

二、检测喷油器

起动发动机，采用听诊器检查喷油器的脉动声，如果听不到喷油器工作的声音，可用 LED 试灯接在喷油器导线插接器上，如果在起动发动机时试灯能亮，说明喷油器控制系统工作正常，喷油器有故障，应清洗或更换，步骤如下。

1. 喷油器的拆卸

1）首先释放燃油供给系统压力。

2）依次断开 4 个喷油器的插接器。

3）拆下燃油管卡夹，使用燃油管拆卸专用工具，并在听到"咔"的一声后脱开燃油输入管。

4）选用合适的工具拆下输油管的 2 个固定螺栓，并取下输油管和 2 个输油管隔垫。

随堂笔记

5）从燃油输油管中依次取下4个喷油器，并在喷油器上按顺序进行编号。

6）依次拆下4个喷油器隔振垫，并对喷油器安装孔进行遮挡，防止异物进入进气歧管。

2. 喷油器的检查

1）用万用表测量喷油器两个端子的阻值，如图3-31所示，标准阻值为13~16Ω。

端子1　端子2

2）向喷油器的两个端子通12V电压，此时可听到接通和断开的"嗒嗒"声。此项试验通电时间应不大于4s，再次试验应间隔10s以上，以防喷油器发热损坏。

图3-31　测量喷油器两个端子的阻值

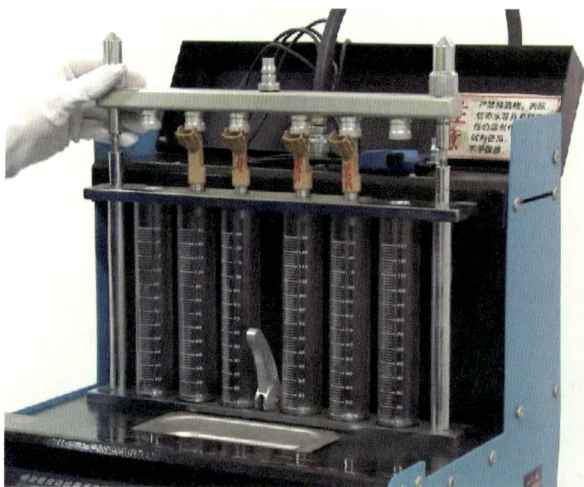

3）用测试仪检查喷油器是否发生堵塞、发卡、滴漏和雾化不良等现象，如图3-32所示。

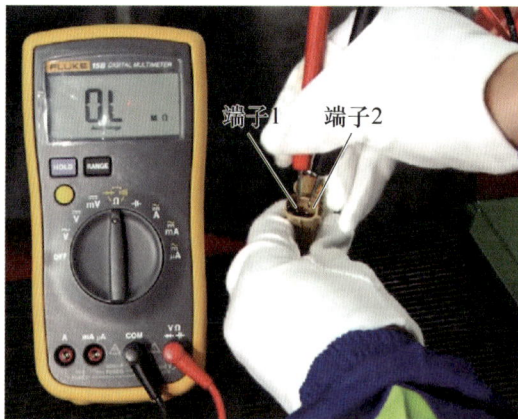

图3-32　喷油器的检查

检查与更换
喷油器

3. 喷油器的安装

按与拆卸相反的顺序安装喷油器及其相关的部件。

注意事项

安装好喷油器和各部件后起动发动机，保持怠速运转1~2min后，检查输油总管和发动机主燃油软管的连接处有无燃油泄漏，检查喷油器安装位置有无燃油泄漏，如果燃油泄漏，必须更换相关的密封圈或部件。

三、检测喷油器相关电路

起动发动机，采用听诊器检查喷油器的脉动声，如果听不到喷油器工作的声音，可用LED试灯接在喷油器导线插接器上，如果在起动发动机时试灯不亮，说明喷油器控制系统或控制电路有故障，应检查喷油器的电源、ECU接线是否连接良好。如果外部电路都正常，则可能是ECU内部故障，检查步骤如下：

1）断开故障气缸喷油器的插接器，将点火开关置于 ON 位，测量喷油器电源电压，标准电压值见表 3-4。

表 3-4　标准电压

检测仪连接	开 关 状 态	规 定 状 态
B9-1—车身搭铁	点火开关置于 ON 位	9~14V
B10-1—车身搭铁	点火开关置于 ON 位	9~14V
B11-1—车身搭铁	点火开关置于 ON 位	9~14V
B12-1—车身搭铁	点火开关置于 ON 位	9~14V

若测量电压不在表 3-4 的范围内，说明该缸喷油器到熔丝的电路存在断路故障，若电压正常则进行下一步的检查。

2）拆下蓄电池负极端头，断开 ECU 插接器，测量电路，参考值见表 3-5 和表 3-6。

表 3-5　标准电阻（断路检查）

检测仪连接	条 件	规 定 状 态
B9-2—B31-108（#10）	始终	<1Ω
B10-2—B31-107（#20）	始终	<1Ω
B11-2—B31-106（#30）	始终	<1Ω
B12-2—B31-105（#40）	始终	<1Ω

表 3-6　标准电阻（短路检查）

检测仪连接	条 件	规 定 状 态
B9-2 或 B31-108（#10）—车身搭铁	始终	≥ 10kΩ
B10-2 或 B31-107（#20）—车身搭铁	始终	≥ 10kΩ
B11-2 或 B31-106（#30）—车身搭铁	始终	≥ 10kΩ
B12-2 或 B31-105（#40）—车身搭铁	始终	≥ 10kΩ

若故障气缸喷油器的电路测量值不在表 3-5 和表 3-6 的范围内，则维修或更换该缸喷油器到 ECU 的连接电路，若测量值在表 3-5 和表 3-6 的范围内，则可能是 ECU 内部存在故障，可更换 ECU 进行替换试验。

四、检测喷油器喷油波形

用示波器连接喷油器的信号端，检测喷油器的波形，标准波形如图 3-33 所示。从喷油标准波形图上可知，发动机怠速时喷油时间一般为 3~5ms；当喷油器断电时，喷油器电磁线圈产生的自感电动势可达 100V 左右。

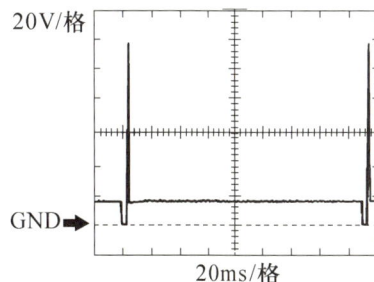

图 3-33　喷油器的标准波形

喷油器的检查	工作任务单	班级：
		姓名：

1. 车辆信息记录

品牌		整车型号		生产年月	
发动机型号		发动机排量		行驶里程	
车辆识别代号（VIN）					

2. 故障诊断分析报告

项目	诊断记录
故障现象描述	

相关数据流分析	1. 故障码读取与分析

故障指示灯	故障码	故障码说明
常亮□　正常□		

2. 与故障码相关数据流读取与分析

序号	项目名称	数据	判定
1			异常□　正常□
2			异常□　正常□

【 】缸喷油器故障诊断步骤

1. 部件检测

元件名称	条件	标准值	测量值	判定
喷油器	电阻测量			异常□　正常□

2. 部件测试清洗

元件名称	条件	测试结果	判定
喷油器	施加电压测试	响□　未响□	异常□　正常□
	仪器清洗	堵塞□　发卡□　正常□	异常□　正常□

3. 电路检测

电路端子	条件	标准值	测量值	判定
	电压测量			异常□　正常□
	断路测量			异常□　正常□
	断路测量			异常□　正常□
	短路测量			异常□　正常□
	短路测量			异常□　正常□

4. 部件／电路故障点确认及分析

维修措施：维修□　更换□　调整□

随堂笔记

喷油器的检查				实习日期：		
姓名：		班级：		学号：		导师签名：
自评：□熟练　□不熟练		互评：□熟练　□不熟练		师评：□合格　□不合格		
日期：		日期：		日期：		

喷油器的检查【评分细则】

序号	评分项	得分条件	分值	评分要求	自评	互评	师评
1	安全/7S/态度	□ 1. 能进行工位 7S 操作 □ 2. 能进行设备和工具安全检查 □ 3. 能进行车辆安全防护操作 □ 4. 能进行工具清洁、校准、存放操作 □ 5. 能进行三不落地操作	15	未完成 1 项扣 3 分，扣分不得超过 15 分	□熟练 □不熟练	□熟练 □不熟练	□合格 □不合格
2	专业技能能力	作业 1 □ 1. 能正确读取故障码 □ 2. 能正确记录与分析故障码 □ 3. 能正确读取系统数据流 □ 4. 能正确记录分析系统数据流 作业 2 □ 1. 能正确进行燃油供给系统卸压 □ 2. 能正确拆卸喷油器 □ 3. 能正确测量喷油器电阻 □ 4. 能正确检查喷油器是否工作 □ 5. 能正确使用清洗测试仪 □ 6. 能正确安装喷油器 作业 3 □ 1. 能正确测量喷油器电源电路 □ 2. 能正确测量喷油器与 ECU 连接电路	50	未完成 1 项扣 3 分，扣分不得超过 50 分	□熟练 □不熟练	□熟练 □不熟练	□合格 □不合格
3	工具及设备的使用能力	□ 1. 能正确使用维修工具 □ 2. 能正确使用喷油器清洗检查测试仪 □ 3. 能正确使用万用表 □ 4. 能正确使用故障诊断仪	10	未完成 1 项扣 3 分，扣分不得超过 10 分	□熟练 □不熟练	□熟练 □不熟练	□合格 □不合格
4	资料、信息查询能力	□ 1. 能正确使用维修手册查询资料 □ 2. 能正确记录查询资料的章节及页码 □ 3. 能正确记录所需维修信息	10	未完成 1 项扣 3 分，扣分不得超过 10 分	□熟练 □不熟练	□熟练 □不熟练	□合格 □不合格
5	数据判断和分析能力	□ 1. 能分析系统故障码是否正常 □ 2. 能分析系统数据流是否正常 □ 3. 能判断测量电路是否正常 □ 4. 能判断喷油器是否正常	10	未完成 1 项扣 3 分，扣分不得超过 10 分	□熟练 □不熟练	□熟练 □不熟练	□合格 □不合格
6	表单填写和报告撰写能力	□ 1. 字迹清晰 □ 2. 语句通顺 □ 3. 无错别字 □ 4. 无涂改 □ 5. 无抄袭	5	未完成 1 项扣 1 分，扣分不得超过 5 分	□熟练 □不熟练	□熟练 □不熟练	□合格 □不合格

总分：

随堂笔记

任务三

氧传感器的检查

随堂笔记

🔧 学习目标

知识目标

1）掌握氧传感器的安装位置、种类和作用。

2）了解氧传感器的工作原理及氧传感器信号与燃油喷射量之间的关系。

技能目标

1）能够使用各种检测工具，正确检测氧传感器。

2）能借助维修手册，规范检测氧传感器及连接电路。

素养目标

1）能够在工作过程中与小组其他成员合作、交流，养成团队合作意识，锻炼沟通能力。

2）养成 7S 的工作习惯。

3）养成服从管理、吃苦耐劳与规范作业的良好工作作风。

🚗 任务描述

有一位丰田卡罗拉轿车用户将车开到维修站，反映车辆行驶一段距离后发动机故障指示灯就会亮起，油耗增加且尾气排放超标，需要对车辆进行检修。

相关知识

一、氧传感器的功用

氧传感器（图 3-34）检测废气中残余氧含量并以电压信号的形式传给 ECU，ECU 据此判断可燃混合气的浓度，并对喷油量进行修正。偏稀时增加喷油量，偏浓时减少喷油量，使可燃混合气浓度接近理论值（空燃比 14.7），从而使三元催化转化器更好地发挥净化作用。如果氧传感器无法提供参考信号，ECU 将不能实时监测喷油量是否满足要求，发动机性能会受到影响，尾气排放也会增大。

二、氧传感器的安装位置

现代汽车上一般安装有 2 个氧传感器，分别安装在三元催化转化器的前端和后

端，如图 3-35 所示。前氧传感器主要用来检测空燃比的浓稀信号；后氧传感器主要用来检测三元催化转化器的转化效率。

图 3-34　氧传感器

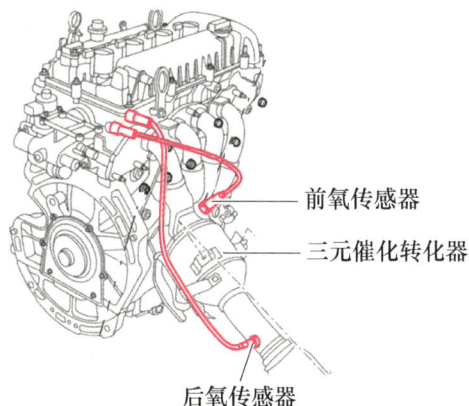

前氧传感器

三元催化转化器

后氧传感器

图 3-35　氧传感器的安装位置

三、氧传感器的类型

按使用的材料不同进行分类，常见的氧传感器有二氧化钛式和二氧化锆式两种，如图 3-36 所示。

按氧传感器是否安装加热器进行分类，有加热型氧传感器和非加热型氧传感器两种，现代汽车上都采用加热型氧传感器。

四、氧传感器的结构与工作原理

1. 二氧化锆式氧传感器的结构

二氧化锆式氧传感器主要由锆管（传感元件）、内外铂电极和加热元件等组成，如图 3-37 所示。内外铂电极是在锆管内、外两侧涂覆一层多孔性铂膜电极。锆管内侧通大气，外侧与排气接触。

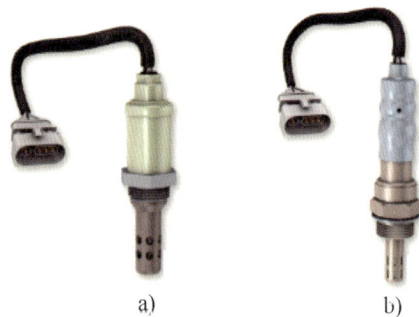

a)　　　　　　　　b)

图 3-36　氧传感器的类型

a）二氧化钛式氧传感器
b）二氧化锆式氧传感器

随堂笔记

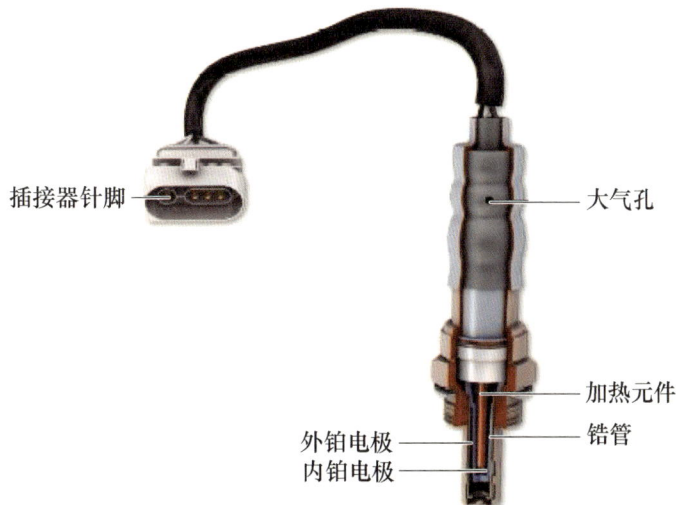

插接器针脚

大气孔

加热元件

锆管

外铂电极

内铂电极

图 3-37　二氧化锆式氧传感器的结构

2. 二氧化锆式氧传感器的工作原理

二氧化锆式氧传感器工作时，在高温废气冲刷下，氧气发生电离，由于锆管内侧氧离子浓度高，外侧氧离子浓度低，在氧浓度差作用下，氧离子从大气侧向排气侧扩散，从而形成了氧浓度差电池。当混合气稀时，排气中含氧量高，锆管内外两侧浓度差小，产生的电位差小，大约为0.1V；当混合气浓时，排气中含氧量低，浓度差大，产生的电位差高，大约为0.9V，电动势的高低以理论空燃比为界限发生突变，其工作原理与输出信号如图3-38所示。

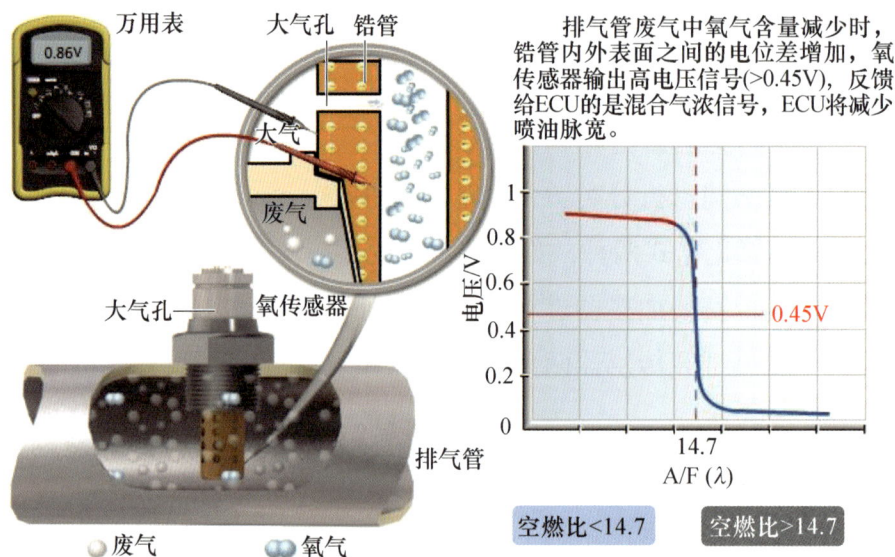

图 3-38　二氧化锆式氧传感器的工作原理与输出信号

氧传感器的输出特性与排气温度有关，当排气温度低于300℃时，氧传感器的输出特性不稳定，发动机刚刚起动后，由于排气温度偏低，氧传感器不工作，为了让氧传感器尽快达到正常工作的温度，一般在氧传感器上安装有加热器。加热器一般用陶瓷加热元件制成，加热温度一般设定为300℃，并直接由汽车电源供电。

3. 二氧化钛式氧传感器的结构与工作原理

二氧化钛式氧传感器主要由二氧化钛元件、加热元件和陶瓷管等组成，如图3-39所示。

二氧化钛在常温下电阻值很高，一旦周围氧气不足，其晶体内会产生很多电子，此时电阻值大大降低。二氧化钛式氧传感器正是利用这一特征检测排气中的氧含量。

4. 二氧化钛式氧传感器的工作原理

二氧化钛式氧传感器的工作原理是：当混合气稀时，排气中氧含量高，氧浓度高，二氧化钛电阻值高；当混合气浓时，排气中氧含量低，氧浓度低，二氧化钛电阻值降

随堂笔记

低。其电阻值的变化在理论空燃比附近发生突变，其工作原理与输出信号如图 3-40 所示。

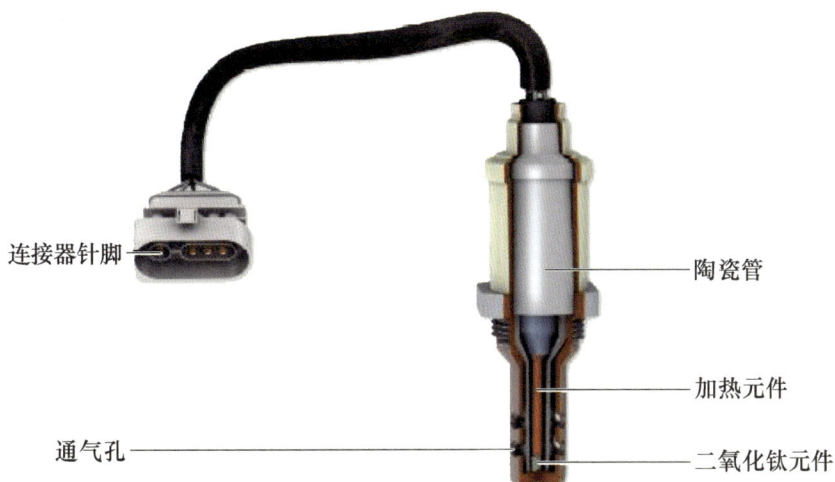

图 3-39　二氧化钛式氧传感器的结构

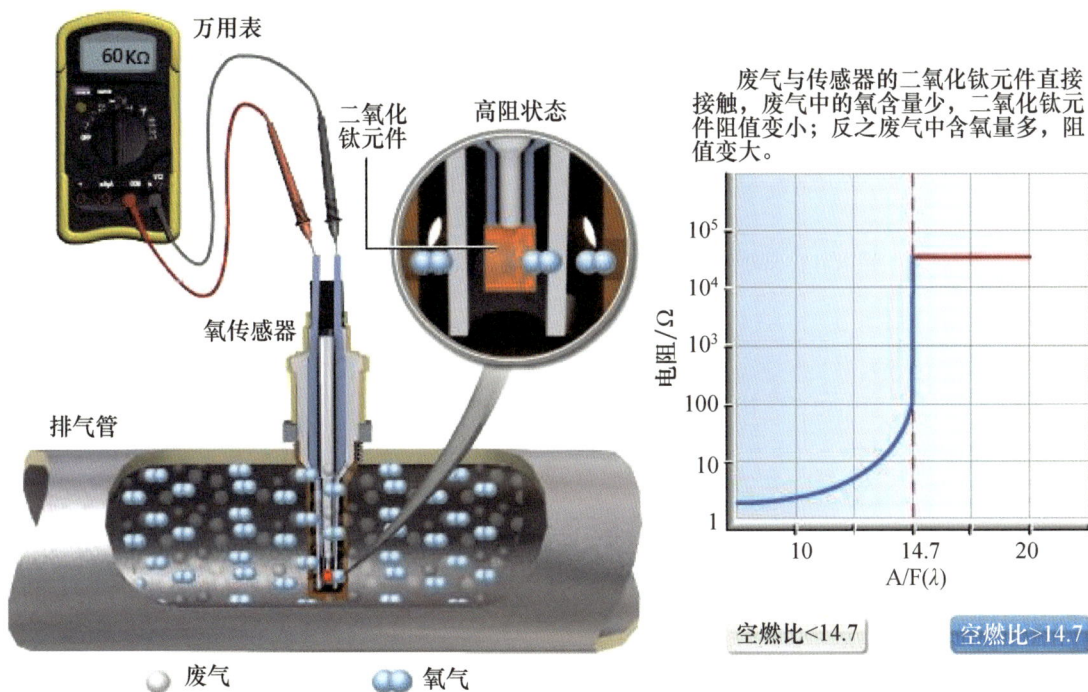

废气与传感器的二氧化钛元件直接接触，废气中的氧含量少，二氧化钛元件阻值变小；反之废气中含氧量多，阻值变大。

图 3-40　二氧化钛式氧传感器的工作原理与输出信号

五、氧传感器的连接电路

前氧传感器和后氧传感器与 ECM 的连接电路如图 3-41 所示。该电路包含了氧传感器的加热控制电路，一般情况下，发动机 ECU 会根据进气量和发动机转速来控制氧传感器加热器的工作电流。当发动机负荷较低时，其排气温度也低，ECU 将增大加热器的工作电流；反之，负荷较高时，则减小加热器的工作电流，从而始终保持传感器良好的工作状态。

随堂笔记

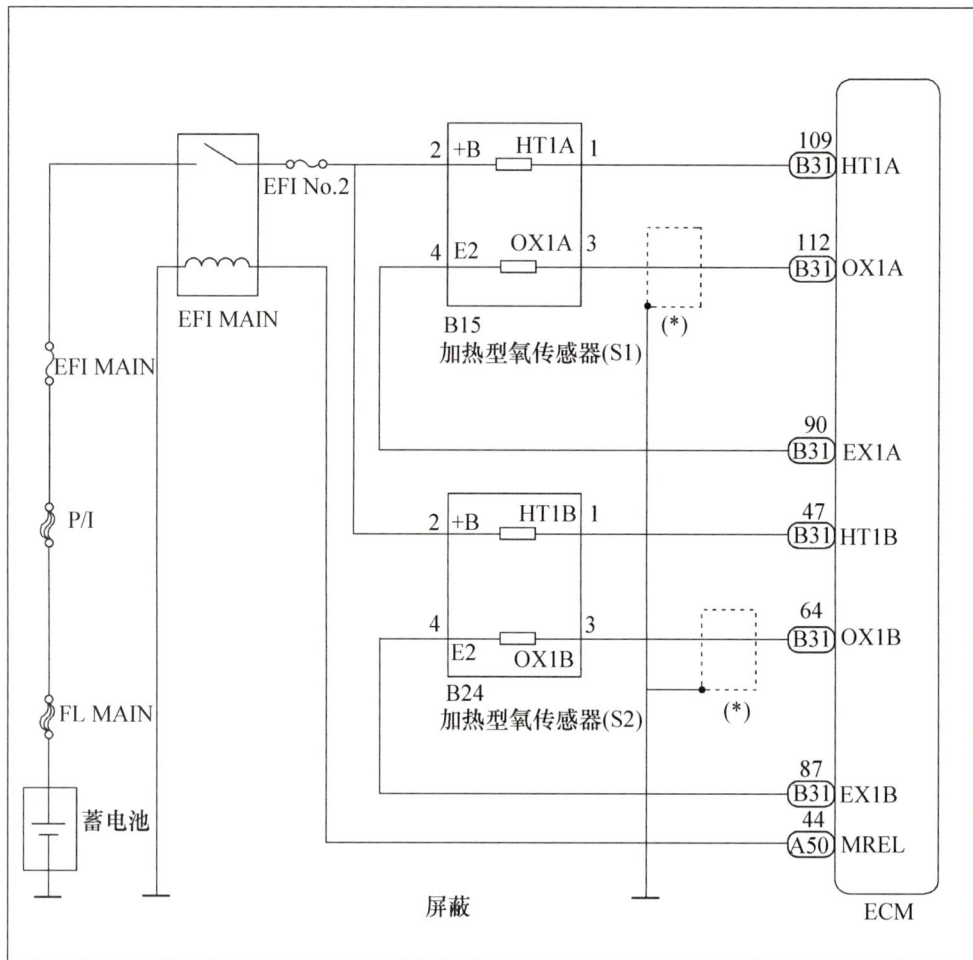

图 3-41 前氧传感器和后氧传感器与 ECM 的连接电路

氧传感器的检查	学习任务单	班级：
		姓名：

1. 氧传感器检测废气中残余_____含量并以电压信号的形式传给 ECU，ECU 据此判断可燃混合气的浓度，并对喷油量进行修正，偏稀时_____喷油量，偏浓时_____喷油量，使可燃混合气浓度接近理论值。

2. 发动机上一般安装有_____个氧传感器，分别安装在三元催化转化器的前端和后端，_____氧传感器主要用来检测空燃比的浓稀信号；_____氧传感器主要用来检测三元催化转化器的转化效率。

3. 氧传感器按使用的材料不同进行分类，有_____式和二氧化钛式两种；按氧传感器是否安装加热器进行分类，有_____型氧传感器和非加热型氧传感器两种，氧传感器一般要达到_____℃以上才能正常工作。

4. 根据题图 3-5 写出画线处所指零件的名称。

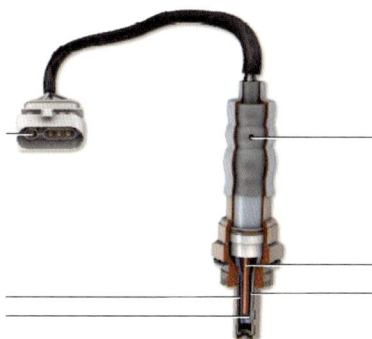

题图　3-5

5. 二氧化锆式氧传感器工作时，就相当于一个氧浓度差电池，当混合气稀时，输出电压大约为_____V；当混合气浓时，输出电压大约为_____V，电动势的高低以理论空燃比为界限发生突变。

6. 二氧化钛式氧传感器工作时，当混合气稀时，二氧化钛电阻值_____；当混合气浓时，二氧化钛电阻值_____，其电阻值的变化在理论空燃比附近发生突变。

7. 将题图 3-6 中氧传感器控制电路连接完整并分析电路。

对照你所连接的电路分析，如果氧传感器 S1、S2 都无法加热，你认为可能的原因有：_____

_____

_____

_____

_____

_____

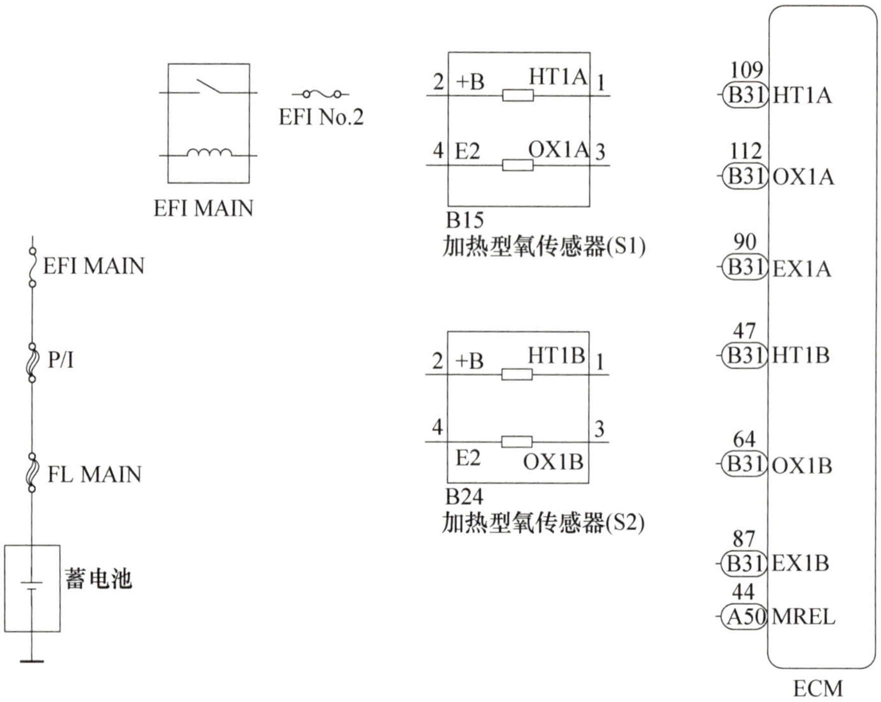

EFI No.2

EFI MAIN

EFI MAIN

P/I

FL MAIN

蓄电池

| 2 | +B | HT1A | 1 |
| 4 | E2 | OX1A | 3 |

B15
加热型氧传感器(S1)

| 2 | +B | HT1B | 1 |
| 4 | E2 | OX1B | 3 |

B24
加热型氧传感器(S2)

109 (B31) HT1A

112 (B31) OX1A

90 (B31) EX1A

47 (B31) HT1B

64 (B31) OX1B

87 (B31) EX1B

44 (A50) MREL

ECM

题图 3-6

随堂笔记

任务实施

实训器材

轿车整车或电控发动机实训台架、常用工具、万用表、汽车故障诊断仪等。

作业准备

1）车辆在工位停放周正。

2）铺好车内和车外护套。

操作步骤

一、用汽车故障诊断仪读取 ECU 故障码

1）检查变速器档位是否处于 P 位，驻车制动器是否处于制动状态。

2）打开位于仪表板左下方的车辆诊断接口盖，将汽车故障诊断仪连接到车辆故障诊断接口。

3）起动发动机。

4）打开故障诊断仪，按菜单指示操作，进入发动机系统。

5）选择读取故障码，可能的故障码见表 3-7。

随堂笔记

表 3-7　故障码

故　障　码	含　义
P0130	氧传感器电路故障
P0133	氧传感器电路响应迟缓
P0134	未检测到氧传感器电路动作

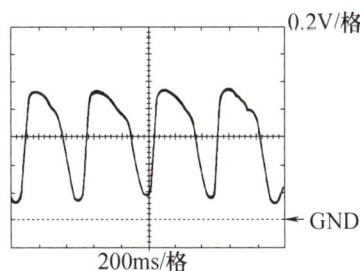

图 3-42　正确的波形

二、用示波器检测氧传感器的波形

在发动机怠速状态下检查氧传感器的输出波形，正确的波形如图 3-42 所示。

如果测量的波形如图 3-43 所示，说明氧传感器可能存在故障。

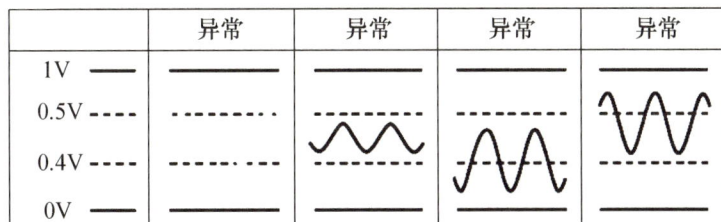

图 3-43　测量的波形

三、拆卸氧传感器

1）断开氧传感器插接器。

2）选用合适的工具（氧传感器拆装专用工具、棘轮扳手）。

3）旋松氧传感器，然后用手拧下来。

4）用干净的布遮挡前氧传感器安装孔。

四、检测氧传感器

1）检查外观有无损伤。

2）选用数字式万用表，打开至欧姆档，正负表笔对测，检查万用表的测量误差。

3）检查氧传感器端子1（HT）和端子2（+B）之间的电阻（加热元件），在20℃条件下，正常电阻值为1.8~3.4Ω，若测量结果不符合规定，则更换氧传感器。

五、测量氧传感器电路

1）断开氧传感器插接器。

2）将点火开关置于ON位，根据表3-8中给出的规定测量电压。

表3-8　标准电压

检测仪连接	开 关 状 态	规 定 状 态
B15-2（+B）—车身搭铁	点火开关置于ON位	9~14V

若电压在表3-8的范围内，则进行下一步的检查，若电压不在表3-8的范围内则检查熔丝（EFI No.2）和电源电路。

3）拆下蓄电池的负极端头，断开ECU插接器。

4）根据表3-9和表3-10中给出的规定测量电路。

表3-9　标准电阻（断路检查）

检测仪连接	条 件	规 定 状 态
B15-1（HT1A）—B31-109（HT1A）	始终	<1Ω
B15-3（OX1A）—B31-112（OX1A）	始终	<1Ω
B15-4（E2）—B31-90（EX1A）	始终	<1Ω

表3-10　标准电阻（短路检查）

检测仪连接	条 件	规 定 状 态
B15-1（HT1A）或B31-109（HT1A）—车身搭铁	始终	≥10kΩ
B15-3（OX1A）或B31-112（OX1A）—车身搭铁	始终	≥10kΩ
B15-4（E2）或B31-90（EX1A）—车身搭铁	始终	≥10kΩ

若测量值不在表3-9和表3-10的范围内，说明该电路存在断路或短路的故障，需要更换或维修氧传感器—ECU的连接电路；若正常则需要检查进气系统或燃油系统等是否正常。

氧传感器的检查	工作任务单	班级：
		姓名：

1. 车辆信息记录

品牌		整车型号		生产年月	
发动机型号		发动机排量		行驶里程	
车辆识别代号（VIN）					

2. 故障诊断分析报告

项目	诊断记录
故障现象描述	

相关数据流分析	1. 故障码读取与分析

故障指示灯	故障码	故障码说明
常亮□　正常□		

2. 与故障码相关数据流读取与分析

序号	项目名称	数据	判定
1			异常□　正常□
2			异常□　正常□

故障诊断步骤

1. 部件检查

元件名称	条件	检查结果	判定
氧传感器	外观检查	损伤□　腐蚀□　正常□	异常□　正常□

2. 部件检测

元件名称	条件	标准值	测量值	判定
氧传感器	电阻测量			异常□　正常□
EFI No.2 熔丝	电阻测量			异常□　正常□

3. 电路检测

电路端子	条件	标准值	测量值	判定
B15-2（+B）—车身搭铁	电压测量			异常□　正常□
B15-1（HT1A）—B31-109（HT1A）	断路测量			异常□　正常□
B15-3（OX1A）—B31-112（OX1A）	断路测量			异常□　正常□
B15-4（E2）—B31-90（EX1A）	断路测量			异常□　正常□
B15-1（HT1A）或 B31-109（HT1A）—车身搭铁	短路测量			异常□　正常□
B15-3（OX1A）或 B31-112（OX1A）—车身搭铁	短路测量			异常□　正常□
B15-4（E2）或 B31-90（EX1A）—车身搭铁	短路测量			异常□　正常□

4. 部件/电路故障点确认及分析

维修措施：维修□　更换□　调整□

随堂笔记

氧传感器的检查			实习日期：			
姓名：		班级：	学号：		导师签名：	
自评：□熟练　□不熟练		互评：□熟练　□不熟练	师评：□合格　□不合格			
日期：		日期：	日期：			

氧传感器的检查【评分细则】

序号	评分项	得分条件	分值	评分要求	自评	互评	师评
1	安全/7S/态度	□ 1. 能进行工位7S操作 □ 2. 能进行设备和工具安全检查 □ 3. 能进行车辆安全防护操作 □ 4. 能进行工具清洁、校准、存放操作 □ 5. 能进行三不落地操作	15	未完成1项扣3分，扣分不得超过15分	□熟练 □不熟练	□熟练 □不熟练	□合格 □不合格
2	专业技能能力	作业1 □ 1. 能正确读取故障码 □ 2. 能正确记录与分析故障码 □ 3. 能正确读取系统数据流 □ 4. 能正确记录与分析数据流 作业2 □ 1. 能正确拆卸氧传感器 □ 2. 能正确检查氧传感器外观情况 □ 3. 能正确检测氧传感器是否正常 □ 4. 能正确测量熔丝是否正常 作业3 □ 1. 能正确测量氧传感器电源电路 □ 2. 能正确测量氧传感器电路是否断路 □ 3. 能正确测量氧传感器电路是否短路	50	未完成1项扣3分，扣分不得超过50分	□熟练 □不熟练	□熟练 □不熟练	□合格 □不合格
3	工具及设备的使用能力	□ 1. 能正确使用维修工具 □ 2. 能正确使用万用表 □ 3. 能正确使用故障诊断仪	10	未完成1项扣3分，扣分不得超过10分	□熟练 □不熟练	□熟练 □不熟练	□合格 □不合格
4	资料、信息查询能力	□ 1. 能正确使用维修手册查询资料 □ 2. 能正确记录查询资料的章节及页码 □ 3. 能正确记录所需维修信息	10	未完成1项扣3分，扣分不得超过10分	□熟练 □不熟练	□熟练 □不熟练	□合格 □不合格
5	数据判断和分析能力	□ 1. 能分析系统故障码是否正常 □ 2. 能分析系统数据流是否正常 □ 3. 能判断氧传感器是否正常 □ 4. 能判断熔丝是否正常 □ 5. 能判断连接电路是否正常	10	未完成1项扣3分，扣分不得超过10分	□熟练 □不熟练	□熟练 □不熟练	□合格 □不合格
6	表单填写和报告撰写能力	□ 1. 字迹清晰 □ 2. 语句通顺 □ 3. 无错别字 □ 4. 无涂改 □ 5. 无抄袭	5	未完成1项扣1分，扣分不得超过5分	□熟练 □不熟练	□熟练 □不熟练	□合格 □不合格

总分：

随堂笔记

任务四

缸内直喷控制系统的检查

🛠 学习目标

知识目标

1）了解缸内直喷控制系统的优点与组成。

2）了解缸内直喷控制系统各部件的结构与工作原理。

技能目标

1）会规范地检测缸内直喷控制系统各部件。

2）会参考维修手册，排除与缸内直喷控制系统相关的故障。

素养目标

1）能够在工作过程中与小组其他成员合作、交流，养成团队合作意识，锻炼沟通能力。

2）养成 7S 的工作习惯。

3）养成服从管理、吃苦耐劳与规范作业的良好工作作风。

🚗 任务描述

有一位通用威朗轿车用户打电话到维修站，反映起动发动机时起动机带动发动机运转正常，但发动机却无法起动，需要维修站派技师到现场维修或拖车。

相关知识

一、缸内直喷发动机的优点

缸内直喷就是将喷油器安装在气缸内，直接将燃油喷入气缸内与空气混合，如图 3-44 所示。由于喷射压力进一步提高，使燃油雾化更加充分，真正实现了精准地按比例控制喷油并与空气混合，消除了缸外喷射的缺点。同时，缸内直喷喷油器位置、喷雾形状、进气气流控制以及活塞顶形状等特别的设计，使油、气能够在整个气缸

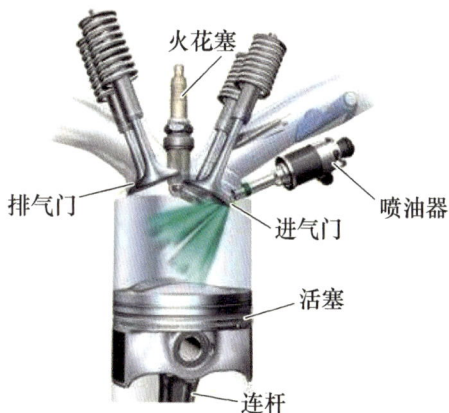

图 3-44 缸内直喷

97

内充分、均匀地混合，从而使燃油充分燃烧，提高了能量转化效率。

二、缸内直喷控制系统的组成

缸内直喷控制系统如图3-45所示，它主要由电动燃油泵、高压燃油泵、高压油轨、燃油压力传感器和缸内直喷喷油器等组成。其中电动燃油泵安装在燃油箱内，是一个电动泵，负责将燃油从燃油箱内泵出并输送给高压燃油泵，其结构与工作原理与缸外喷射电动燃油泵基本相同。

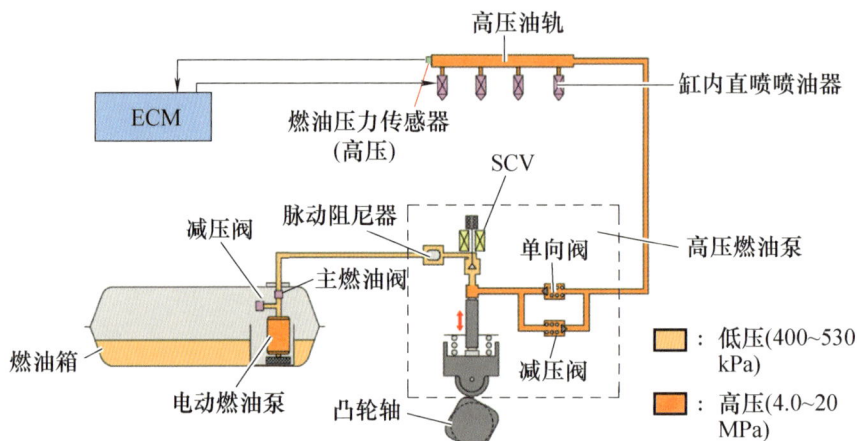

图3-45 缸内直喷控制系统的组成

1. 高压燃油泵

（1）作用 它将电动燃油泵输送过来的压力燃油继续加压变成4~20MPa的超高压燃油，并能根据发动机工况要求动态调整燃油的压力。

（2）结构 高压燃油泵的结构如图3-46所示，它主要由脉冲衰减器、泵柱塞、燃油压力调节电磁阀等组成。高压燃油泵的泵柱塞由凸轮轴的凸轮（一般为三边形或四边形）驱动；燃油压力调节电磁阀安装在柱塞的顶端，阀芯控制高压燃油泵的进油通道；出油阀是一个单向阀，高压燃油泵的内部结构如图3-47所示。

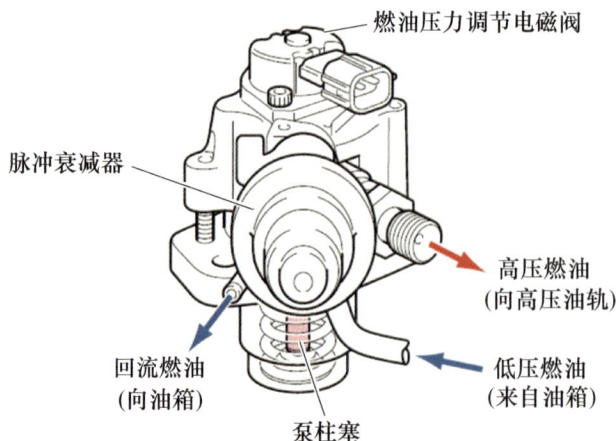

图3-46 高压燃油泵的结构

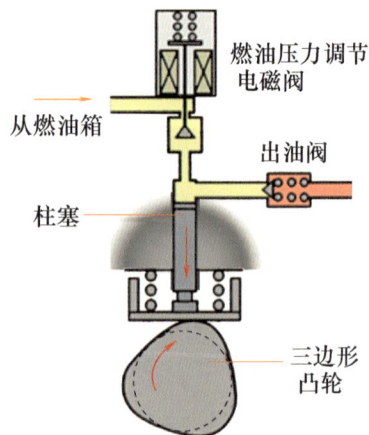

图3-47 高压燃油泵的内部结构

（3）**工作过程**　发动机运转时，凸轮轴每旋转一周，在三边形凸轮的带动下柱塞上、下运动 3 次，在燃油压力调节电磁阀的配合下，每次柱塞的上、下运动可以分为进油、回油和供油三个阶段。

1）进油阶段：此时凸轮位于下降沿，柱塞在回位弹簧的作用下向下运动，此时燃油压力调节电磁阀不通电，阀芯在弹簧力的作用下打开。随着高压泵柱塞向下运动，泵腔的容积不断增大，燃油流入泵腔，如图 3-48a 所示。

2）回油阶段：此时凸轮位于上升沿的开始，燃油压力调节电磁阀不通电，进油阀仍然处于打开状态。随着柱塞向上运动，泵腔内过多的燃油被压回到低压系统，以此来调节实际供油量。回油在系统中产生的液体脉动被系统中的脉冲衰减器所衰减，如图 3-48b 所示。

3）供油阶段：此时凸轮位于上升沿，ECU 计算供油始点，给燃油压力调节电磁阀通电，阀芯克服弹簧的作用力向上运动，进油阀被关闭。柱塞继续向上运动，泵腔内建立起油压，当泵腔内的油压高于油轨内的油压时，出油阀被开启，燃油被泵入高压油轨内，如图 3-48c 所示。ECU 通过控制供油的始点，即可控制高压油轨内的油压。

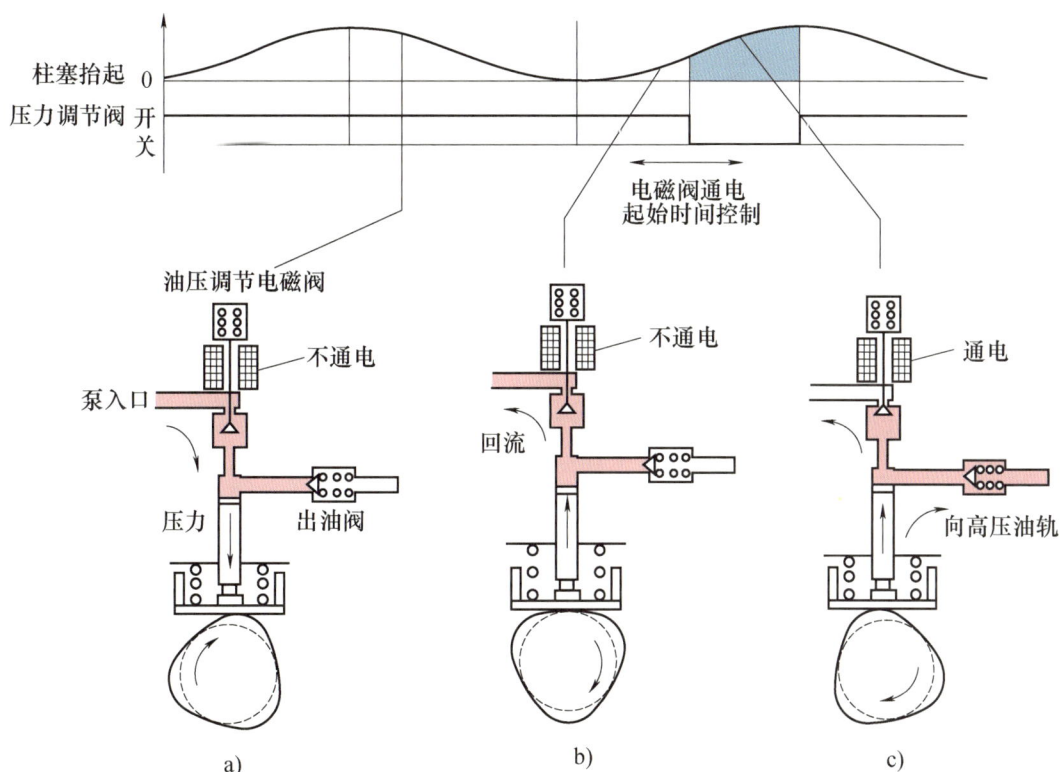

图 3-48　燃油压力控制
a）进油阶段　b）回油阶段　c）供油阶段

2. 高压油轨

高压油轨将高压燃油泵输送过来的超高压燃油分配到各个缸的喷油器，其安装

图如图 3-49 所示。在高压油轨上一般还安装有燃油压力传感器。

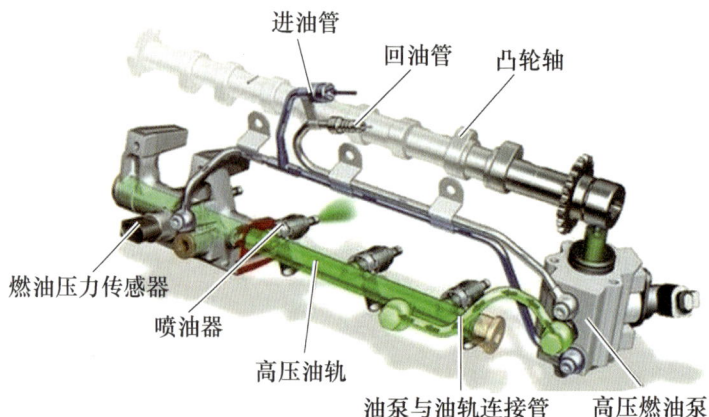

图 3-49 高压油轨安装图

3. 燃油压力传感器

燃油压力传感器一般安装在高压油轨上，用于检测高压油轨内的燃油压力，并将压力信号转变为电信号输出给 ECU，燃油压力传感器内部有半导体压敏元件和芯片，其结构如图 3-50a 所示，输出电压随着燃油压力的升高而增大，其关系如图 3-50b 所示。

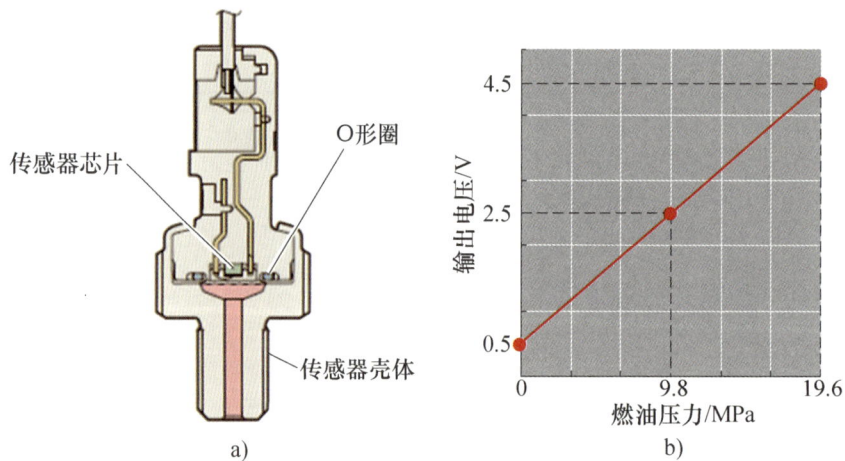

a)   b)

图 3-50 燃油压力传感器结构与输出电压
a）结构 b）燃油压力与输出电压的关系

4. 缸内直喷喷油器

（1）作用 缸内直喷喷油器直接安装在气缸盖上，喷油器喷嘴伸入到燃烧室内，如图 3-51 所示，它的作用是在 ECU 的控制下使燃油形成细雾并准确地喷到燃烧室内相应区域，保证在正确的时刻燃油被直接压入燃烧室。它除了应具备良好的雾化功能外，还必须不易积炭，并能够喷出倾斜于喷油器轴线的喷射油束。

（2）类型 不同车型的缸内直喷发动机，安装的喷油器不完全相同，可以按针阀控制方式不同进行分类，分为电磁阀控制式和压电控制式。其中电磁阀控制式与缸外喷射喷油器工作过程基本相同。

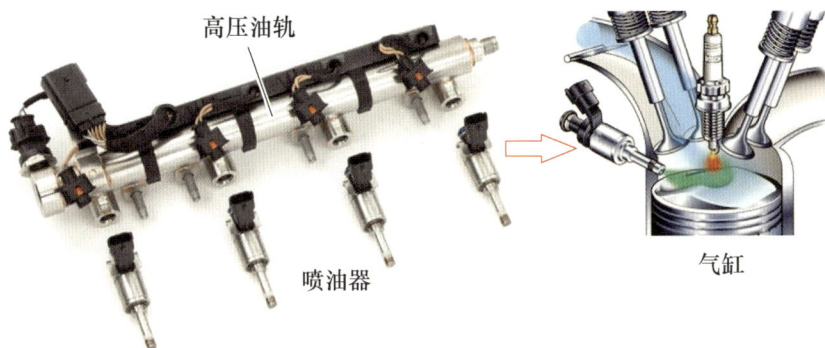

图 3-51 喷油器的安装位置

（3）**结构** 压电控制式喷油器结构如图 3-52a 所示，它主要由电磁线圈、衔铁、球阀、释放控制孔、充油控制孔、针阀（包括针阀杆、针阀回位弹簧等）和喷孔等组成。

（4）**工作过程** 高压油轨输送过来的高压燃油，经通道流向喷油器，同时经充油控制孔流向控制腔。当 ECU 未向电磁线圈通电时，衔铁回位弹簧推动衔铁使球阀堵住释放控制孔，控制腔内的燃油压力作用在针阀的上端，与针阀回位弹簧共同作用将针阀杆向下推，此两个向下的作用力大于高压燃油作用在针阀压力环上的向上的推力，针阀杆被迫堵住喷孔，将高压燃油通道与燃烧室隔离、密封，如图 3-52b 所示。当 ECU 向喷油器的电磁线圈通电时，电磁力吸引衔铁，使球阀打开释放控制孔，控制腔的压力下降，针阀上方的液压力也随之下降，一旦液压力降至低于作用于针阀压力环上的力，喷孔开启，燃油经喷孔喷入燃烧室，如图 3-52c 所示。喷油量由电脉冲宽度决定：电脉冲宽度决定喷油持续时间，从而决定喷油量。

随堂笔记

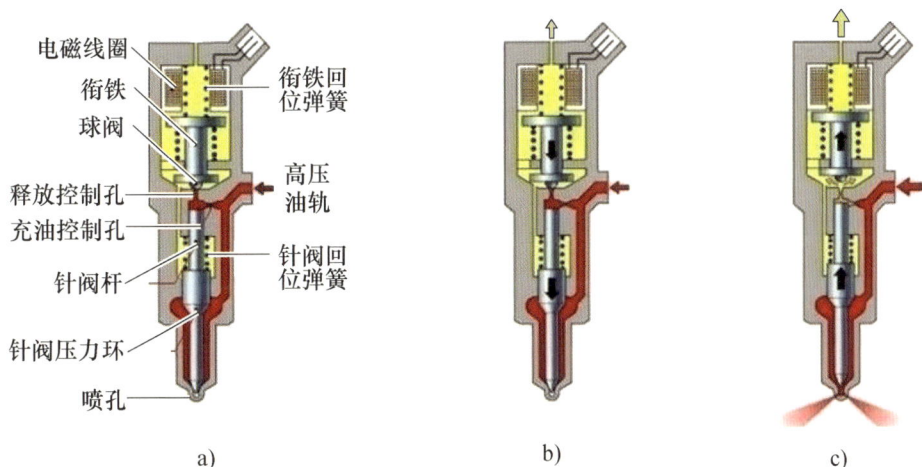

图 3-52 缸内直喷喷油器的结构与工作过程

a）结构 b）喷孔关闭 c）喷孔开启

（5）驱动电路　为了使缸内直喷喷油器高速、精确地工作，一般采用独立的喷油器驱动器控制喷油器的工作，喷油器驱动电路如图 3-53 所示。喷油器驱动器将发动机 ECU 发出的喷射要求信号转变为高电压、高电流的喷油器信号，控制缸内直喷喷油器的工作。

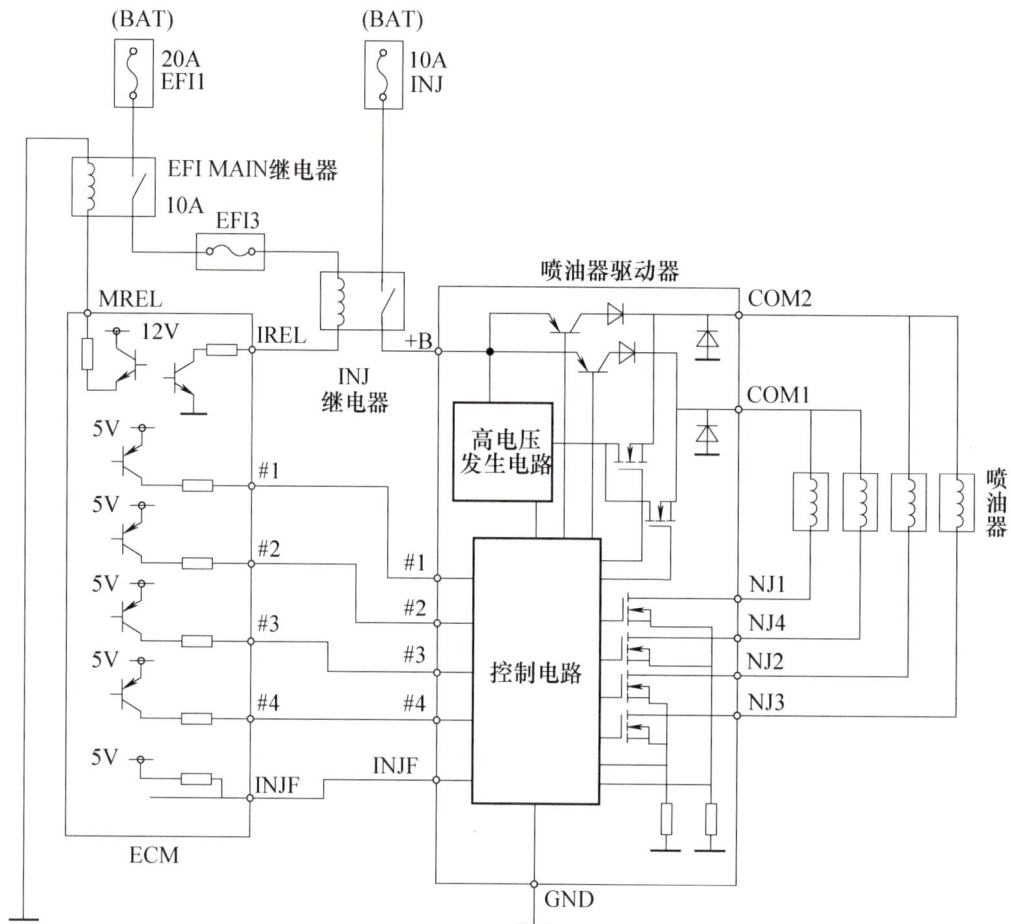

随堂笔记

图 3-53　喷油器驱动电路

缸内直喷控制系统的检查	学习任务单	班级：
		姓名：

1. 缸内直喷就是将喷油器安装在_____，直接将燃油喷入气缸内与空气混合，使油、气能够在整个气缸内充分、均匀地混合，从而使燃油充分燃烧，提高了能量_____。

2. 根据题图 3-7 写出画线处所指零件的名称。

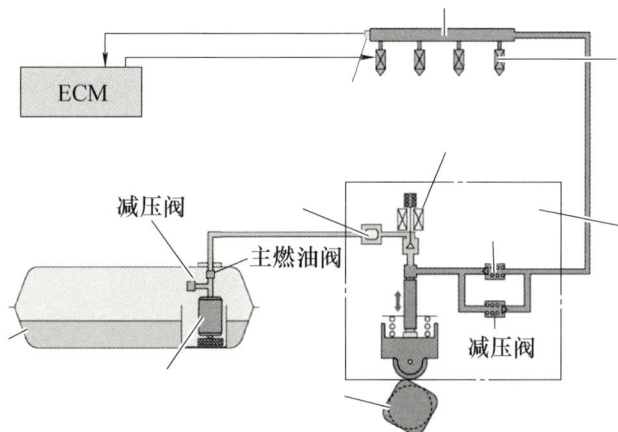

题图　3-7

3. _____的作用是将电动燃油泵输送过来的压力燃油继续加压变成_____MPa 的超高压燃油，并能根据发动机工况要求动态调整燃油的压力。

4. 高压燃油泵主要由脉冲衰减器、泵柱塞、_____等组成。高压燃油泵的泵柱塞由_____的凸轮驱动；_____安装在柱塞的顶端，阀芯控制高压燃油泵的进油通道。

5. _____的作用是将高压燃油泵输送过来的超高压燃油分配到各个缸的喷油器，其上一般还安装有_____传感器。

6. 燃油压力传感器一般安装在高压油轨上，用于检测高压油轨内的_____，并将压力信号转变为电信号输出给 ECU，燃油压力传感器内部有半导体压敏元件和芯片，输出电压随着燃油压力的升高而_____。

7. 缸内直喷喷油器直接安装在_____上，喷油器喷嘴伸入到燃烧室内，它的作用是在 ECU 的控制下使燃油形成细雾并准确地喷到燃烧室内相应区域，保证在正确的时刻燃油被直接压入_____。

8. 不同车型的缸内直喷发动机，安装的喷油器不完全相同，可以按针阀控制方式不同进行分类，分为_____式和压电控制式。

随堂笔记

任务实施

实训器材

缸内直喷发动机整车或缸内直喷发动机实训台架、常用工具、万用表、故障诊断仪等。

作业准备

1）车辆在工位停放周正。

2）铺好车内和车外护套。

操作步骤

一、使用汽车故障诊断仪读取 ECU 故障码和数据流

1. 读取故障码

1）检查变速器档位是否处于 P 位，驻车制动器是否处于制动状态。

2）打开位于仪表板左下方的车辆诊断接口盖，将汽车故障诊断仪连接到车辆故障诊断接口。

随堂笔记

3）起动发动机。

4）打开故障诊断仪，按菜单指示操作，进入发动机系统。

5）选择读取故障码，可能的故障码见表 3-11。

表 3-11　故障码

故　障　码	含　　义
P0171	混合气过稀异常
P0087	燃油压力过低异常
P0088	燃油压力过高异常

2. 选择读取数据流

起动发动机，并打开诊断仪；选择读取数据流；主要读取发动机怠速时和发动机转速 2000r/min 时燃油压力数据流，并将以上数据值与维修手册标准数据进行对比，从而可以判断燃油供给系统是否有故障。

二、高压燃油泵的检测

1. 燃油压力调节电磁阀的检测

1）关闭点火开关，拔下燃油压力调节电磁阀的插接器。

2）用万用表测量燃油压力调节电磁阀 2 个引脚的电阻，阻值应在 1.09~1.21Ω 之间。

3）用万用表测量燃油压力调节电磁阀引脚与高压燃油泵壳体的电阻，阻值应为无穷大。

若测量值不在以上范围内，则更换高压燃油泵总成。

2. 高压燃油泵的拆卸

1）卸去燃油供给系统压力。

2）拆下前燃油供油管，如图 3-54 所示。

3）拆下高压燃油泵供油管的 2 个螺母，并取下供油管。

4）每次 1/2 圈，交替拧松高压燃油泵的 2 个固定螺栓，如图 3-55 所示。

5）取下高压燃油泵。

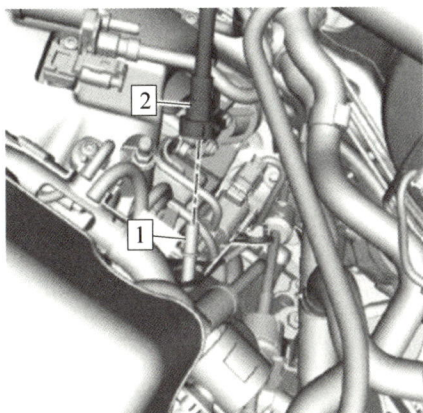

图 3-54 拆下前燃油供油管

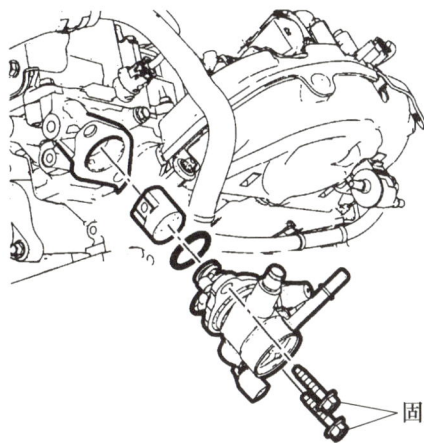

固定螺栓

图 3-55 交替拧松高压燃油泵的 2 个固定螺栓

随堂笔记

3. 高压燃油泵的安装

1）检查凸轮轴驱动高压燃油泵的凸轮是否异常磨损或损坏。

2）安装前检查驱动高压燃油泵的凸轮，应位于基圆位置。

3）按与拆卸相反的顺序安装高压燃油泵，并将所有螺栓按维修手册规定力矩拧紧。

三、喷油器的检测

1）关闭点火开关，拔下故障气缸喷油器的插接器。

2）用万用表测量喷油器 2 个引脚的电阻，阻值应在 $1.35 \sim 1.65 \Omega$ 之间。

3）用万用表测量喷油器引脚与壳体的电阻，阻值应为无穷大。

若测量值不在以上范围内，则更换该缸喷油器，若测量值在以上范围内，则进一步测量喷油器至 ECU 的连接电路是否存在短路或断路故障。

缸内直喷控制系统的检查	工作任务单	班级：
		姓名：

1. 车辆信息记录

品牌		整车型号		生产年月	
发动机型号		发动机排量		行驶里程	
车辆识别代号（VIN）					

2. 故障诊断分析报告

项目	诊断记录
故障现象描述	

	1. 故障码读取与分析

故障指示灯	故障码	故障码说明
常亮□　正常□		

2. 与故障码相关数据流读取与分析

序号	项目名称	数据	判定	
1			异常□	正常□
2			异常□	正常□
3			异常□	正常□
4			异常□	正常□

相关数据流分析

1. 部件检测

元件名称	条件	标准值	测量值	判定	
燃油压力调节电磁阀	电阻测量			异常□	正常□
	短路测量			异常□	正常□
喷油器	电阻测量			异常□	正常□
	短路测量			异常□	正常□

2. 高压燃油泵的检修

故障诊断步骤

部件名称	检查情况			判定	
高压燃油泵的外壳	破损□	裂纹□	泄漏□	异常□	正常□
高压燃油泵驱动凸轮	破损□	松动□	磨损□	异常□	正常□
高压燃油泵的柱塞	破损□	松动□	泄漏□	异常□	正常□
密封胶圈	破损□	老化□	泄漏□	异常□	正常□

3. 部件／电路故障点确认及分析

维修措施：维修□　更换□　调整□

缸内直喷控制系统的检查			实习日期：		
姓名：		班级：	学号：		导师签名：
自评：□熟练　□不熟练		互评：□熟练　□不熟练	师评：□合格　□不合格		
日期：		日期：	日期：		

缸内直喷控制系统的检查【评分细则】

序号	评分项	得分条件	分值	评分要求	自评	互评	师评
1	安全 / 7S/ 态度	□ 1. 能进行工位 7S 操作 □ 2. 能进行设备和工具安全检查 □ 3. 能进行车辆安全防护操作 □ 4. 能进行工具清洁、校准、存放操作 □ 5. 能进行三不落地操作	15	未完成 1 项扣 3 分，扣分不得超过 15 分	□熟练 □不熟练	□熟练 □不熟练	□合格 □不合格
2	专业技能能力	作业 1 □ 1. 能正确读取与分析故障码 □ 2. 能正确读取与分析系统数据流 作业 2 □ 1. 能正确测量燃油压力调节电磁阀 □ 2. 能正确卸去燃油供给系统压力 □ 3. 能正确拆卸高压燃油泵 □ 4. 能正确检查高压燃油泵 □ 5. 能正确检查驱动高压燃油泵的凸轮 □ 6. 能正确安装高压燃油泵 作业 3 □ 1. 能正确测量喷油器 □ 2. 能正确测量喷油器连接电路	50	未完成 1 项扣 5 分，扣分不得超过 50 分	□熟练 □不熟练	□熟练 □不熟练	□合格 □不合格
3	工具及设备的使用能力	□ 1. 能正确使用维修工具 □ 2. 能正确使用万用表 □ 3. 能正确使用故障诊断仪	10	未完成 1 项扣 3 分，扣分不得超过 10 分	□熟练 □不熟练	□熟练 □不熟练	□合格 □不合格
4	资料、信息查询能力	□ 1. 能正确使用维修手册查询资料 □ 2. 能正确记录查询资料的章节及页码 □ 3. 能正确记录所需维修信息	10	未完成 1 项扣 3 分，扣分不得超过 10 分	□熟练 □不熟练	□熟练 □不熟练	□合格 □不合格
5	数据判断和分析能力	□ 1. 能分析系统故障码是否正常 □ 2. 能分析系统数据流是否正常 □ 3. 能判断燃油压力调节电磁阀是否正常 □ 4. 能判断喷油器是否正常 □ 5. 能判断高压燃油泵是否正常	10	未完成 1 项扣 3 分，扣分不得超过 10 分	□熟练 □不熟练	□熟练 □不熟练	□合格 □不合格
6	表单填写和报告撰写能力	□ 1. 字迹清晰 □ 2. 语句通顺 □ 3. 无错别字 □ 4. 无涂改 □ 5. 无抄袭	5	未完成 1 项扣 1 分，扣分不得超过 5 分	□熟练 □不熟练	□熟练 □不熟练	□合格 □不合格
总分：							

随堂笔记

项目四 / Project 4

点火控制系统的检查

任务一

曲轴位置传感器的检查

🔧 学习目标

知识目标

1）掌握曲轴位置传感器的安装位置、种类和作用。

2）了解磁感式曲轴位置传感器的工作原理。

技能目标

1）能规范检查磁感式曲轴位置传感器和测量曲轴位置传感器电路。

2）能参考维修手册，排除与曲轴位置传感器相关的故障。

素养目标

1）能够在工作过程中与小组其他成员合作、交流，养成团队合作意识，锻炼沟通能力。

2）养成 7S 的工作习惯。

3）养成服从管理、吃苦耐劳与规范作业的良好工作作风。

🚗 任务描述

有一位丰田卡罗拉轿车用户打电话到维修站，反映起动发动机时起动机带动发动机运转正常，但发动机却无法起动，需要维修站派技师到现场维修或拖车。

相关知识

一、曲轴位置传感器的功用

曲轴位置传感器（图 4-1）的功用是检测发动机曲轴运转的角度，将和曲轴角度一一对应的活塞运行位置信号转变为电信号及时发送至发动机 ECU，用以控制点火正时和喷油正时。同时，曲轴位置传感器也是测量发动机转速的信号装置。

图 4-1　曲轴位置传感器

二、曲轴位置传感器的类型

曲轴位置传感器根据产生信号的原理不同可分为磁感应式、霍尔式和光电式三种，其中磁感应式曲轴位置传感器应用较多。

三、曲轴位置传感器的安装位置

曲轴位置传感器的安装位置根据车型的不同，安装位置也不完全相同，但一般位于发动机的前端靠近曲轴带轮处（图4-2）、发动机的后端靠近飞轮处或分电器内等。

图4-2　曲轴位置传感器的安装位置

四、磁感应式曲轴位置传感器的结构

磁感应式曲轴位置传感器主要由外圈有凸齿的信号转子和定子组成，定子内部主要由磁感线圈、铁心、永久磁铁、插接器针脚和壳体等组成，如图4-3所示。

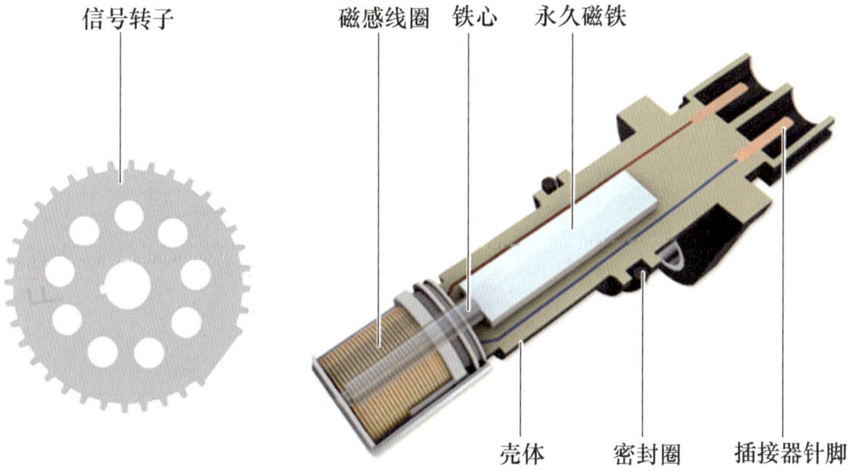

信号转子　　磁感线圈　铁心　永久磁铁

壳体　密封圈　插接器针脚

图4-3　磁感应式曲轴位置传感器的结构

五、磁感应式曲轴位置传感器的工作原理

磁感应式曲轴位置传感器是利用电磁感应原理制成的，即当一个线圈中的磁通量发生变化时，在该线圈的两端就会产生感应电动势。

当装在曲轴前端并随曲轴一起旋转的信号转子凸齿靠近曲轴位置传感器磁极时，磁阻变小，磁通量变大；转子凸齿远离磁极时，磁阻变大，磁通量变小。变化的磁场在传感器线圈中产生交变电信号，通过连接电路传输至ECU，如图4-4所示。信号转子凸齿一般会设计2~3个齿的缺口，因此每转一圈会产生1个异形的信号，这个异形信号就是发动机转速和1缸上止点信号。

随堂笔记

111

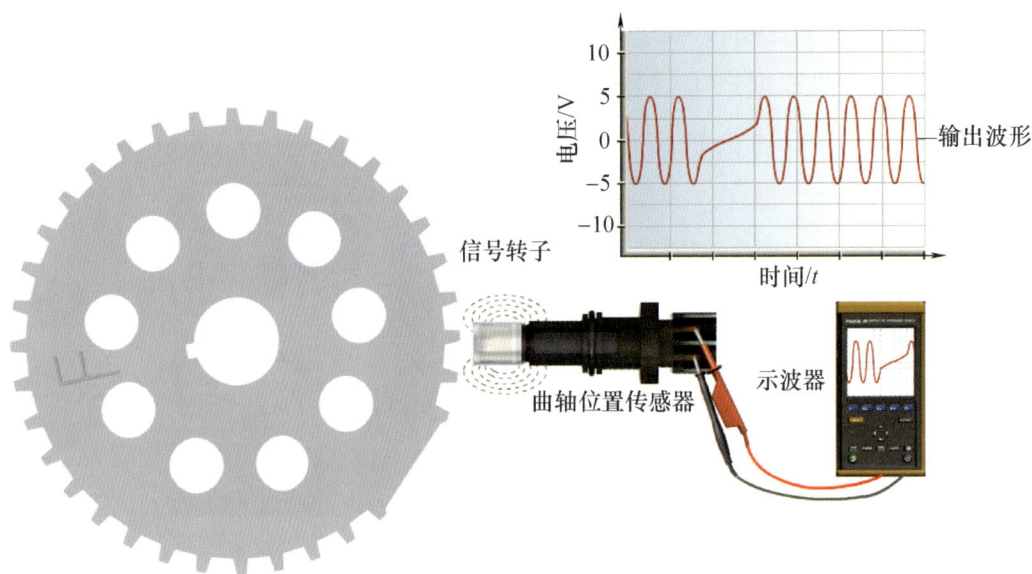

图4-4 磁感应式曲轴位置传感器的工作原理

该传感器磁通量变化越快,感应电动势就越大。因此,信号轮的转速越高,交变感应电动势幅值也越大,即传感器的输出信号越强。一般情况下,当发动机的转速在其工作范围内变化时,该传感器输出的信号电压的幅值可在0.5~100V范围内变化。

六、曲轴位置传感器的连接电路

曲轴位置传感器与ECM的连接电路如图4-5所示。该传感器工作时,不需要外接电源,只要发动机转动自身就能产生电信号,为了防止外界信号对磁感信号的干扰,一般连接电路外表附有屏蔽装置。

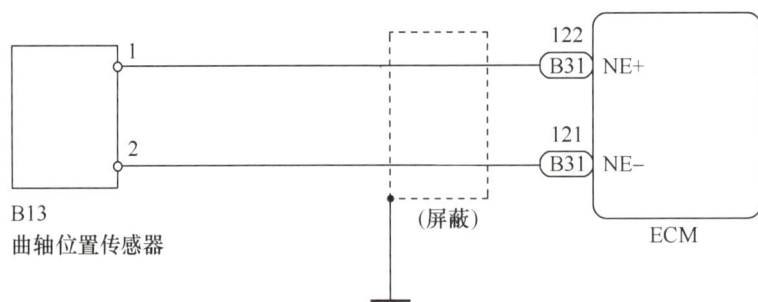

图4-5 曲轴位置传感器与ECM的连接电路

曲轴位置传感器的检查	学习任务单	班级： 姓名：

1. 曲轴位置传感器的功用是检测发动机_____的角度，并转变为电信号及时发送至发动机 ECU，用以控制点火正时和喷油正时，曲轴位置传感器也是测量发动机_____的信号装置。

2. 曲轴位置传感器根据产生信号的原理不同可分为_____式、霍尔式和光电式三种。

3. 曲轴位置传感器一般安装在发动机的_____处、发动机的后端靠近飞轮处和分电器内等。

4. 写出题图 4-1 画线处所指零部件的名称。

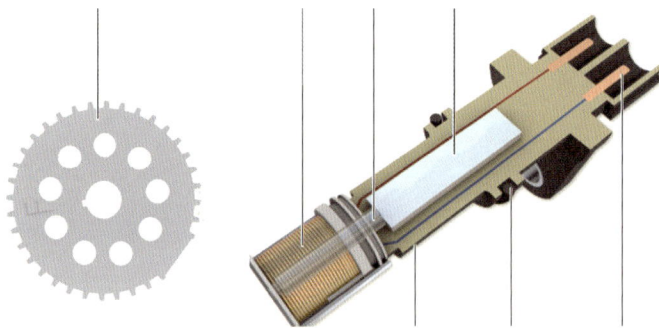

题图　4-1

5. 磁感应式曲轴位置传感器是利用_____原理制成的，即当一个线圈中的磁通量发生变化时，在该线圈的两端就会产生感应电动势，磁通量变化越快，感应电动势越_____，因此，信号轮的转速越高，交变感应电动势幅值也越大，即传感器的输出信号越_____。一般情况下，当发动机的转速在其工作范围内变化时，该传感器输出的信号电压的幅值可在_____V 范围内变化。

6. 请在下方画出磁感应式曲轴位置传感器与 ECM 的连接电路。

任务实施

实训器材

轿车整车或电控发动机实训台架、常用工具、万用表、故障诊断仪等。

作业准备

1）车辆在工位停放周正。

2）铺好车内和车外护套。

操作步骤

一、使用汽车故障诊断仪读取 ECU 故障码

1）检查变速器档位是否处于 P 位，驻车制动器是否处于制动状态。

2）打开位于仪表板左下方的车辆诊断接口盖，将汽车故障诊断仪连接到车辆故障诊断接口。

3）将点火开关打到 ON 位。

4）打开汽车故障诊断仪。

随堂笔记

5）选择汽车诊断。

6）选择相应的车型。

7）选择进入发动机系统。

8）选择读取故障码。

查看诊断仪是否显示 P0335（曲轴位置传感器 A 电路）等与曲轴位置传感器相关的故障码，若显示相关的故障码，说明曲轴位置传感器或相关电路可能存在故障，需要执行相关的检查。

9）选择读取数据流。在发动机起动过程中，读取发动机转速值如果为零，说明曲轴位置传感器、相关电路或 ECU 可能存在故障。

二、拆卸曲轴位置传感器

1）用举升机将车辆举升到合适高度。

2）按压曲轴位置传感器线束插接器锁扣，检查插接器是否连接良好。

3）拔出插接器，观察是否有锈蚀、松动，然后分离插接器，如图 4-6 所示。

图 4-6 拔出曲轴位置传感器插接器

4）选用合适的工具，正确使用工具拧下传感器螺栓并取下。

5）轻轻转动传感器壳体，并取下传感器。

三、检测曲轴位置传感器

1）检查确认传感器外观是否完好，O 形圈有没有损坏或老化。

2）选用数字式万用表，正、负表笔对测，检测万用表测量误差是否正常，如图 4-7 所示。

3）选择欧姆档，将红、黑表笔分别与传感器两端子连接，检测传感器线圈电阻是否正常。正常的传感器线圈阻值冷态（−10~50℃）下为 1630~2740Ω，热态（50~100℃）下为 2065~3225Ω。若测量值不在上述范围内，需更换曲轴位置传感器。

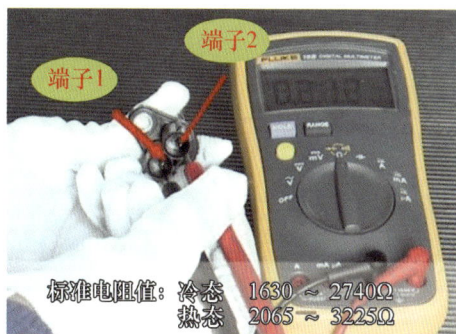

图 4-7　曲轴位置传感器的检测

四、检测曲轴位置传感器电路

1）断开曲轴位置传感器插接器。

2）断开蓄电池负极端子，再断开 ECM 插接器。

3）测量电阻，若阻值不在标准范围内，说明传感器连接电路损坏。标准电阻（断路检查）标准见表 4-1，标准电阻（短路检查）标准见表 4-2。

表 4-1　标准电阻（断路检查）

检测仪连接	条　件	规 定 状 态
B13-1—B31-122（NE+）	始终	<1Ω
B13-2—B31-121（NE−）	始终	<1Ω

表 4-2　标准电阻（短路检查）

检测仪连接	条　件	规 定 状 态
B13-1 或 B31-122（NE+）—车身搭铁	始终	≥10kΩ
B13-2 或 B31-121（NE−）—车身搭铁	始终	≥10kΩ

4）重新连接 ECM 插接器。

5）重新连接曲轴位置传感器插接器。

五、检查曲轴位置传感器信号盘

检查曲轴位置传感器信号盘齿应无任何裂纹或变形，如果信号盘齿正常，则更换 ECM；如果异常，则需要更换曲轴位置传感器信号盘。

六、检测曲轴位置传感器的波形

用故障诊断仪的示波器功能，测试曲轴位置传感器的波形，如图 4-8 所示。

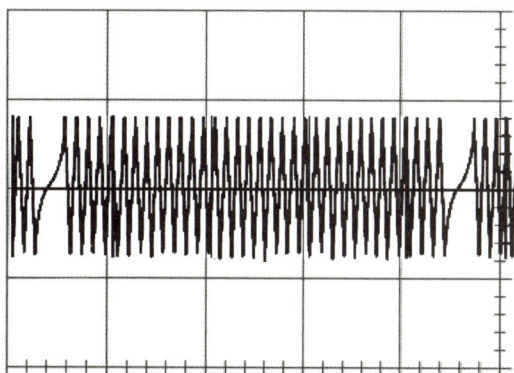

图 4-8　曲轴位置传感器波形

随堂笔记

曲轴位置传感器的检查	工作任务单	班级：
		姓名：

1. 车辆信息记录

品牌		整车型号		生产年月	
发动机型号		发动机排量		行驶里程	
车辆识别代号（VIN）					

2. 故障诊断分析报告

项目	诊断记录
故障现象描述	

相关数据流分析	1. 故障码读取及分析

故障指示灯	故障码	故障码说明
常亮□　正常□		

2. 与故障码相关数据流读取与分析

序号	项目名称	数据	判定
1	发动机转速		异常□　正常□
2			异常□　正常□

故障诊断步骤

1. 部件检查

部件名称	条件	检查结果	判定
曲轴位置传感器	外观检查	松动□　损伤□　正常□	异常□　正常□

2. 部件检测

部件名称	条件	标准值	测量值	判定
曲轴位置传感器	电阻测量（热态下）			异常□　正常□
	电阻测量（冷态下）			异常□　正常□

3. 电路检测

电路端子	条件	标准值	测量值	判定
B13-1—B31-122（NE+）	断路测量			异常□　正常□
B13-2—B31-121（NE−）	断路测量			异常□　正常□
B13-1 或 B31-122（NE+）—车身搭铁	短路测量			异常□　正常□
B13-2 或 B31-121（NE−）—车身搭铁	短路测量			异常□　正常□

4. 部件 / 电路故障点确认及分析

维修措施：维修□　更换□　调整□

曲轴位置传感器的检查			实习日期：		
姓名：		班级：	学号：		导师签名：
自评：□熟练　□不熟练		互评：□熟练　□不熟练	师评：□合格　□不合格		
日期：		日期：	日期：		

曲轴位置传感器的检查【评分细则】

序号	评分项	得分条件	分值	评分要求	自评	互评	师评
1	安全 /7S/ 态度	□ 1. 能进行工位 7S 操作 □ 2. 能进行设备和工具安全检查 □ 3. 能进行车辆安全防护操作 □ 4. 能进行工具清洁、校准、存放操作 □ 5. 能进行三不落地操作	15	未完成 1 项扣 3 分，扣分不得超过 15 分	□熟练 □不熟练	□熟练 □不熟练	□合格 □不合格
2	专业技能能力	作业 1 □ 1. 能正确读取故障码 □ 2. 能正确记录与分析故障码 □ 3. 能正确读取系统数据流 □ 4. 能正确记录与分析系统数据流 作业 2 □ 1. 能正确拆卸曲轴位置传感器 □ 2. 能正确检查曲轴位置传感器外观情况 □ 3. 能正确检测曲轴位置传感器热态下是否正常 □ 4. 能正确检测曲轴位置传感器冷态下是否正常 □ 5. 能正确安装曲轴位置传感器 作业 3 □ 1. 能正确测量曲轴位置传感器电路是否短路 □ 2. 能正确测量曲轴位置传感器电路是否断路	50	未完成 1 项扣 3 分，扣分不得超过 50 分	□熟练 □不熟练	□熟练 □不熟练	□合格 □不合格
3	工具及设备的使用能力	□ 1. 能正确使用维修工具 □ 2. 能正确使用万用表 □ 3. 能正确使用故障诊断仪	10	未完成 1 项扣 3 分，扣分不得超过 10 分	□熟练 □不熟练	□熟练 □不熟练	□合格 □不合格
4	资料、信息查询能力	□ 1. 能正确使用维修手册查询资料 □ 2. 能正确记录查询资料的章节及页码 □ 3. 能正确记录所需维修信息	10	未完成 1 项扣 3 分，扣分不得超过 10 分	□熟练 □不熟练	□熟练 □不熟练	□合格 □不合格
5	数据判断和分析能力	□ 1. 能分析系统故障码是否正常 □ 2. 能分析系统数据流是否正常 □ 3. 能判断曲轴位置传感器是否正常 □ 4. 能判断测量电路是否正常	10	未完成 1 项扣 3 分，扣分不得超过 10 分	□熟练 □不熟练	□熟练 □不熟练	□合格 □不合格
6	表单填写和报告撰写能力	□ 1. 字迹清晰 □ 2. 语句通顺 □ 3. 无错别字 □ 4. 无涂改 □ 5. 无抄袭	5	未完成 1 项扣 1 分，扣分不得超过 5 分	□熟练 □不熟练	□熟练 □不熟练	□合格 □不合格
总分：							

随堂笔记

任务二

凸轮轴位置传感器的检查

🔧 学习目标

知识目标

1）掌握凸轮轴位置传感器的安装位置、种类和作用。

2）了解可变磁阻式凸轮轴位置传感器的工作原理。

技能目标

1）能规范检查可变磁阻式凸轮轴位置传感器和测量凸轮轴位置传感器电路。

2）能参考维修手册，排除与凸轮轴位置传感器相关的故障。

素养目标

1）能够在工作过程中与小组其他成员合作、交流，养成团队合作意识，锻炼沟通能力。

2）养成 7S 的工作习惯。

3）养成服从管理、吃苦耐劳与规范作业的良好工作作风。

随堂笔记

🚙 任务描述

有一位丰田卡罗拉轿车用户将车开到维修站，反映起动发动机时，起动机带动发动机正常运转，但需要起动多次发动机才能着车，且起动后发动机故障指示灯常亮，需要维修。

相关知识

一、凸轮轴位置传感器的功用

凸轮轴位置传感器又称为判缸传感器，由于通过曲轴位置传感器只能识别一缸上止点，所以需要凸轮轴位置传感器采集配气机构中凸轮轴的位置信号并输入到ECU，以便ECU识别一缸压缩上止点位置，从而精确地对喷油顺序、点火正时和爆燃进行控制。此外，凸轮轴位置信号还用于发动机刚起动时识别出第一次点火时刻。

二、凸轮轴位置传感器的类型

凸轮轴位置传感器根据产生信号的原理不同可分为磁感应式、霍尔式和可变磁阻式三种。一般较多采用可变磁阻式（图4-9）或者霍尔式。

图4-9　可变磁阻式凸轮轴位置传感器

三、凸轮轴位置传感器的安装位置

凸轮轴位置传感器的安装位置根据车型的不同，安装位置也不完全相同，但一般安装在凸轮轴的前端或后端的壳体上（图4-10）。如丰田卡罗拉1ZR发动机由于采用双凸轮轴，且采用可变配气相位系统，所以安装有两个凸轮轴位置传感器：即进气侧凸轮轴位置传感器和排气侧凸轮轴位置传感器。

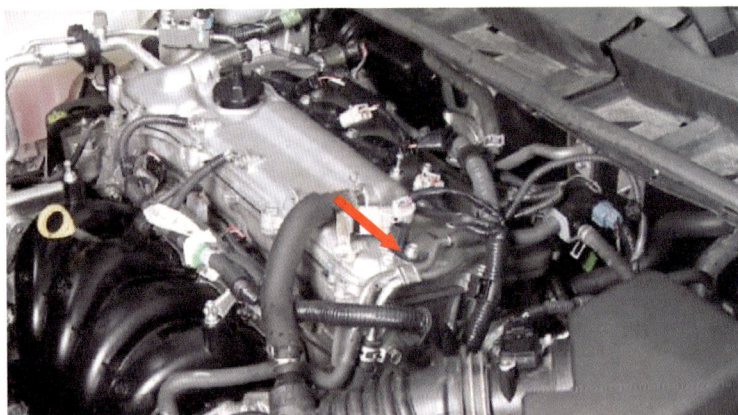

图4-10　凸轮轴位置传感器的安装位置

四、可变磁阻式凸轮轴位置传感器的结构

丰田卡罗拉轿车的凸轮轴位置传感器采用可变磁阻式，它主要由永久磁铁和磁阻元件（MRE元件）组成，另外还有一个与凸轮轴铸成一体的信号盘，信号盘上有3个不均匀的凸齿，如图4-11所示。

五、可变磁阻式凸轮轴位置传感器的工作原理

当凸轮轴转动时，凸轮轴信号盘的3个凸齿与磁阻元件之间的气隙会发生变化，通过磁阻元件的磁场方向也会发生变化，如图4-12所示，因此，磁阻元件电阻会发生变化，经过放大电路

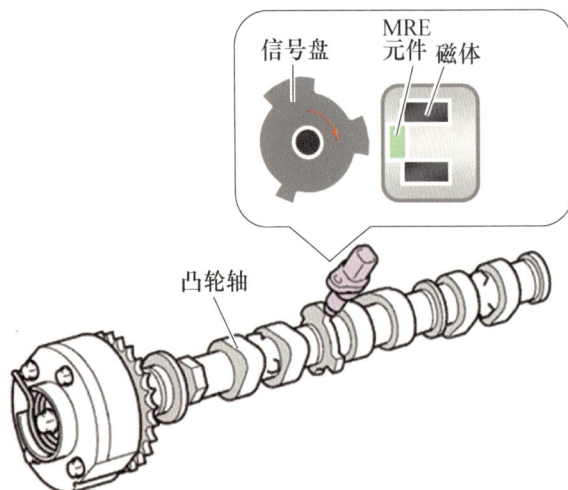

图4-11　可变磁阻式凸轮轴位置传感器的结构

随堂笔记

处理后，输送到 ECU 的电压也会发生变化。当凸齿对正磁阻元件时，传感器输出低电平（0.5V）；没有对正时，传感器输出高电平（4.5V），凸轮轴信号盘形状与输出信号的关系如图 4-13 所示。

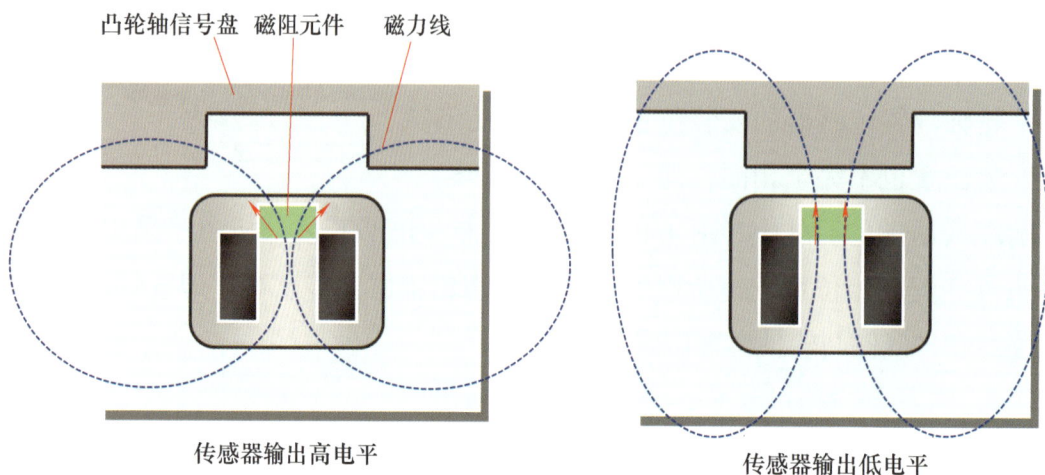

凸轮轴信号盘　磁阻元件　磁力线

传感器输出高电平

传感器输出低电平

图 4-12　可变磁阻式凸轮轴位置传感器的工作原理

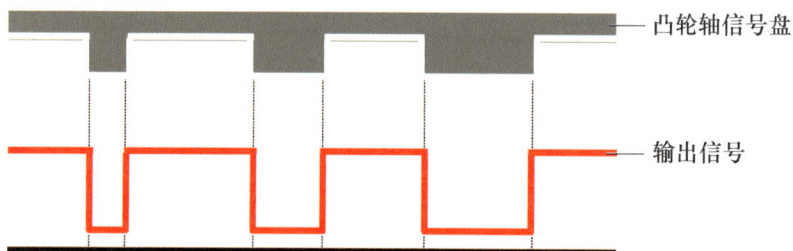

凸轮轴信号盘

输出信号

图 4-13　凸轮轴信号盘形状与输出信号的关系

随堂笔记

六、霍尔式凸轮轴位置传感器的结构

霍尔式凸轮轴位置传感器内部主要由霍尔芯片（IC）、插接器针脚和壳体等组成，如图 4-14 所示。

七、霍尔式凸轮轴位置传感器的工作原理

霍尔效应原理：当电流 I 通过放在磁场中的霍尔半导体基片，且电流方向与磁场方向垂直时，在垂直于电流和磁场的霍尔半导体基片的侧面上，便可产生一个与电流大小和磁场强度成正比的霍尔电压。由于该现象是由美国物理学家霍尔于 1879 年首先发现的，因此以其名字来命名该现象，用于产生霍尔效应的半导体元件也被称为霍尔元件。

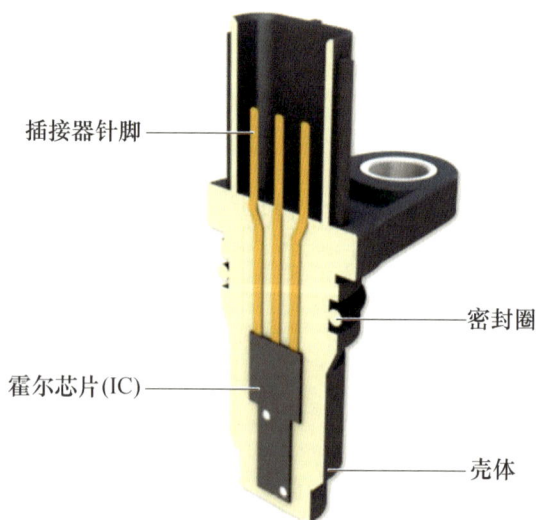

图 4-15 所示为安装在分电器内的霍尔式凸轮轴位置传感器的工作原理图，它有

插接器针脚

密封圈

霍尔芯片(IC)

壳体

图 4-14　霍尔式凸轮轴位置传感器的结构图

一个随分电器轴旋转的叶片，叶片上开有与气缸数相等的缺口，当叶片的缺口对着霍尔元件时，永久磁铁所产生的磁场垂直通过通电的霍尔元件，于是产生霍尔电压；当叶片旋转进入霍尔元件和磁铁之间时，由于磁场被阻隔，霍尔元件上没有磁场通过，所以不产生霍尔电压。缺口对着霍尔元件时产生的霍尔电压，再经过信号处理后以整齐的矩形脉冲信号输出。

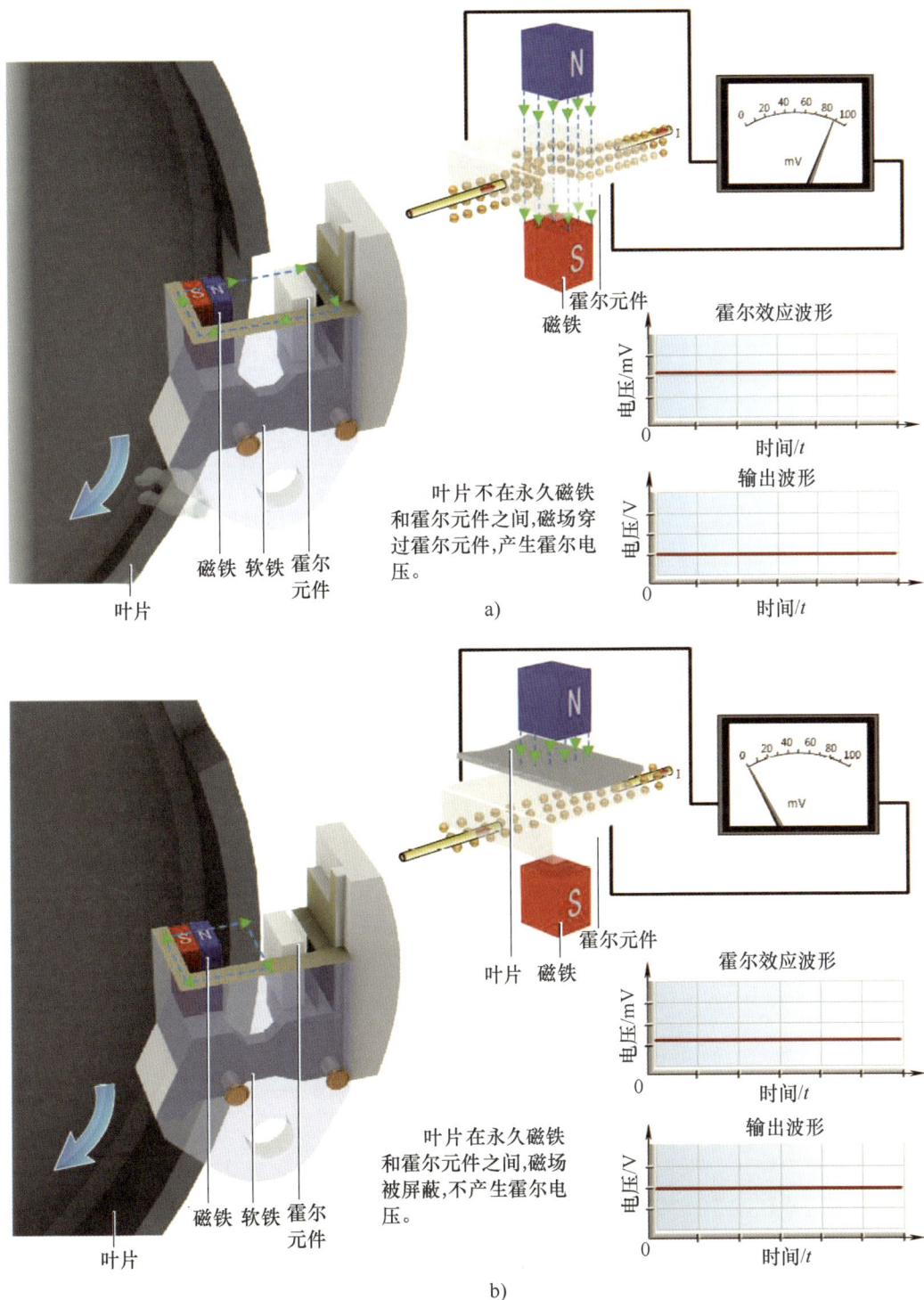

霍尔元件

磁铁

霍尔效应波形

电压/mV

0　　　时间/t

输出波形

电压/V

0　　　时间/t

磁铁 软铁 霍尔元件

叶片

叶片不在永久磁铁和霍尔元件之间，磁场穿过霍尔元件，产生霍尔电压。

a)

叶片 磁铁

霍尔元件

霍尔效应波形

电压/mV

0　　　时间/t

输出波形

电压/V

0　　　时间/t

磁铁 软铁 霍尔元件

叶片

叶片在永久磁铁和霍尔元件之间，磁场被屏蔽，不产生霍尔电压。

b)

图 4-15　霍尔式凸轮轴位置传感器的工作原理图

a）叶片的缺口对着霍尔元件时　b）叶片旋转进入霍尔元件和磁铁之间

八、凸轮轴位置传感器的连接电路

图 4-16 所示是丰田卡罗拉轿车凸轮轴位置传感器与 ECM 的连接电路，进气侧凸轮轴位置传感器有 3 个端子，分别为向 ECM 提供电源的正极端子（VC）（一般为 5V）、负极端子（VVI－）和传感器信号端子（VVI＋）。排气侧凸轮轴位置传感器也是 3 个端子。

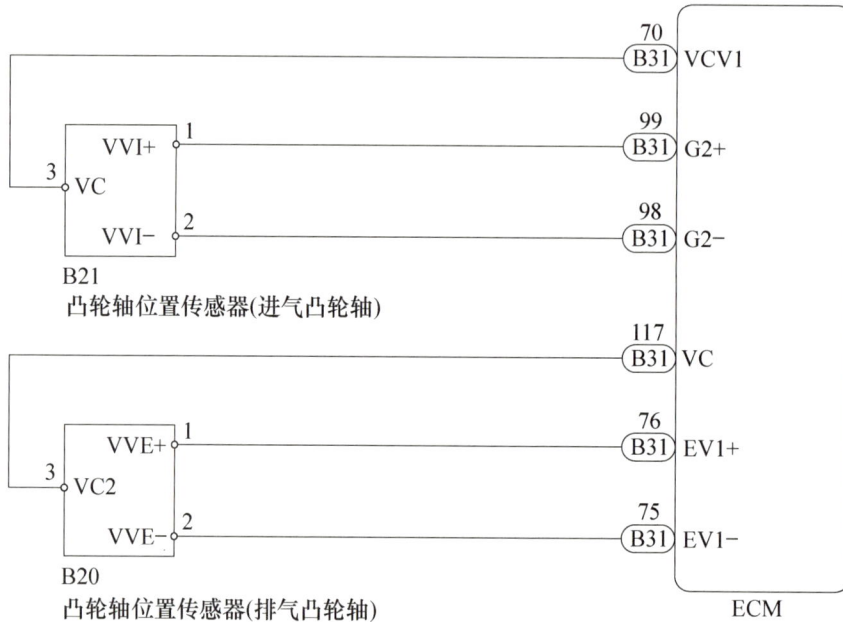

图 4-16　丰田卡罗拉轿车凸轮轴位置传感器与 ECM 的连接电路

随堂笔记

凸轮轴位置传感器的检查	学习任务单	班级：
		姓名：

1. 由于通过曲轴位置传感器只能识别一缸_____点，所以需要凸轮轴位置传感器采集配气机构中凸轮轴的位置信号并输入到 ECU，以便 ECU 识别一缸_____上止点位置，从而精确地对喷油顺序、点火正时和爆燃进行控制。

2. 凸轮轴位置传感器根据产生信号的原理不同可分为磁感应式、霍尔式和_____式三种。

3. 凸轮轴位置传感器的安装位置根据车型的不同，安装位置也不完全相同，但一般安装在凸轮轴的前端或后端的_____上。

4. 写出题图 4-2 画线处所指零部件的名称。

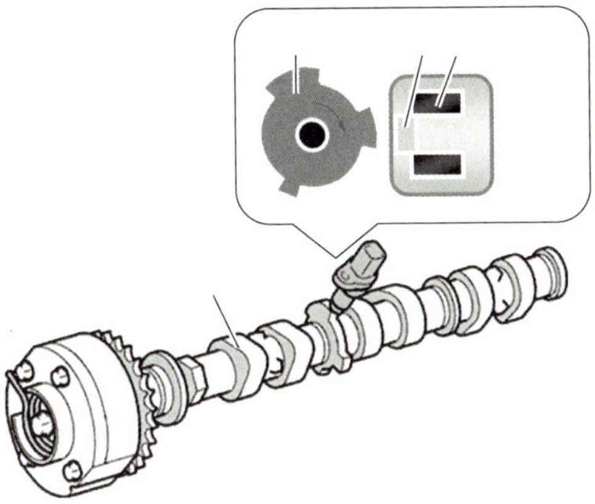

题图 4-2

5. 当凸轮轴转动时，凸轮轴信号盘的 3 个凸齿与磁阻元件之间的气隙会发生变化，当凸齿对正磁阻元件时，传感器输出_____电平；没有对正时，传感器输出_____电平。

6. 请在题图 4-3 中连接凸轮轴位置传感器与 ECM 的连接电路。

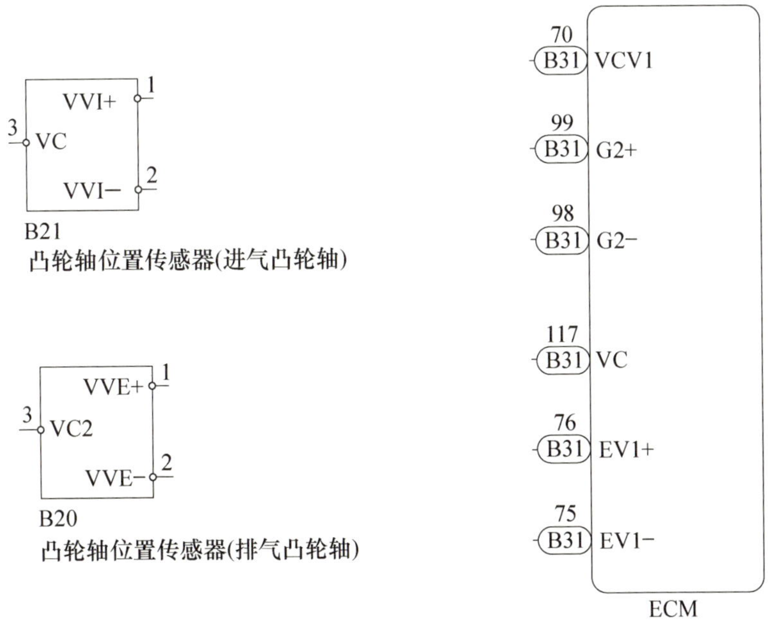

VVI+   1
3 VC
VVI−   2
B21
凸轮轴位置传感器(进气凸轮轴)

VVE+   1
3 VC2
VVE−   2
B20
凸轮轴位置传感器(排气凸轮轴)

70 (B31) VCV1
99 (B31) G2+
98 (B31) G2−
117 (B31) VC
76 (B31) EV1+
75 (B31) EV1−
ECM

题图 4-3

任务实施

实训器材

轿车整车或电控发动机实训台架、常用工具、万用表、故障诊断仪等。

作业准备

1）车辆在工位停放周正。

2）铺好车内和车外护套。

操作步骤

一、使用汽车故障诊断仪读取 ECU 故障码

1）检查变速器是否处于 P 位，驻车制动器是否处于制动状态。

2）打开位于仪表板左下方的车辆诊断接口盖，将汽车故障诊断仪连接到车辆故障诊断接口。

3）起动发动机。

4）打开故障诊断仪，按指示菜单操作，进入发动机系统。

5）选择读取故障码。

查看诊断仪是否显示 P0340、P0342 或 P0343 等与凸轮轴位置传感器相关的故障码，若显示相关的故障码，说明凸轮轴位置传感器或相关电路可能存在故障，需要执行相关的检查。

二、检查进气凸轮轴位置传感器及相关电路

1）断开凸轮轴位置传感器插接器。

2）将点火开关置于 ON 位。

3）根据表 4-3 中给出的规定测量电压。

表 4-3　标准电压

检测仪连接	开 关 状 态	规 定 状 态
B21-3（VC）—车身搭铁	点火开关置于 ON 位	4.5～5.0 V

4）重新连接凸轮轴位置传感器插接器。

如果所测电压值正常，则进行步骤 5），检查线束和插接器（进气凸轮轴位置传感器—ECM）；否则检查 VC 以及与搭铁之间的通断情况。

5）检查线束和插接器（进气凸轮轴位置传感器—ECM）。

① 断开凸轮轴位置传感器插接器。

② 断开 ECM 插接器。

③ 根据表 4-4 和表 4-5 中给出的规定测量电阻。

凸轮轴位置
传感器的检修

表 4-4　标准电阻（断路检查）

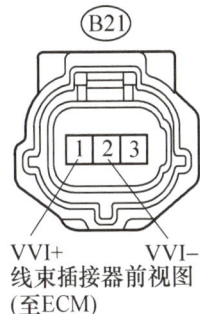

检测仪连接	条　件	规定状态
B21-1（VVI+）—B31-99（G2+）	始终	<1Ω
B21-2（VVI-）—B31-98（G2-）	始终	<1Ω

VVI+　　　VVI-
线束插接器前视图
（至ECM）

表 4-5　标准电阻（短路检查）

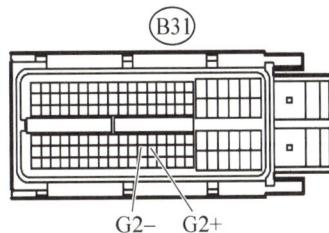

检测仪连接	条　件	规定状态
B21-1（VVI+）或 B31-99（G2+）—车身搭铁	始终	≥10kΩ
B21-1（VVI-）或 B31-98（G2-）—车身搭铁	始终	≥10kΩ

G2-　G2+

④ 重新连接凸轮轴位置传感器插接器。

⑤ 重新连接 ECM 插接器。如果所测阻值正常，则进行步骤6），检查传感器的安装情况；否则更换线束或插接器（进气凸轮轴位置传感器—ECM）。

6）检查传感器的安装情况（进气凸轮轴位置传感器）。检查凸轮轴位置传感器的安装情况，如图4-17所示。

如果传感器安装正确，则检查进气凸轮轴齿，凸轮轴齿应无任何裂纹或变形。如果凸轮轴齿正常，则更换进气凸轮轴位置传感器，否则更换凸轮轴；如果安装异常，则需要重新牢固地安装进气凸轮轴位置传感器。

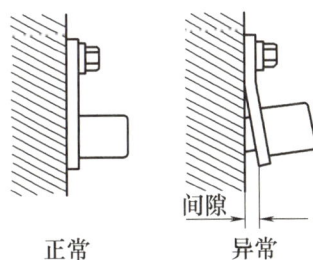

正常　　　　异常

图 4-17　进气凸轮轴位置传感器的安装情况

三、拆卸凸轮轴位置传感器

1）拆卸发动机盖罩。

2）断开进气凸轮轴位置传感器插接器。按压凸轮轴位置传感器插接器锁扣，待确认锁止装置完全脱离后，断开进气凸轮轴位置传感器插接器，如图4-18所示。

3）拆卸进气凸轮轴位置传感器的固定螺栓。选用

进气凸轮轴位置传感器插接器锁扣

图 4-18　进气凸轮轴位置传感器插接器的拆卸

10mm 套筒、棘轮扳手拆卸进气凸轮轴位置传感器固定螺栓，并用手取下螺栓。

4）握住凸轮轴位置传感器，并拔出。若凸轮轴位置传感器拔不出，切勿硬拔，应先左右旋动凸轮轴位置传感器，使传感器的密封圈与缸盖的安装孔松动，然后再垂直拔出凸轮轴位置传感器。

四、安装新的凸轮轴位置传感器

1）确认进气凸轮轴位置传感器零件号。

2）检查新的进气凸轮轴位置传感器外观。

① 检查新的进气凸轮轴位置传感器外观是否完好。

② 检查安装平面是否正常，针脚是否有弯曲或腐蚀。

③ 检查新的凸轮轴位置传感器密封圈是否完好。

3）安装进气凸轮轴位置传感器。

① 将凸轮轴位置传感器垂直放入安装孔内，如图 4-19 所示。

② 用手将进气凸轮轴位置传感器固定螺栓旋入螺纹处。

③ 选用 10mm 套筒、扭力扳手将进气凸轮轴位置传感器固定螺栓安装至规定力矩：10N·m。

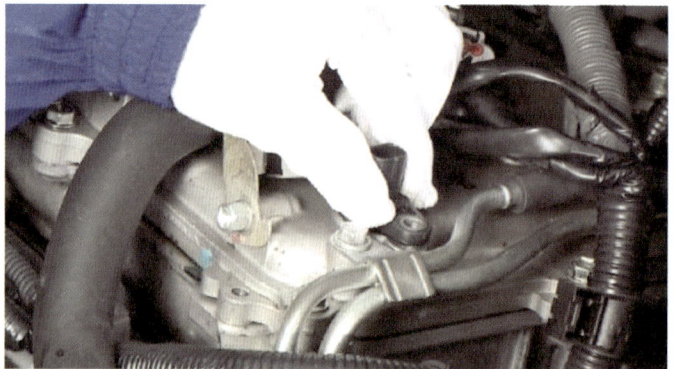

图 4-19　凸轮轴位置传感器的安装

4）连接凸轮轴位置传感器插接器。

五、再次读取故障码

如果故障码仍然存在，则更换 ECM。

六、检测凸轮轴位置传感器的波形

用故障诊断仪的示波器功能，测试凸轮轴位置传感器的正确波形如图 4-20 所示。

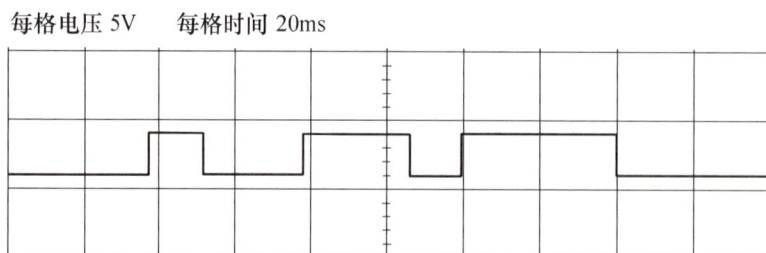

每格电压 5V　　每格时间 20ms

图 4-20　霍尔式凸轮轴位置传感器的波形

凸轮轴位置传感器的检查	工作任务单	班级：
		姓名：

1. 车辆信息记录

品牌		整车型号		生产年月	
发动机型号		发动机排量		行驶里程	
车辆识别代号（VIN）					

2. 故障诊断分析报告

项目	诊断记录
故障现象描述	

相关数据流分析	1. 故障码读取与分析

故障指示灯	故障码	故障码说明
常亮□　正常□		

2. 与故障码相关数据流读取与分析

序号	项目名称	数据	判定
1			异常□　正常□
2			异常□　正常□
3			异常□　正常□

故障诊断步骤

1. 部件检查

部件名称	条件	检查结果	判定
凸轮轴位置传感器	外观检查	松动□　损伤□　正常□	异常□　正常□
凸轮轴信号盘	外观检查	裂纹□　损伤□　正常□	异常□　正常□

2. 电路检测

电路端子	条件	标准值	测量值	判定
B21-3（VC）—车身搭铁	电压测量			异常□　正常□
B21-1（VVI+）—B31-99（G2+）	断路测量			异常□　正常□
B21-2（VVI–）—B31-98（G2–）	断路测量			异常□　正常□
B21-1（VVI+）或B31-99（G2+）—车身搭铁	短路测量			异常□　正常□
B21-2（VVI–）或B31-98（G2–）—车身搭铁	短路测量			异常□　正常□

3. 部件 / 电路故障点确认及分析

维修措施：维修□　更换□　调整□

凸轮轴位置传感器的检查		实习日期：	
姓名：	班级：	学号：	导师签名：
自评：□熟练　□不熟练	互评：□熟练　□不熟练	师评：□合格　□不合格	
日期：	日期：	日期：	

凸轮轴位置传感器的检查【评分细则】

序号	评分项	得分条件	分值	评分要求	自评	互评	师评
1	安全 / 7S/ 态度	□ 1. 能进行工位 7S 操作 □ 2. 能进行设备和工具安全检查 □ 3. 能进行车辆安全防护操作 □ 4. 能进行工具清洁、校准、存放操作 □ 5. 能进行三不落地操作	15	未完成1项扣3分，扣分不得超过15分	□熟练 □不熟练	□熟练 □不熟练	□合格 □不合格
2	专业技能能力	作业 1 □ 1. 能正确读取故障码 □ 2. 能正确记录并分析故障码 □ 3. 能正确读取系统数据流 □ 4. 能正确记录并分析系统数据流 作业 2 □ 1. 能正确拆卸凸轮轴位置传感器 □ 2. 能正确检查凸轮轴位置传感器外观 □ 3. 能正确检查凸轮轴信号盘外观 □ 4. 能正确安装凸轮轴位置传感器 作业 3 □ 1. 能正确测量传感电源电压 □ 2. 能正确测量传感器电路是否短路 □ 3. 能正确测量传感器电路是否断路	50	未完成1项扣3分，扣分不得超过50分	□熟练 □不熟练	□熟练 □不熟练	□合格 □不合格
3	工具及设备的使用能力	□ 1. 能正确使用维修工具 □ 2. 能正确使用万用表 □ 3. 能正确使用故障诊断仪	10	未完成1项扣3分，扣分不得超过10分	□熟练 □不熟练	□熟练 □不熟练	□合格 □不合格
4	资料、信息查询能力	□ 1. 能正确使用维修手册查询资料 □ 2. 能正确记录查询资料的章节及页码 □ 3. 能正确记录所需维修信息	10	未完成1项扣3分，扣分不得超过10分	□熟练 □不熟练	□熟练 □不熟练	□合格 □不合格
5	数据判断和分析能力	□ 1. 能分析系统故障码是否正常 □ 2. 能分析系统数据流是否正常 □ 3. 能判断凸轮轴位置传感器是否正常 □ 4. 能判断凸轮轴信号盘是否正常 □ 5. 能判断测量电路是否正常	10	未完成1项扣3分，扣分不得超过10分	□熟练 □不熟练	□熟练 □不熟练	□合格 □不合格
6	表单填写和报告撰写能力	□ 1. 字迹清晰 □ 2. 语句通顺 □ 3. 无错别字 □ 4. 无涂改 □ 5. 无抄袭	5	未完成1项扣1分，扣分不得超过5分	□熟练 □不熟练	□熟练 □不熟练	□合格 □不合格

随堂笔记

总分：

任务三

电控点火系统的检查

学习目标

知识目标

1）掌握电控点火系统的基本组成及工作原理。

2）掌握电控点火系统各元件的安装位置及作用。

技能目标

1）能规范地检测电控点火系统各部件及其控制电路。

2）会分析并能排除电控点火系统的故障。

素养目标

1）能够在工作过程中与小组其他成员合作、交流，养成团队合作意识，锻炼沟通能力。

2）养成 7S 的工作习惯。

3）养成服从管理、吃苦吃苦耐劳与规范作业的良好工作作风。

随堂笔记

任务描述

有一位丰田卡罗拉轿车用户开车到维修站，反映发动机故障指示灯常亮，且车辆行驶无力，发动机怠速时严重抖动，需要检修。

相关知识

一、点火系统的作用

汽油发动机正常工作的三要素：良好的可燃混合气；足够高的气缸压缩压力；正确的点火时刻及强烈的火花。点火系统的作用是在气缸内适时、准确、可靠地产生电火花，以点燃可燃混合气，使汽油发动机实现做功，点火系统如图 4-21 所示。

二、点火系统的类型

随着汽车电子技术的高速发展，汽油发动机点火系统经历了由传统点火系统、电子点火系统到微机控制点火系统三个阶段，如图 4-22 所示。现代汽车都采用微机控制点火系统。

三、电控点火系统的组成

电控点火系统主要由点火线圈、火花塞、点火模块和ECU等组成，如图4-23所示。

1. 点火线圈

（1）结构　点火线圈的结构如图4-24所示，主要由初级线圈、次级线圈和铁心等组成。每缸配备一个点火线圈的独立点火系统，一般在点火线圈内还有一个点火模块（也称点火放大器）。

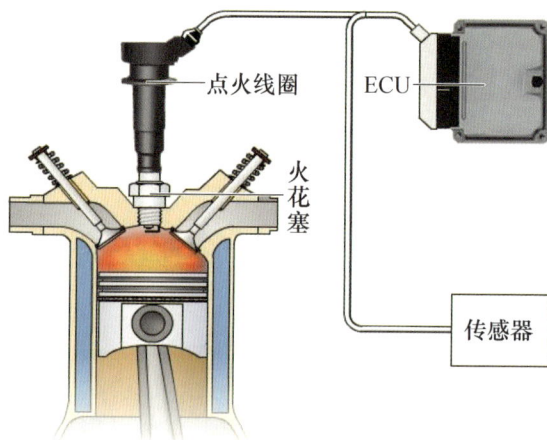

图4-21　点火系统

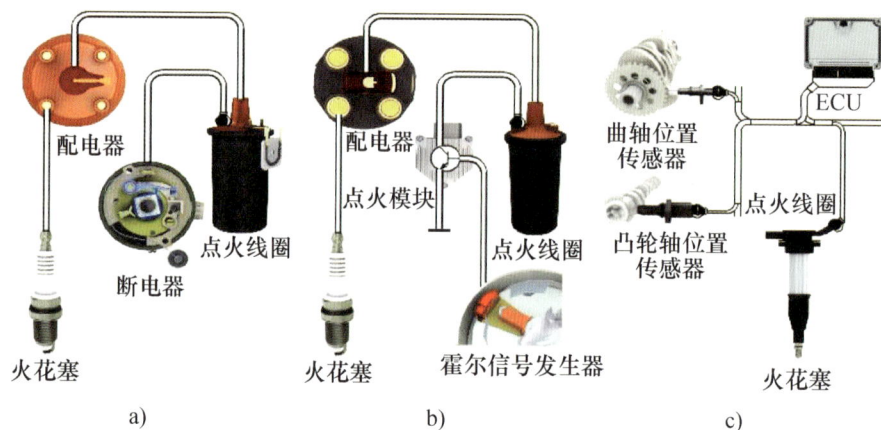

图4-22　各种类型的点火控制系统

a）传统点火系统　b）电子点火系统　c）微机控制点火系统

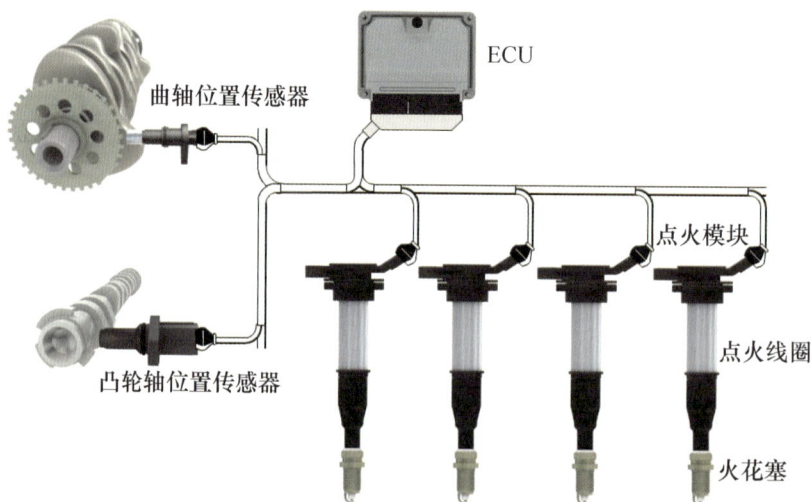

点火系统的组成

图4-23　电控点火系统的组成

（2）工作原理　ECU接收相关传感器的信号并经过分析计算后，适时向点火模块（点火器）发送一个信号（IGT信号），点火模块经过放大处理后控制点火线圈初级电

路导通，此时有电流从点火线圈中的初级电路通过，使初级线圈产生磁场，如图 4-25a 所示；ECU 发送的点火信号（IGT 信号）消失的瞬间，点火模块内的晶体管截止，初级电路中的电流被切断，磁场消失，此时在其次级线圈中将产生很高的感应电动势，如图 4-25b 所示；在完成点火后，点火模块再向 ECU 输送一个点火确认信号（IGF 信号）。

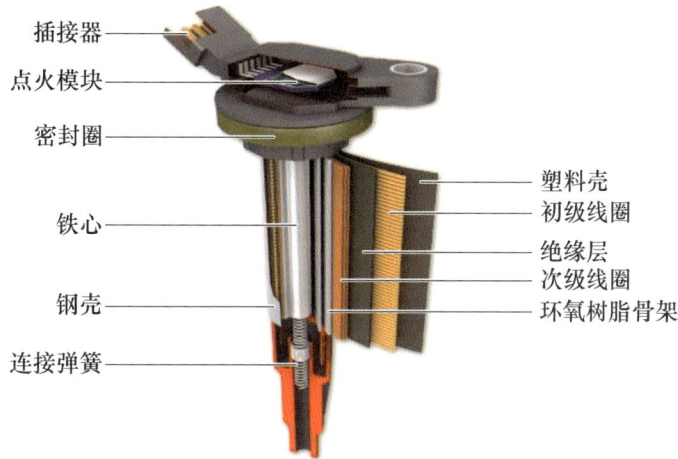

图 4-24　点火线圈的结构

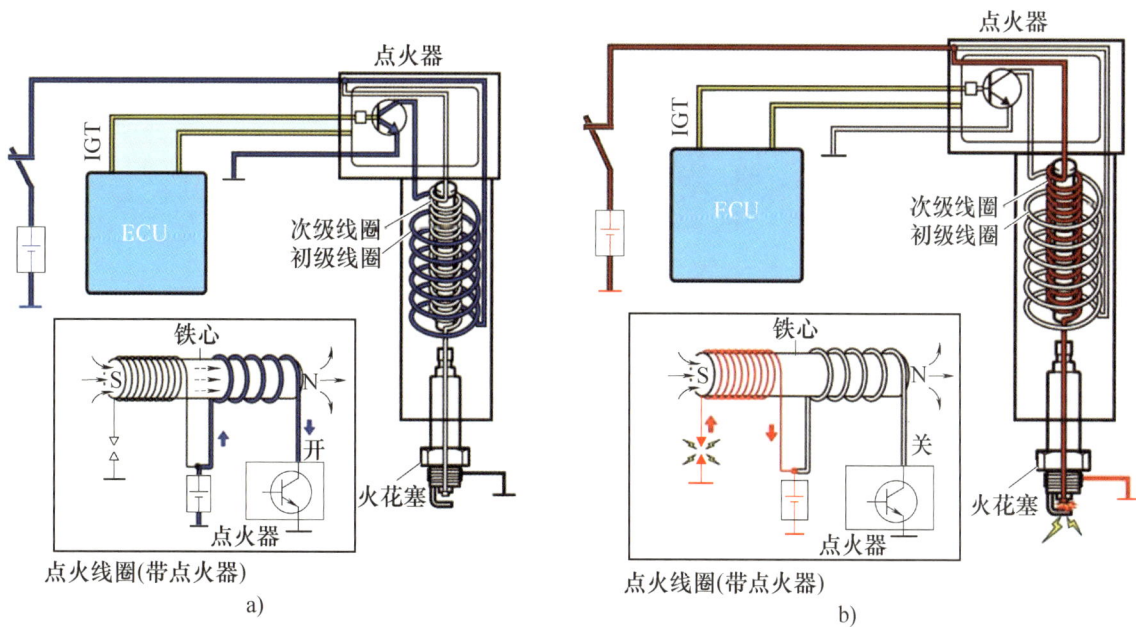

图 4-25　点火线圈的工作原理
a）当晶体管导通时　b）当晶体管截止时

点火系统
工作原理

2. 火花塞

（1）作用　火花塞的作用是将点火线圈输送过来的高压电，通过"跳火"产生电火花并点燃气缸内的可燃混合气。

（2）结构　火花塞的结构如图 4-26 所示，主要由中心电极、侧电极和陶瓷绝缘体等组成，中心电极与侧电极之间约有 0.9~1.1mm 的间隙，高压电利用该间隙就可以产生电火花。

（3）**类型** 常用火花塞电极的类型如图4-27所示。其中细电极型和多侧电极型在轿车上应用较普遍。

（4）**热特性** 火花塞按热特性不同可分为热型火花塞、普通型火花塞和冷型火花塞，如图4-28所示。实际使用中要根据维修手册的规定使用不同要求的火花塞。

1）热型火花塞。热型火花塞裙部长，散热慢。

2）普通型火花塞。普通型火花塞裙部长度介于冷型与热型之间。

3）冷型火花塞。冷型火花塞裙部短，散热快。

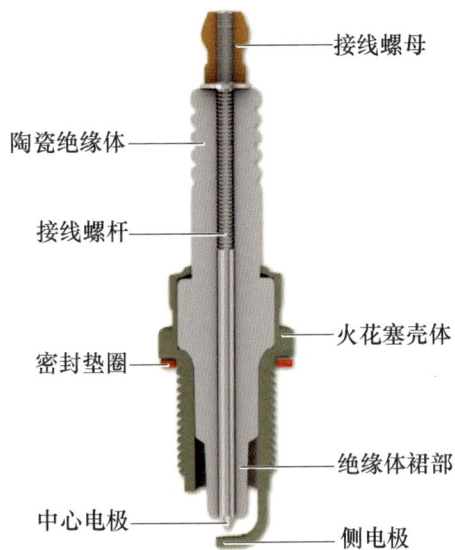

图 4-26 火花塞的结构

（接线螺母、陶瓷绝缘体、接线螺杆、火花塞壳体、密封垫圈、绝缘体裙部、中心电极、侧电极）

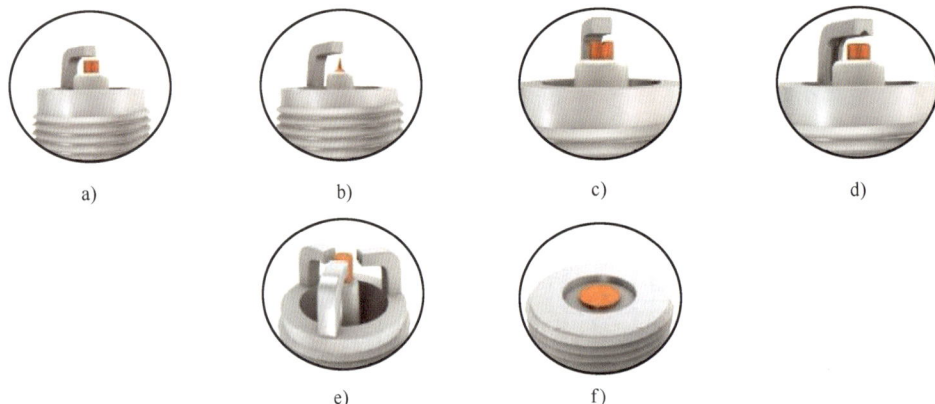

图 4-27 火花塞电极的类型

a）标准电极型火花塞 b）细电极型火花塞 c）V形槽中心电极火花塞
d）U形槽侧电极火花塞 e）多侧电极型火花塞 f）沿面跳火型火花塞

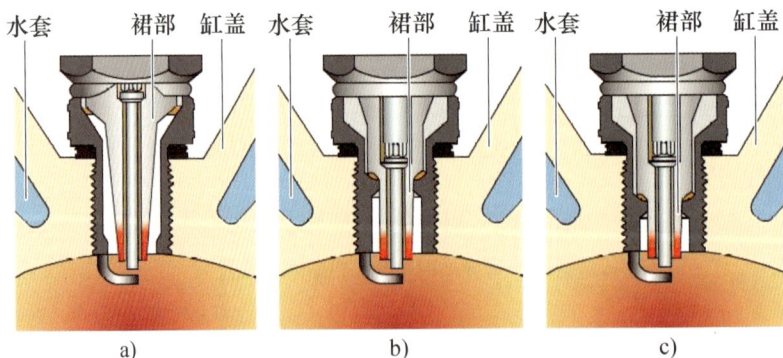

图 4-28 火花塞的热特性

a）热型火花塞 b）普通型火花塞 c）冷型火花塞

四、电控点火系统的工作原理

当发动机工作时，ECU根据接收到的各传感器信号，按存储器中存储的有关程序和相关数据，确定出该工况下的最佳点火提前角，并以此向点火模块发出指令。

点火模块则根据 ECU 的指令，控制点火线圈产生很高的感应电动势（15~20kV），传递到火花塞上使火花塞产生电火花，电控点火系统的工作原理如图 4-29 所示。

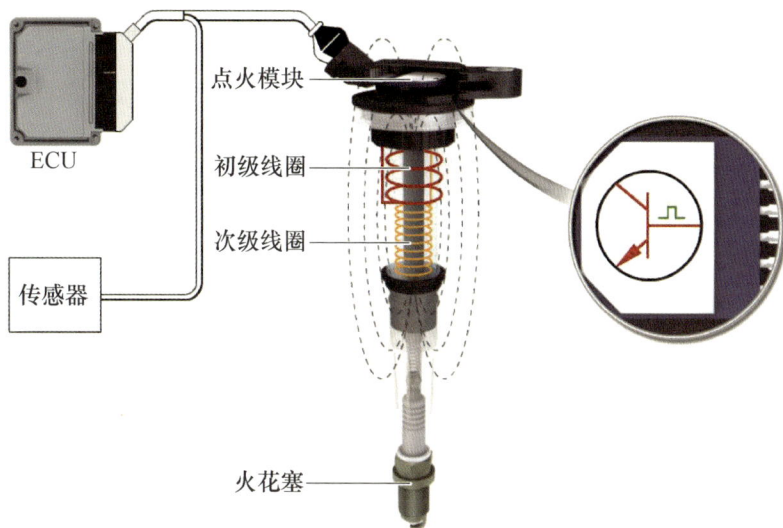

图 4-29 电控点火系统的工作原理

单个气缸独立使用一个点火组件，当点火控制器晶体管导通时，初级电流流过初级线圈产生磁场。当点火控制器晶体管截止时，磁场迅速消失，在次级线圈产生感应电动势，高压电送至火花塞跳火。

随堂笔记

五、电控点火系统的连接电路

丰田卡罗拉电控点火系统电源电路如图 4-30 所示，当点火开关置于 ON 位时，IG2 号继电器触点吸合，为 4 个点火线圈提供 12V 的电源。

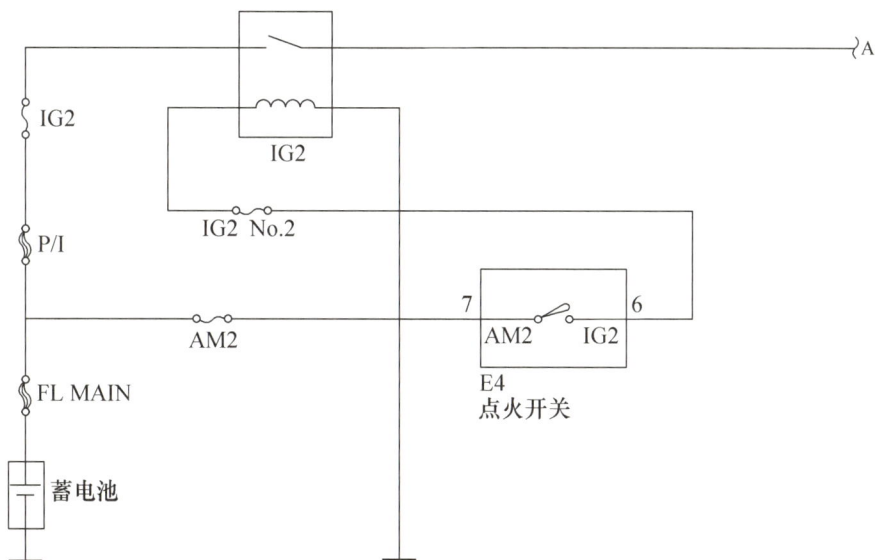

图 4-30 电控点火系统电源电路

点火线圈与 ECM 的连接电路如图 4-31 所示。点火线圈上有 4 个针脚，分别为正极端子（+B）、负极端子（GND）、点火信号端子（IGT）和点火确认信号端子（IGF）。

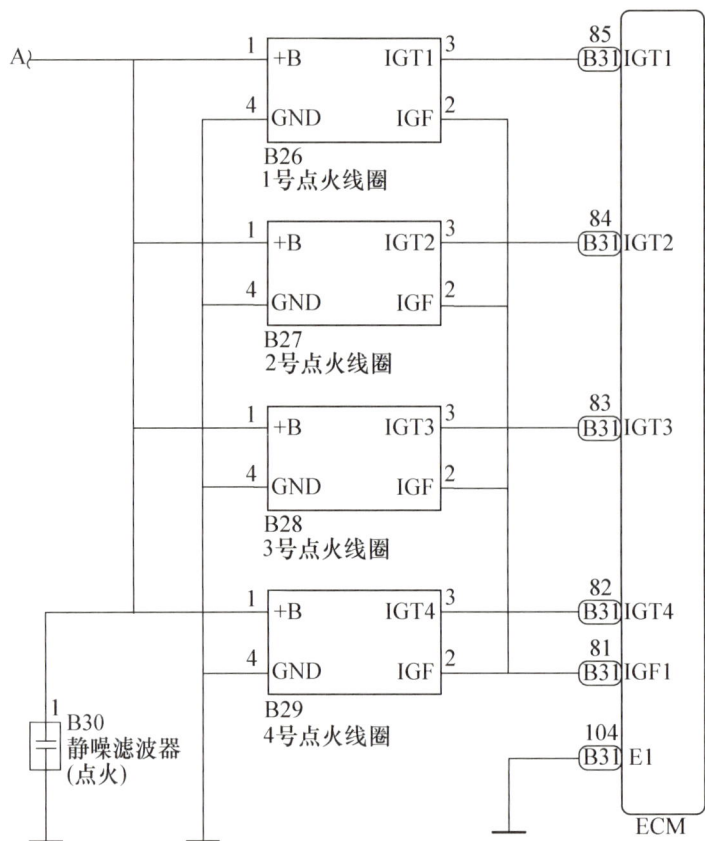

图 4-31　点火线圈与 ECM 的连接电路

六、双缸同时点火系统的组成与工作原理

1. 双缸同时点火系统的组成

双缸同时点火系统主要由点火线圈、火花塞、点火模块和 ECU 等组成，如图 4-32 所示。其特点是没有分电器，对置的两个气缸共用一个点火线圈。

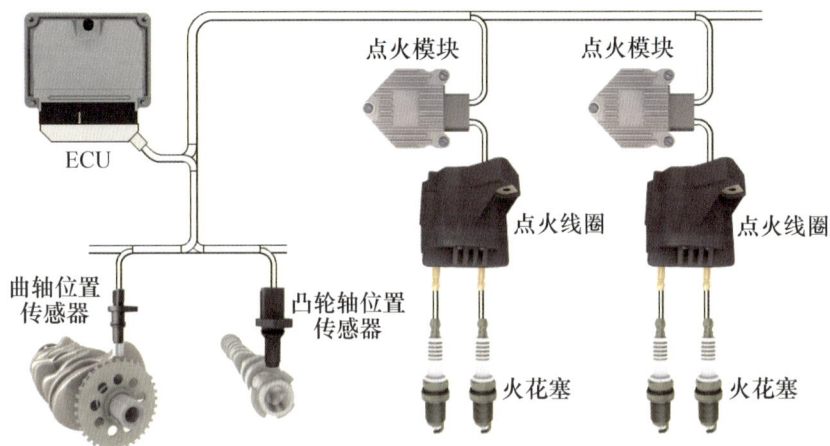

图 4-32　双缸同时点火系统的组成

2. 双缸同时点火系统点火线圈的结构

双缸同时点火系统的点火线圈主要由闭磁路的铁心、初级线圈和次级线圈等组

成，如图 4-33 所示。

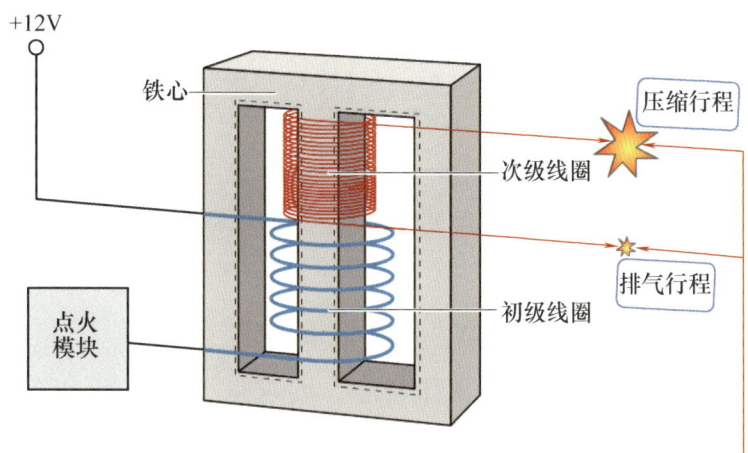

图 4-33 双缸同时点火系统点火线圈的结构

3. 双缸同时点火系统的工作原理

ECU 接收相关传感器的信号并经过计算后，适时地发送点火信号到点火模块，点火模块将点火信号放大后控制初级线圈通电，产生磁场；当初级线圈断电时，磁场迅速消失，在次级线圈中产生感应电动势，高压电经次级线圈的首、尾两端分别输送至两个火花塞同时跳火，此时共用点火线圈的两个气缸一个位于压缩行程，一个位于排气行程，位于压缩行程所产生的火花点燃可燃混合气做功；位于排气行程产生的火花为无效火花，如图 4-34 所示。

随堂笔记

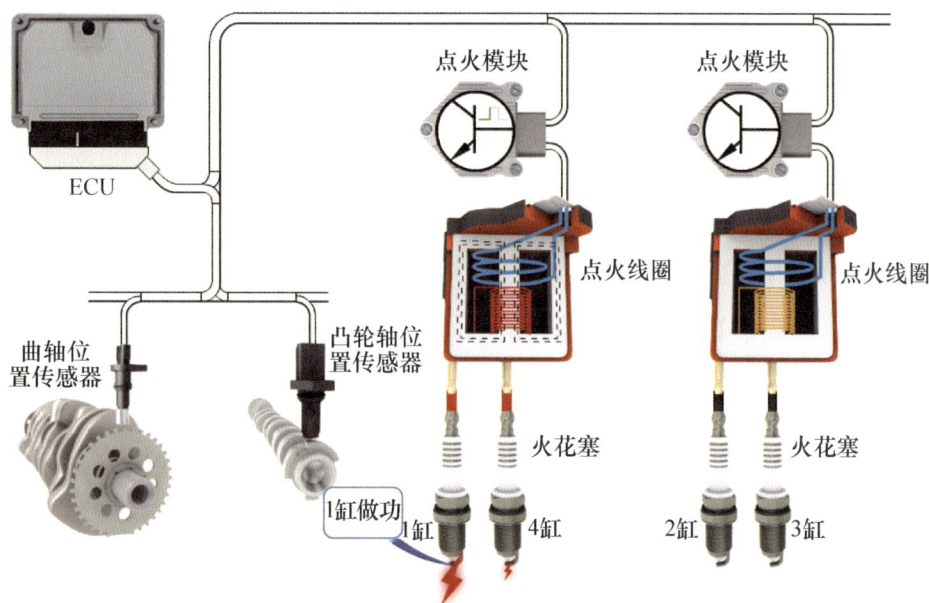

图 4-34 双缸同时点火系统的工作原理

4. 双缸同时点火系统的控制电路

双缸同时点火系统的控制电路如图 4-35 所示。

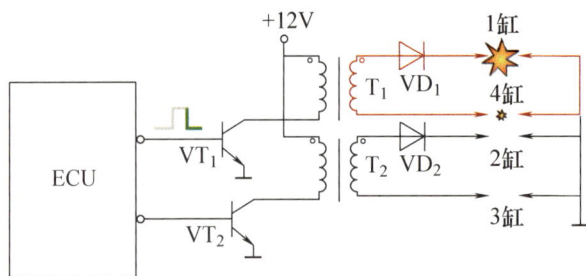

图 4-35　双缸同时点火系统的控制电路

七、发动机点火正时

1. 发动机对点火正时（点火提前角）的控制要求

为了使发动机保持在最理想的工作状态，要求点火正时能够随工况的变化而变化，要求发动机 ECU 总是按照最佳点火正时的要求控制点火正时，为此，发动机 ECU 内部都会有类似于图 4-36 所示的点火正时脉谱图。

影响最佳点火正时的因素主要有以下 4 个方面：

（1）发动机转速　转速升高时，燃烧所占的曲轴转角增大，点火正时应随之提前；反之，转速降低时，点火正时应随之推后，如图 4-36 所示。

（2）发动机负荷　负荷增大时，进气量增大，新鲜混合气密度增加，燃烧加快，点火正时应随之推后；反之，负荷减小时，点火正时应随之提前，如图 4-36 所示。

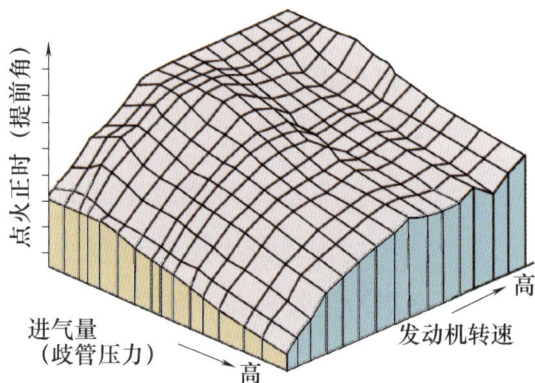

图 4-36　点火正时脉谱图

（3）爆燃　爆燃是由于燃烧过程末端混合气的自燃造成的。轻微的爆燃可以改善燃油经济性和动力性，但过度爆燃会产生多方面的不利影响，比如燃油消耗增大、动力下降、发动机过热等。

当点火提前角增大时，产生爆燃的倾向也增大。因此，当发动机产生持续爆燃时，应逐步减小点火提前角，爆燃消除后，再逐步复原点火提前角。在一般情况下，发动机处于爆燃与不爆燃的临界状态时，动力性能最佳。

（4）发动机冷却液温度　发动机冷却液温度较低时，燃烧较慢，要求点火正时适当提前。

2. 发动机对点火正时的控制方式

发动机 ECU 对点火正时的控制主要分为两个阶段：起动时点火控制和起动后点火控制。

（1）起动时点火控制　起动发动机时，由于转速及进气流量极不稳定，ECU 很难通过计算来确定最佳点火正时。因此，往往会以固定的点火正时（初始点火提前角）进行点火，此时的点火提前角一般不超过 10°。

（2）起动后点火控制 该控制即发动机起动后正常运转时的点火控制。此时的点火提前角（点火正时）由初始点火提前角、基本点火提前角和校正点火提前角三个部分组成。

点火提前角 = 初始点火提前角 + 基本点火提前角 + 校正点火提前角。

初始点火提前角：发动机设计制造时固定的角度。

基本点火提前角：由 ECU 根据发动机负荷和转速参照图 4-36 所示的脉谱图计算得出。

校正点火提前角：

① 预热校正：当发动机冷却液温度太低时，点火提前角需要适当提前。

② 过热校正：当发动机冷却液温度过高时，为了防止发生爆燃或进一步过热，点火提前角需要适当推后。

③ 怠速稳定性校正：怠速时，如果发动机的转速偏离了目标值，ECU 将会通过适当调节点火提前角的方式稳定转速，当转速低于目标值时，ECU 会使点火适当提前；转速高于目标值时，ECU 会将点火适当推后。

④ 爆燃校正：发动机出现爆燃时，ECU 会根据爆燃传感器信号的大小或频率来判断爆燃的强度，并对点火提前角进行适当延迟。当爆燃较强时，点火提前角延迟较多；当爆燃较弱时，点火提前角延迟较少；爆燃停止时，点火提前角便停止延迟，有时还会将点火正时稍微提前，直到再次发生爆燃，然后再重新开始延迟，如图 4-37 所示。

随堂笔记

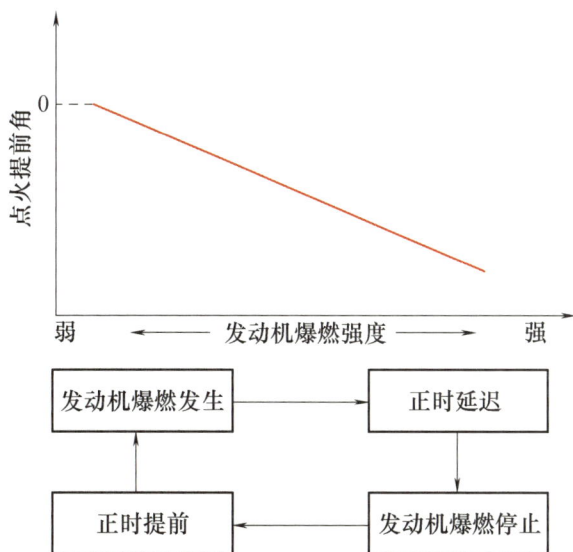

图 4-37 点火提前角的爆燃校正

电控点火系统的检查	学习任务单	班级:
		姓名:

1. 点火系统的作用是在最佳点火时刻产生强烈的_____，点燃被压缩的可燃混合气，使发动机实现做功。

2. 点火系统随着汽车电子技术的高速发展，经历了由传统点火系统、电子点火系统到_____系统三个阶段。现代汽车都采用微机控制的点火系统。

3. 根据题图4-4写出点火系统各零部件的名称：

1: _____

2: _____

3: _____

4: _____

5: _____

6: _____

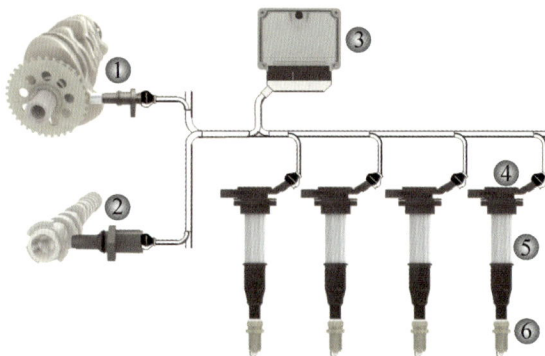

题图 4-4

4. 点火线圈主要由_____线圈、_____线圈和铁心等组成。每缸配备一个点火线圈的独立点火系统，一般在点火线圈内还有一个_____。

5. 当ECU控制点火线圈初级电路导通时，此时有电流从点火线圈中的初级电路通过，使初级线圈产生_____；ECU发送的点火信号（IGT信号）消失的瞬间，初级电路中的电流被切断，磁场消失，此时在其次级线圈中将产生很高的_____。

6. 火花塞的作用是将_____输送过来的高压电，通过"跳火"产生电火花并点燃气缸内的可燃混合气，它主要由中心电极、_____极和陶瓷绝缘体等组成。

7. 题图4-5是电控点火系统电路，请你把它连接完整。

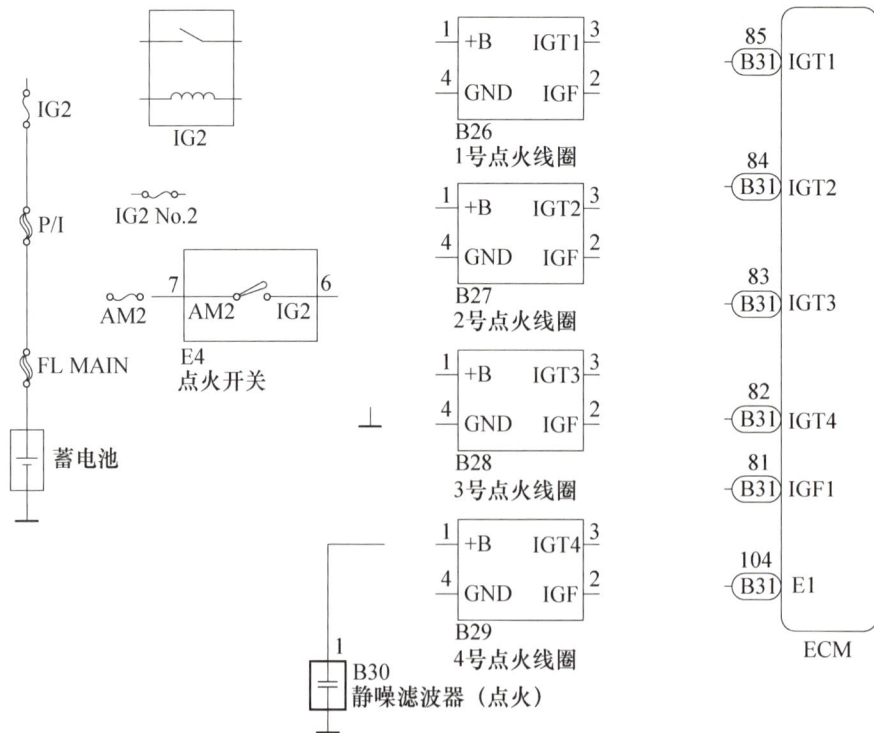

题图 4-5

任务实施

实训器材

轿车整车或电控发动机实训台架、常用工具、万用表、故障诊断仪等。

作业准备

1）车辆在工位停放周正。

2）铺好车内和车外护套。

操作步骤

一、用汽车故障诊断仪读取 ECU 故障码

1）检查变速器档位是否处于 P 位，驻车制动器是否处于制动状态。

2）打开位于仪表板左下方的车辆诊断接口盖，将汽车故障诊断仪连接到车辆故障诊断接口。

3）起动发动机。

4）打开故障诊断仪，按菜单指示操作，进入发动机系统。

5）选择读取故障码，可能的故障码见表 4-6。

随堂笔记

表 4-6　读取故障码

故 障 码	含 义
P0351	1 缸点火线圈初级 / 次级电路故障
P0352	2 缸点火线圈初级 / 次级电路故障
P0353	3 缸点火线圈初级 / 次级电路故障
P0354	4 缸点火线圈初级 / 次级电路故障

二、检查点火线圈

独立点火系统点火线圈的好坏可以依据调换法来判断，检查步骤如下：

1）假设读取故障码时显示 2 缸的故障码（P0352）。

2）拆下 2 缸和 3 缸的点火线圈，并调换 2、3 缸点火线圈的顺序，重新安装好。

3）起动发动机，用诊断仪清除故障码，再次读取故障码。

4）若仍然显示 P0352，说明 2 号点火线圈的相关电路或 ECU 存在故障（参照点火系统相关电路的检查方法）；若显示 P0353（3 缸点火线圈故障），说明原 2 缸点火线圈损坏，需更换。

三、检查电控点火系统相关电路

1）断开故障气缸点火线圈的插接器，将点火开关置于 ON 位，按表 4-7 中给出的规定测量电压。

表 4-7　标准电压

检测仪连接	开关状态	规定状态
B26-1（+B）—B26-4（GND）	点火开关置于 ON 位	9~14V
B27-1（+B）—B27-4（GND）	点火开关置于 ON 位	9~14V
B28-1（+B）—B28-4（GND）	点火开关置于 ON 位	9~14V
B29-1（+B）—B29-4（GND）	点火开关置于 ON 位	9~14V

若测量电压不在表 4-7 的范围内，说明该缸点火线圈到 IG2 号继电器的电路存在断路故障，若电压正常则进行下一步的检查。

2）拆下蓄电池负极端头，断开点火线圈和 ECU 的插接器，根据表 4-8 和表 4-9 中给出的规定测量电路。

表 4-8　标准电阻（断路检查）

检测仪连接	条件	规定状态
B26-3（IGT1）—B31-85（IGT1）	始终	<1Ω
B27-3（IGT2）—B31-84（IGT2）	始终	<1Ω
B28-3（IGT3）—B31-83（IGT3）	始终	<1Ω
B29-3（IGT4）—B31-82（IGT4）	始终	<1Ω

表 4-9　标准电阻（短路检查）

检测仪连接	条件	规定状态
B26-3（IGT1）或 B31-85（IGT1）—车身搭铁	始终	≥10kΩ
B27-3（IGT2）或 B31-84（IGT2）—车身搭铁	始终	≥10kΩ
B28-3（IGT3）或 B31-83（IGT3）—车身搭铁	始终	≥10kΩ
B29-3（IGT4）或 B31-82（IGT4）—车身搭铁	始终	≥10kΩ

若故障气缸点火线圈的电路测量值不在表 4-8 和表 4-9 的范围内，则维修或更换该缸点火线圈到 ECU 的连接电路，若测量值在表 4-8 和表 4-9 的范围内，则可能是 ECU 内部存在故障，可更换 ECU 进行替换试验。

四、检测点火信号波形

用示波器连接点火线圈的 IGT 和 IGF 端，检测点火线圈 IGT 和 IGF 信号的波形，标准波形如图 4-38 所示。

五、检查火花塞

1. 火花塞的拆卸

1）首先拔下点火线圈的插接器，再选用正确的工具拆下点火线圈。

2）用火花塞专用套筒拆下火花塞。

3）取出火花塞后要用抹布盖住火花塞安

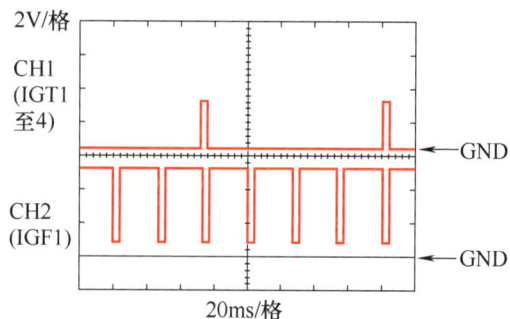

图 4-38　点火标准波形

140

装孔，防止异物掉入气缸内。

2. 火花塞的检查

1）检查螺纹是否完好，如图 4-39 所示。

2）检查陶瓷体是否有裂纹，如图 4-40 所示。

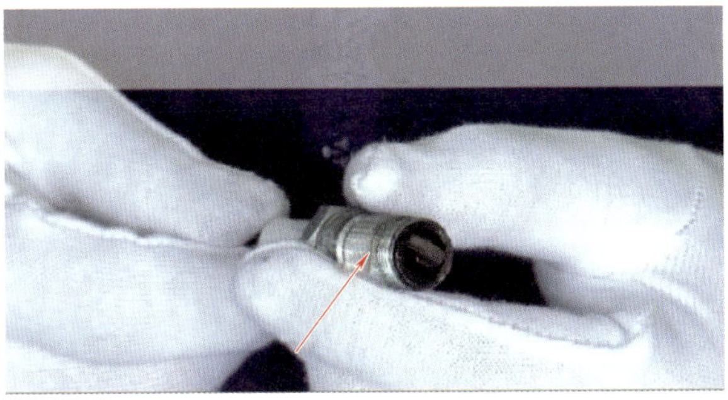

图 4-39　检查螺纹

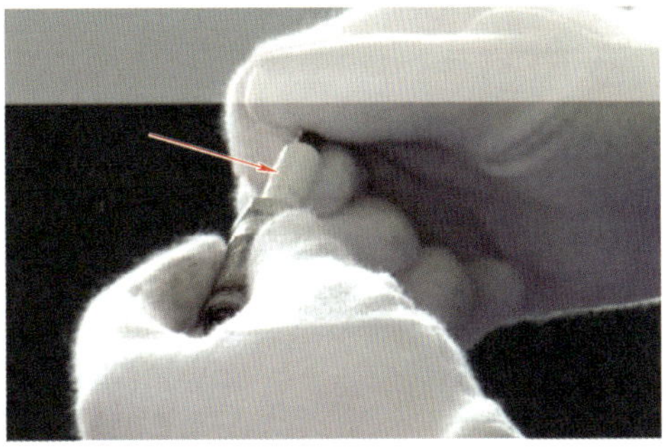

图 4-40　检查陶瓷体

3）检查火花塞电极状况。

若火花塞电极颜色不正常，需清洁或更换，如图 4-41 所示。

若火花塞烧蚀严重，必须更换火花塞，如图 4-42 所示。

随堂笔记

图 4-41　检查电极颜色

图 4-42　火花塞烧蚀

火花塞电极间隙如果过宽，可能会引起缺火；若太窄，可能导致电极过早地被烧蚀。

使用塞尺检查火花塞电极间隙，旧火花塞最大电极间隙为 1.3mm；新火花塞电极间隙为 0.9~1.1mm，如图 4-43 所示。

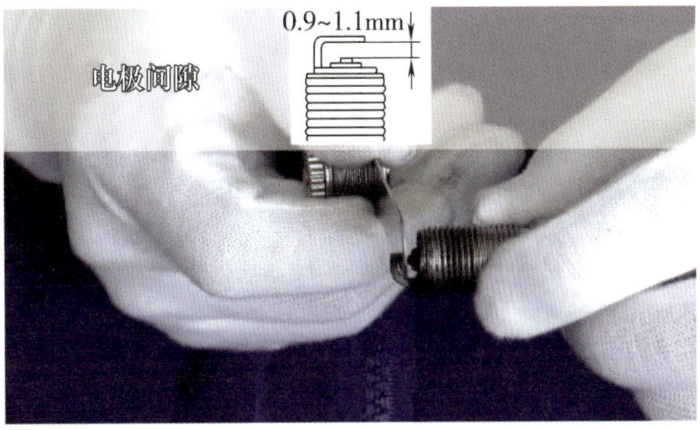

图 4-43　检查火花塞电极间隙

电控点火系统的检查	工作任务单	班级：
		姓名：

1. 车辆信息记录

品牌		整车型号		生产年月	
发动机型号		发动机排量		行驶里程	
车辆识别代号（VIN）					

2. 故障诊断分析报告

项目	诊断记录
故障现象描述	

相关数据流分析	1. 故障码读取与分析

故障指示灯	故障码	故障码说明
常亮□　正常□		

2. 与故障码相关数据流读取与分析

序号	项目名称	数据	判定
1			异常□　正常□
2			异常□　正常□

【　】缸点火系统故障诊断步骤

1. 部件检查

部件名称	条件	检查结果	判定
点火线圈	性能检查	损坏□　正常□	异常□　正常□
火花塞	性能检查	损坏□　烧蚀□　正常□	异常□　正常□

2. 电路检测

电路端子	条件	标准值	测量值	判定
	电压测量			异常□　正常□
	断路测量			异常□　正常□
	断路测量			异常□　正常□
	断路测量			异常□　正常□
	短路测量			异常□　正常□
	短路测量			异常□　正常□
	短路测量			异常□　正常□

3. 部件／电路故障点确认及分析

维修措施：维修□　更换□　调整□

电控点火系统的检查			实习日期：		
姓名：		班级：	学号：		导师签名：
自评：□熟练　□不熟练		互评：□熟练　□不熟练	师评：□合格　□不合格		
日期：		日期：	日期：		

电控点火系统的检查【评分细则】

序号	评分项	得分条件	分值	评分要求	自评	互评	师评
1	安全/7S/态度	□ 1. 能进行工位 7S 操作 □ 2. 能进行设备和工具安全检查 □ 3. 能进行车辆安全防护操作 □ 4. 能进行工具清洁、校准、存放操作 □ 5. 能进行三不落地操作	15	未完成1项扣3分，扣分不得超过15分	□熟练 □不熟练	□熟练 □不熟练	□合格 □不合格
2	专业技能能力	作业 1 □ 1. 能正确读取故障码 □ 2. 能正确记录并分析故障码 □ 3. 能正确读取系统数据流 □ 4. 能正确记录并分析系统数据流 作业 2 □ 1. 能正确拆装点火线圈 □ 2. 能正确检查点火线圈 □ 3. 能正确拆装火花塞 □ 4. 能正确检查火花塞 作业 3 □ 1. 能正确测量点火系统电源电路 □ 2. 能正确测量点火系统电路是否短路 □ 3. 能正确测量点火系统电路是否断路	50	未完成1项扣3分，扣分不得超过50分	□熟练 □不熟练	□熟练 □不熟练	□合格 □不合格
3	工具及设备的使用能力	□ 1. 能正确使用维修工具 □ 2. 能正确使用万用表 □ 3. 能正确使用故障诊断仪	10	未完成1项扣3分，扣分不得超过10分	□熟练 □不熟练	□熟练 □不熟练	□合格 □不合格
4	资料、信息查询能力	□ 1. 能正确使用维修手册查询资料 □ 2. 能正确记录查询资料的章节及页码 □ 3. 能正确记录所需维修信息	10	未完成1项扣3分，扣分不得超过10分	□熟练 □不熟练	□熟练 □不熟练	□合格 □不合格
5	数据判断和分析能力	□ 1. 能分析系统故障码是否正常 □ 2. 能分析系统数据流是否正常 □ 3. 能判断点火线圈是否正常 □ 4. 能判断火花塞是否正常 □ 5. 能判断测量电路是否正常	10	未完成1项扣3分，扣分不得超过10分	□熟练 □不熟练	□熟练 □不熟练	□合格 □不合格
6	表单填写和报告撰写能力	□ 1. 字迹清晰 □ 2. 语句通顺 □ 3. 无错别字 □ 4. 无涂改 □ 5. 无抄袭	5	未完成1项扣1分，扣分不得超过5分	□熟练 □不熟练	□熟练 □不熟练	□合格 □不合格
总分：						

随堂笔记

任务四

爆燃传感器的检查

学习目标

知识目标

1）掌握爆燃传感器的安装位置、种类和作用。

2）了解爆燃传感器的工作原理。

3）掌握爆燃传感器信号与点火时间之间的关系。

技能目标

1）能规范检测爆燃传感器。

2）能规范检测爆燃传感器的连接电路。

素养目标

1）能够在工作过程中与小组其他成员合作、交流，养成团队合作意识，锻炼沟通能力。

2）养成 7S 的工作习惯。

3）养成服从管理、吃苦耐劳与规范作业的良好工作作风。

任务描述

有一位丰田卡罗拉轿车用户将车开到维修站，反映车辆行驶一段距离后发动机故障指示灯就会亮起，发动机动力不足、油耗过高，需要对车辆进行检修。

相关知识

一、爆燃传感器的作用

爆燃传感器（图 4-44）的作用是感应发动机各种不同频率的振动，并将振动转化为不同的电压信号输送到 ECU。当发动机发生爆燃时，爆燃传感器感应到此变化并产生较大的振幅信号，当 ECU 接收到该信号后对点火提前角进行修正，使其保持最佳，从而实现点火提前角的闭环控制。

爆燃的产生

图 4-44　爆燃传感器

二、爆燃传感器的安装位置

爆燃传感器一般安装在发动机气缸体一侧的中部位置，如图 4-45 所示，四缸发动机一般安装 1~2 个爆燃传感器。

三、爆燃传感器的类型

爆燃传感器按发动机气缸体振动频率的检测方式不同，可分为共振型和非共振型两种；按爆燃传感器结构不同，分为压电式和磁致伸缩式两种，如图 4-46 所示。

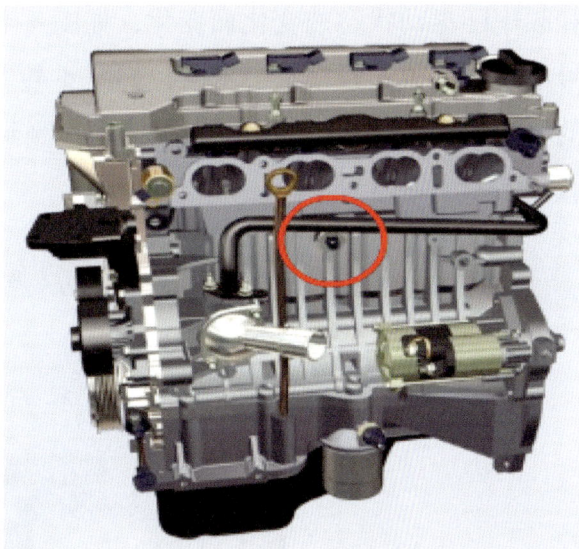

图 4-45　爆燃传感器的安装位置

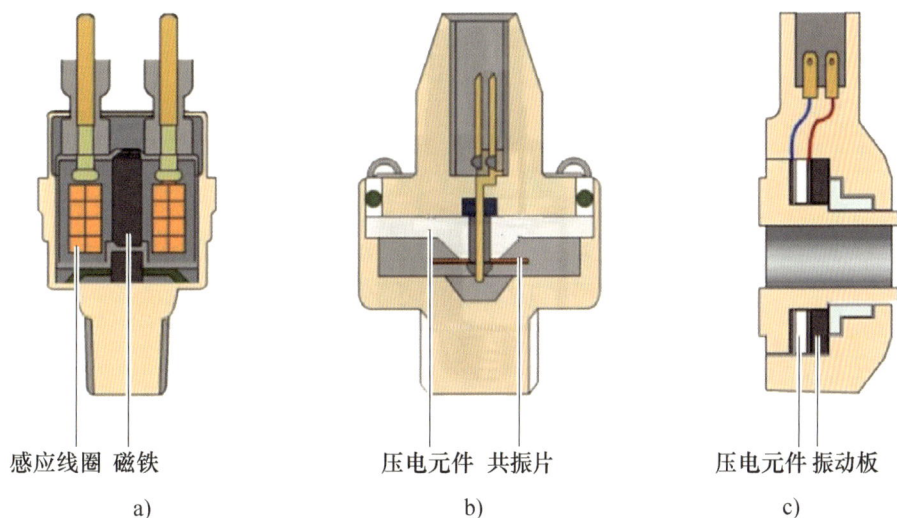

感应线圈　磁铁　　　　压电元件　共振片　　　　压电元件　振动板

a)　　　　　　　　　　b)　　　　　　　　　　c)

图 4-46　各种类型的爆燃传感器

a）磁致伸缩式　b）共振型压电式　c）非共振型压电式

四、非共振型压电式爆燃传感器的结构

非共振型压电式爆燃传感器主要由压电陶瓷、振动板、基座和压板等组成，如图 4-47 所示，压电陶瓷安装在振动板和基座之间，三者之间可以很好地贴合。

五、非共振型压电式爆燃传感器的工作原理

压电效应：某些晶体（如石英）薄片在受到压力作用之后，其两极之间就会产生电压，而且电压与所受压力的大小成正比，这一现象被称为压电效应，产生压电效应的晶体薄片也被称为压电元件。压电式爆燃传感器就是根据压电效应原理制成的。

爆燃传感器安装在发动机机体上，当发动机机体产生振动时，传感器的振动板随之振动，其振动力作用在压电元件上，使压电元件产生相应的电压，电压的幅值

随堂笔记

和频率随振动状态的变化而变化，如图4-48所示，当发动机发生爆燃时，传感器信号电压的幅值和频率都会增大，如图4-49所示，ECU则可以通过幅值的异常或频率的异常来判断发动机的爆燃情况，当检测到发生爆燃后，ECU就会减小点火提前角，直到不发生爆燃为止。

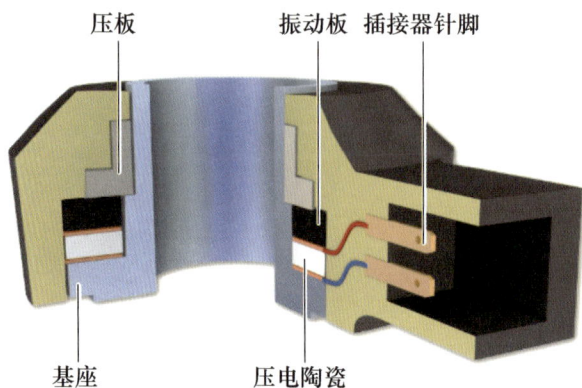

图 4-47 非共振型压电式爆燃传感器的结构

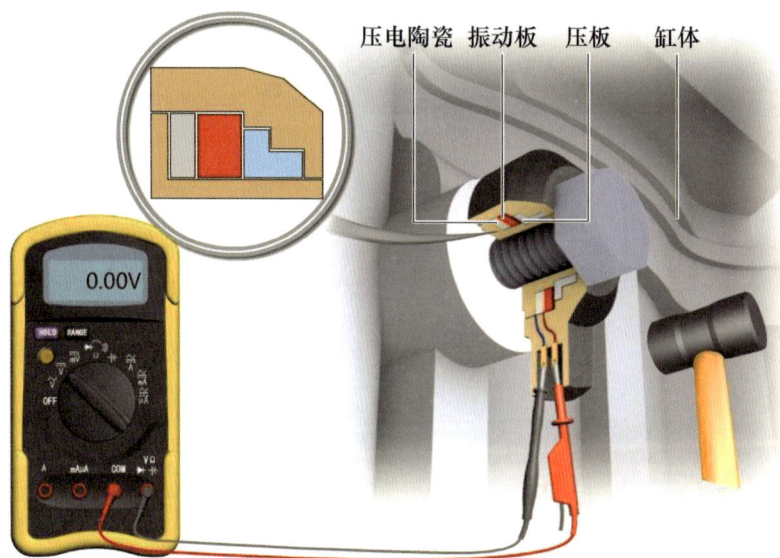

图 4-48 非共振型压电式爆燃传感器的工作原理

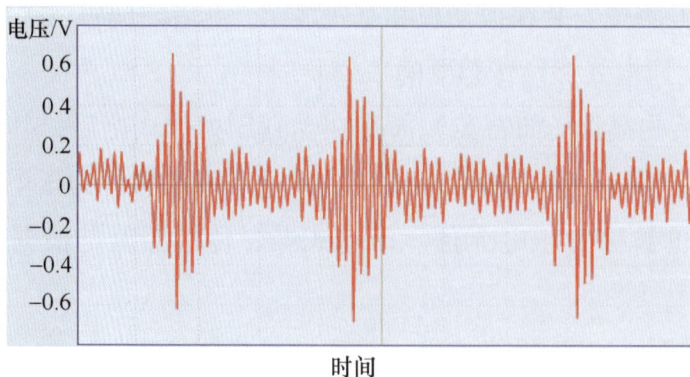

爆燃传感器
工作原理

图 4-49 爆燃传感器的信号电压

六、爆燃传感器的连接电路

爆燃传感器与 ECM 的连接电路如图 4-50 所示。爆燃传感器无须外接电源，通过感应机体的振动就能产生信号电压，通过连接电路输送给 ECM，因此，爆燃传感器一般只有两个针脚。为了防止外界信号的干扰，它一般还安装有屏蔽装置。

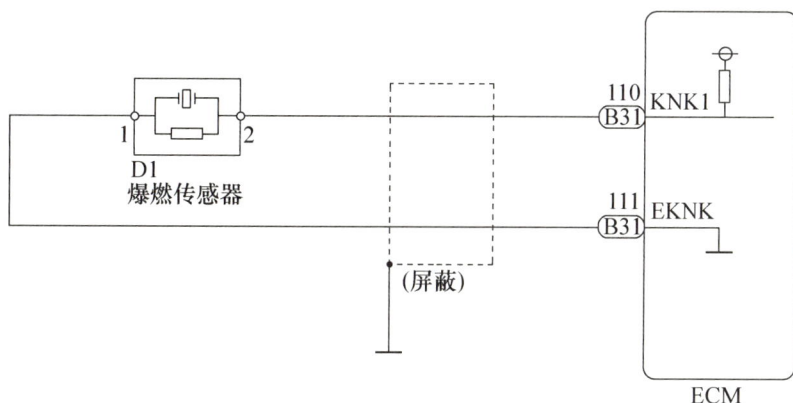

图 4-50　爆燃传感器与 ECM 的连接电路

七、共振型压电式爆燃传感器

共振型压电式爆燃传感器的外形和结构如图 4-51 所示，它主要由压电元件、振荡片和基座等组成。

随堂笔记

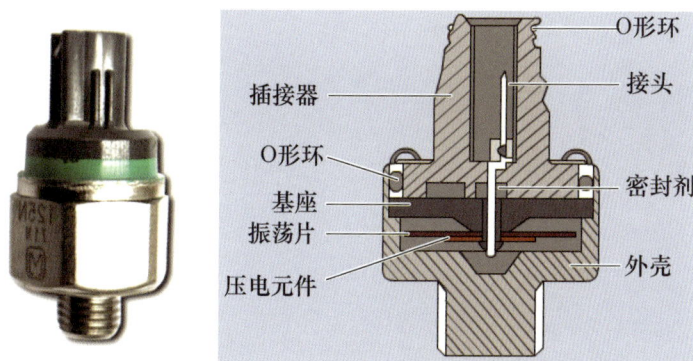

图 4-51　共振型压电式爆燃传感器的外形和结构

共振型压电式爆燃传感器的振荡片随发动机的振动而振荡，压电元件随振荡片的振荡而发生变形，进而在其上产生一个电压信号。当发动机发生爆燃时气缸振动频率与传感器振荡片固有频率相符合，此时产生共振，这时，压电元件将产生最大的电压信号。

八、磁致伸缩式爆燃传感器

磁致伸缩式爆燃传感器的结构如图 4-52 所示，它主要由伸缩杆、感应线圈和磁铁等组成。

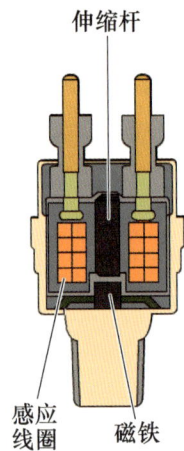

当机体振动时，伸缩杆受到机体振动的影响，在传感器内产生轴向振动，使通过感应线圈的磁通发生变化，在感应线圈中产生感应电动势，此电动势即是爆燃传感器输出的电压信号。传感器输出的电压信号的大小与发动机振动的频率有关，当发动机发生爆燃时，传感器的输出电压将达到最大值。ECU根据传感器的输出电压，就可以对发动机是否爆燃做出判断。

图 4-52 磁致伸缩式爆燃传感器的结构

随堂笔记

爆燃传感器的检查	学习任务单	班级：
		姓名：

1. 爆燃是由燃烧室中的可燃混合气自燃导致不正常燃烧的现象，当发动机产生爆燃时，ECU应该_____。

2. 爆燃传感器的作用是感应发动机各种不同频率的振动，并将_____转化为不同的电压信号输送到ECU。

3. 爆燃传感器一般安装在发动机_____一侧的中部位置，四缸发动机一般安装_____个爆燃传感器。

4. 爆燃传感器按发动机气缸体振动频率的检测方式不同，可分为共振型和_____型两种；按爆燃传感器结构不同，分为_____式和磁致伸缩式两种。

5. 写出题图4-6画线处所指零部件的名称。

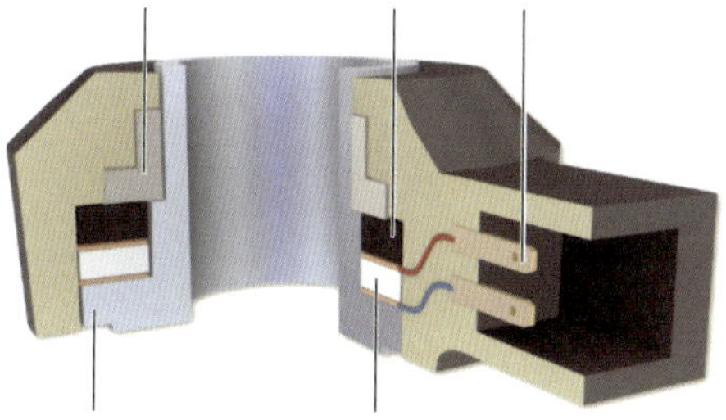

题图 4-6

6. 压电效应就是某些晶体（如石英）薄片在受到压力作用之后，其两极之间就会产生_____，而且电压与所受压力的大小成_____。

7. 压电式爆燃传感器当发动机发生爆燃时，传感器信号电压的幅值和频率都会_____，ECU则可以通过幅值的异常或频率的异常来判断发动机的爆燃情况，当检测到发生爆燃后，ECU就会_____，直到不发生爆燃为止。

8. 请在下方画出爆燃传感器与ECM的连接电路。

任务实施

实训器材

轿车整车或电控发动机实训台架、常用工具、万用表、故障诊断仪等。

作业准备

1）车辆在工位停放周正。

2）铺好车内和车外护套。

操作步骤

一、用汽车故障诊断仪读取 ECU 故障码

1）检查变速器档位是否处于 P 位，驻车制动器是否处于制动状态。

2）打开位于仪表板左下方的车辆诊断接口盖，将汽车故障诊断仪连接到车辆故障诊断接口。

3）起动发动机。

4）打开故障诊断仪，按菜单指示操作，进入发动机系统。

5）选择读取故障码，可能的故障码见表 4-10。

表 4-10　读取故障码

故　障　码	含　　义
P0327	爆燃传感器电路低输入
P0328	爆燃传感器电路高输入

二、就车检查爆燃传感器

1）起动发动机，使发动机怠速运转。

2）用扳手或其他金属物体敲击一下发动机缸体，发动机转速应该马上有轻微下降然后又马上恢复，此现象说明爆燃传感器在起作用，爆燃传感器及其电路基本没有问题；反之，说明爆燃传感器或电路出现故障，应检查爆燃传感器或电路是否存在问题。

3）检查爆燃传感器连接电路是否松动或连接是否异常等。

三、检测爆燃传感器

1）断开爆燃传感器插接器。

2）选用合适的工具（10mm 套筒、棘轮扳手），正确组合工具拆下固定螺栓，然后拆下爆燃传感器。

3）选用数字万用表，调整到欧姆档，将红黑表笔互测，检查万用表的测量误

差；将红黑表笔分别连接到爆燃传感器的两个端子上，读取并记录万用表数据，如图 4-53 所示。在 20℃时，标准电阻为 120~280kΩ（丰田车系），若测得的数据与标准不符合，则更换爆燃传感器。

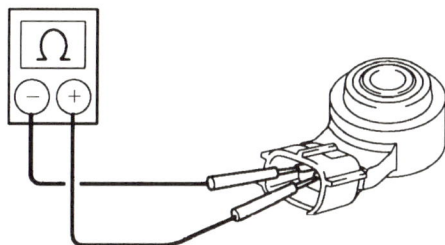

4）按照与拆卸相反的顺序安装爆燃传感器，紧固爆燃传感器固定螺栓时，力矩为 20N·m。

图 4-53 爆燃传感器的检测

四、检测爆燃传感器电路

1）断开爆燃传感器插接器。

2）断开蓄电池负极端头，并断开 ECU 插接器。

3）按表 4-11 和表 4-12 中给出的规定测量爆燃传感器到 ECU 的连接电路。

表 4-11 标准电阻（断路检查）

检测仪连接	条件	规定状态
D1-2—B31-110（KNK1）	始终	<1Ω
D1-1—B31-111（EKNK）	始终	<1Ω

表 4-12 标准电阻（短路检查）

检测仪连接	条件	规定状态
D1-2 或 B31-110（KNK1）—车身搭铁	始终	≥ 10kΩ
D1-1 或 B31-111（EKNK）—车身搭铁	始终	≥ 10kΩ

随堂笔记

爆燃传感器的检查	工作任务单	班级：
		姓名：

1. 车辆信息记录

品牌		整车型号		生产年月	
发动机型号		发动机排量		行驶里程	
车辆识别代号（VIN）					

2. 故障诊断分析报告

项目	诊断记录
故障现象描述	

相关数据流分析	1. 故障码读取与分析

故障指示灯	故障码	故障码说明
常亮□　正常□		

2. 与故障码相关数据流读取与分析

序号	项目名称	数据	判定
1			异常□　正常□
2			异常□　正常□

故障诊断步骤	1. 部件检查

部件名称	条件	检查结果	判定
爆燃传感器	就车检查	发动机转速变低□ 发动机转速无变化□	异常□　正常□

2. 部件测量

部件名称	条件	标准值	测量值	判定
爆燃传感器	电阻测量			异常□　正常□

3. 电路检测

电路端子	条件	标准值	测量值	判定
D1-2—B31-110（KNK1）	断路测量			异常□　正常□
D1-1—B31-111（EKNK）	断路测量			异常□　正常□
D1-2 或 B31-110（KNK1）—车身搭铁	短路测量			异常□　正常□
D1-1 或 B31-111（EKNK）—车身搭铁	短路测量			异常□　正常□

4. 部件/电路故障点确认及分析

维修措施：维修□　更换□　调整□

随堂笔记

爆燃传感器的检查			实习日期：		
姓名：		班级：	学号：		导师签名：
自评：□熟练　□不熟练		互评：□熟练　□不熟练	师评：□合格　□不合格		
日期：		日期：	日期：		

爆燃传感器的检查【评分细则】

序号	评分项	得分条件	分值	评分要求	自评	互评	师评
1	安全/7S/态度	□ 1. 能进行工位 7S 操作 □ 2. 能进行设备和工具安全检查 □ 3. 能进行车辆安全防护操作 □ 4. 能进行工具清洁、校准、存放操作 □ 5. 能进行三不落地操作	15	未完成 1 项扣 3 分，扣分不得超过 15 分	□熟练 □不熟练	□熟练 □不熟练	□合格 □不合格
2	专业技能能力	作业 1 □ 1. 能正确读取故障码 □ 2. 能正确记录并分析故障码 作业 2 □ 1. 能正确就车检查爆燃传感器 □ 2. 能正确拆卸爆燃传感器 □ 3. 能正确测量爆燃传感器 □ 4. 能正确安装爆燃传感器 作业 3 □ 1. 能正确测量爆燃传感器电路是否短路 □ 2. 能正确测量爆燃传感器电路是否断路	50	未完成 1 项扣 4 分，扣分不得超过 50 分	□熟练 □不熟练	□熟练 □不熟练	□合格 □不合格
3	工具及设备的使用能力	□ 1. 能正确使用维修工具 □ 2. 能正确使用万用表 □ 3. 能正确使用故障诊断仪	10	未完成 1 项扣 3 分，扣分不得超过 10 分	□熟练 □不熟练	□熟练 □不熟练	□合格 □不合格
4	资料、信息查询能力	□ 1. 能正确使用维修手册查询资料 □ 2. 能正确记录查询资料的章节及页码 □ 3. 能正确记录所需维修信息	10	未完成 1 项扣 3 分，扣分不得超过 10 分	□熟练 □不熟练	□熟练 □不熟练	□合格 □不合格
5	数据判断和分析能力	□ 1. 能分析系统故障码是否正常 □ 2. 能分析系统数据流是否正常 □ 3. 能判断爆燃传感器是否正常 □ 4. 能判断测量电路是否正常	10	未完成 1 项扣 3 分，扣分不得超过 10 分	□熟练 □不熟练	□熟练 □不熟练	□合格 □不合格
6	表单填写和报告撰写能力	□ 1. 字迹清晰 □ 2. 语句通顺 □ 3. 无错别字 □ 4. 无涂改 □ 5. 无抄袭	5	未完成 1 项扣 1 分，扣分不得超过 5 分	□熟练 □不熟练	□熟练 □不熟练	□合格 □不合格

总分：

随堂笔记

项目五 / Project 5

辅助控制系统的检查

任务一

怠速控制系统的检查

🔧 学习目标

知识目标

1）了解发动机怠速的控制要求及控制方法。

2）掌握怠速控制阀的结构与工作原理。

技能目标

1）能规范地检测怠速控制阀和相关连接电路。

2）会分析并能排除与发动机怠速相关的故障。

素养目标

1）能够在工作过程中与小组其他成员合作、交流，养成团队合作意识，锻炼沟通能力。

2）养成 7S 的工作习惯。

3）养成服从管理、吃苦耐劳与规范作业的良好工作作风。

🚗 任务描述

一位丰田威驰轿车用户将车开到服务站，反映发动机怠速运行时转速时高时低、开空调后容易熄火，需要维修。

相关知识

一、发动机对怠速转速的要求

发动机以最低稳定转速运转，称为发动机怠速，此时发动机不向外输出功率，燃料燃烧所做的功仅仅用于发动机的内部摩擦和带动相关的附属设备。此时，节气门往往处于关闭状态，发动机只需要吸入极少量的空气，喷油器也只需要喷入极少量的燃油，相应的转速也较低。受发动机温度及相关附属设备的影响，对怠速转速的要求也不完全相同。

1. 正常怠速

正常怠速也称低怠速，此时发动机冷却液温度已达到正常工作温度，且空调、

前照灯等附属设备关闭，怠速一般为 800r/min。

2. 暖机怠速

发动机冷起动后，由于冷却液温度较低、发动机内部摩擦力较大，正常怠速下容易造成运转不稳，且长时间低温运行会增大发动机的磨损，因此，要求怠速适当提高（提高的幅度与当时的冷却液温度有关，冷却液温度越低，提高的幅度应越大），这样，既有利于运转平稳，又有利于快速暖机。随着发动机运行后冷却液温度慢慢升高，要求转速逐步降低，直到回到正常怠速，如图 5-1 所示。

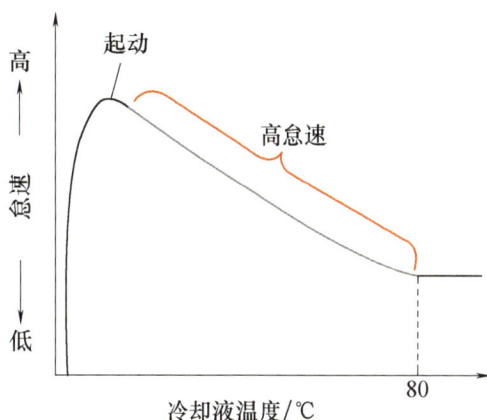

图 5-1　暖机时怠速变化要求

3. 高怠速

怠速工况时，如果打开空调、前照灯等附属设备，或液压动力转向系统投入工作，或自动变速器挂上前进档位，发动机的负荷将增大，转速有下降的趋势。此时，要求怠速转速自动提高，一般要求达到 1000~1100r/min，称为高怠速（或称为快怠速）。

二、怠速控制的类型

怠速进气量的控制方式随车型不同而有所不同，目前主要有以下两种类型。

1. 旁通空气式

这种控制方式是在节气门的旁边开一条小的旁通气道，由 ECU 通过怠速阀来控制旁通气道的大小，从而控制怠速的高低，如图 5-2a 所示。这种控制方式目前在中、小型轿车上采用较普遍。常用的怠速控制阀主要有旋转滑阀式和步进电机式等，如图 5-3 所示。

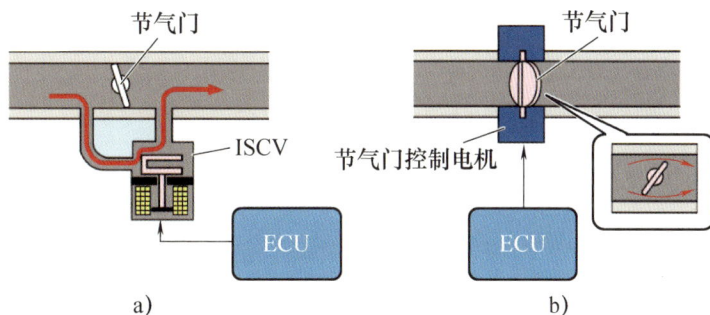

图 5-2　怠速控制方式

a）旁通空气式　b）节气门直动式

2. 节气门直动式

这种控制方式由 ECU 通过节气门控制电机直接控制节气门的开度，如图 5-2b 所示。这种控制方式目前在中、高级轿车上采用较普遍。

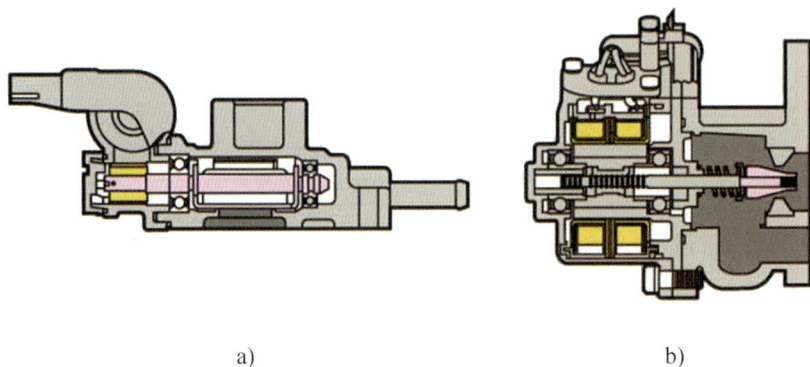

a)　　　　　　　　　　　　　　b)

图 5-3　怠速控制阀的类型

a）旋转滑阀式　b）步进电机式

三、旁通空气式怠速控制系统的结构与工作原理

旁通空气式怠速控制系统主要由怠速控制阀（ISCV）、发动机 ECU 以及各种传感器等组成，如图 5-4 所示。其中，怠速控制阀装在绕过节气门的旁通气道上，怠速时，节气门完全关闭，所有空气经由该旁通气道进入发动机，ECU 只要控制怠速控制阀的开度，即可控制旁通空气量，从而达到控制怠速转速的目的。

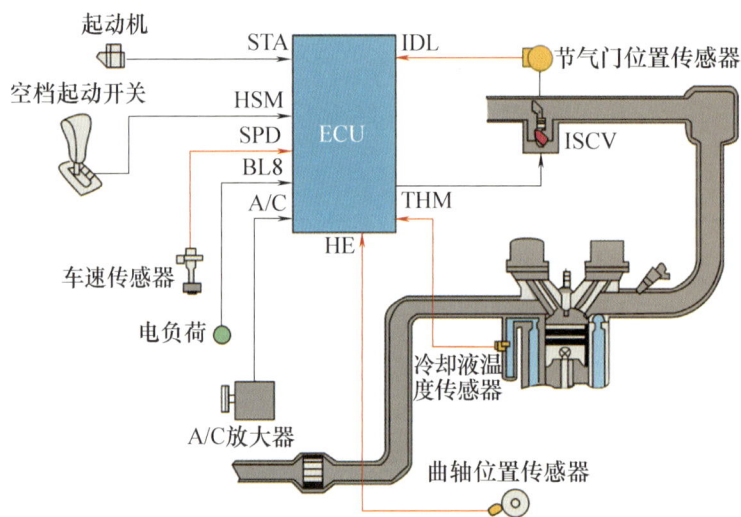

图 5-4　旁通空气式怠速控制系统的组成

起动、暖机时的怠速控制：起动时，怠速控制阀完全打开，旁通气道的开度最大，流过旁通气道的空气量较大，从而确保发动机能够顺利起动；起动后，冷却液温度传感器感知发动机冷却液温度的逐步升高，怠速控制阀的开度逐步减小，冷却液温度正常后达到正常所需的开度位置。

怠速反馈控制：ECU 通过节气门位置传感器获知发动机是否处于怠速工况，通过曲轴位置传感器（转速信号）获知怠速转速是否偏离了设定值，ECU 会根据这些信息通过调整怠速控制阀的开度来修正怠速转速。

负荷调节控制：当打开空调，或打开前照灯，或将变速杆从 P 位或 N 位换至 D

位或倒档时，发动机负荷突然增大，转速有下降的趋势。此时，ECU 会使怠速控制阀的开度适当增大，以确保转速不致下降或适当升高到高怠速工况。

此外，当节气门由大开度突然完全关闭时，ECU 也会瞬时打开怠速控制阀，以防发动机转速突然过低。

1. 旋转滑阀式怠速控制阀的结构与工作原理

（1）结构　旋转滑阀式怠速控制阀主要由两个电磁线圈、永久磁铁、双金属片弹簧、气道和阀门等组成，如图 5-5 所示。

旋转滑阀式怠速控制阀的气道与节气门体上的旁通气道相接，由转阀控制气道的大小。

两个电磁线圈通电后所产生的磁场同极相对，共同对转轴上的永久磁铁产生作用力，线圈 A 的磁场使转阀开度增大，线圈 B 的磁场使转阀开度减小。

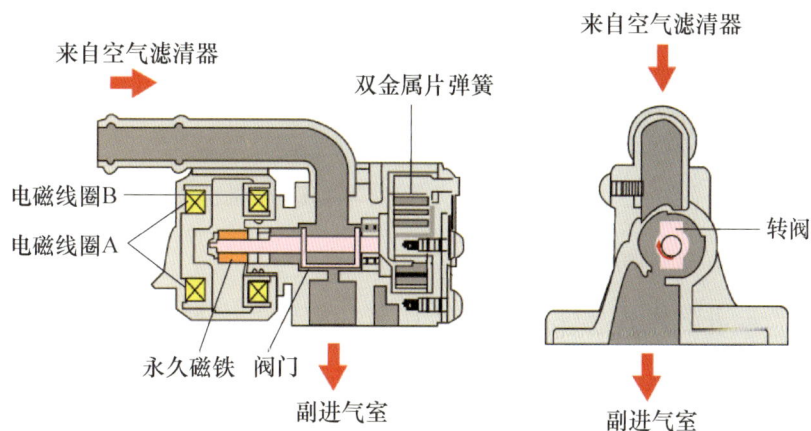

来自空气滤清器　双金属片弹簧　来自空气滤清器
电磁线圈B　转阀
电磁线圈A
永久磁铁　阀门
副进气室　副进气室

图 5-5　旋转滑阀式怠速控制阀的结构

（2）工作原理　当 ECU 控制的两个磁场强度相同时，转阀处于中间位置；当控制的两个磁场强度不同时，转阀发生偏转：如果线圈 A 的磁场大于线圈 B 的磁场，则转阀开度增大；如果线圈 A 的磁场小于线圈 B 的磁场，则转阀开度减小。转阀的最终位置取决于两个磁场强度与双金属片弹簧弹力的平衡状态，如图 5-6 所示。

发动机 ECU 通过控制两个线圈通电的占空比来控制其工作电流，但两个占空比信号的频率相同、方向相反，因此占空比互补。例如，线圈 A 的占空比为 60% 时，线圈 B 的占空比则为 40%，这样，线圈 A 的工作电流就大于线圈 B 的工作电流，因而转阀的开度增大，发动机的怠速随之升高；反之，发动机的怠速降低。

（3）控制电路　旋转滑阀式怠速控制阀的控制电路如图 5-7 所示，两个线圈由电源电路同时供电，并分别由 ECU 的两个晶体管控制，其中一个晶体管的基极电路设有反向器，使驱动两个线圈的占空比互补。

随堂笔记

159

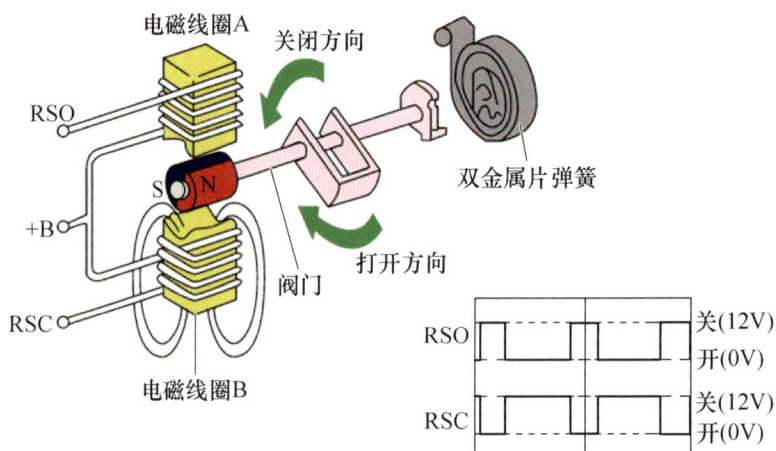

图 5-6　旋转滑阀式怠速控制阀的工作原理

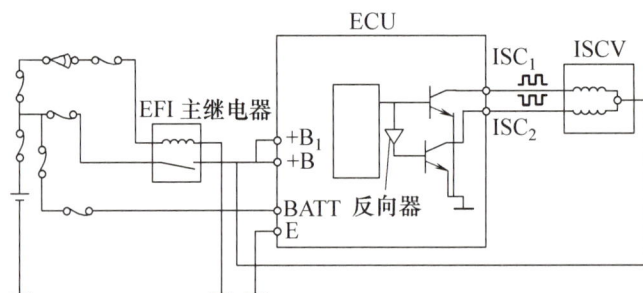

图 5-7　旋转滑阀式怠速控制阀的控制电路

2. 步进电机式怠速控制阀的结构与工作原理

（1）结构　步进电机式怠速控制阀装在节气门体的旁通气道上，当步进电机的转子转动时，其阀杆伸出或缩入，阀杆一端的阀门即可控制旁通气道的开度，如图 5-8a 所示。

步进电机的转子由永久磁铁制成，定子则由两个 16 极铁心构成，每个铁心上绕有两组线圈，两个铁心共 4 个线圈（分别为 C1、C2、C3 和 C4），每组线圈由 8 个线圈组成，每个线圈都各自绕在一个铁心上，这样就形成了 16 对磁极（共 32 个磁极），如图 5-8b 所示。

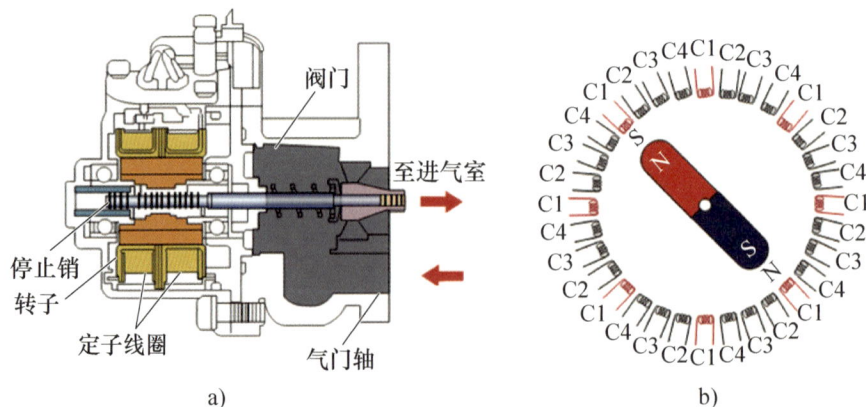

图 5-8　步进电机式怠速控制阀

（2）工作原理　当发动机 ECU 控制线圈 C1 通电时，其磁场使转子转到 C1 磁极对应的位置；控制线圈 C2 通电时，其磁场则使转子转到 C2 磁极对应的位置，以此类推。如果发动机 ECU 按照 C1—C2—C3—C4 的顺序依次给 4 组线圈通电，则转子向顺时针方向步步转动，怠速阀步步打开；如果发动机 ECU 按照 C4—C3—C2—C1 的顺序给 4 组线圈通电，则转子向逆时针方向步步转动，怠速阀则步步关闭。阀门从全关到全开，步进电机可转 125 步，阀门的开度也相应有 125 级。

（3）控制电路　丰田汽车步进电机式怠速控制阀的控制电路如图 5-9 所示，该控制阀有 6 个针脚，其中 2 个针脚接电源的正极，另外 4 个针脚分别受 ECU 内的 4 个晶体管的控制。当发动机停止运转时，ECU 将怠速控制阀置于完全打开位置，以确保发动机下一次能够顺利起动。

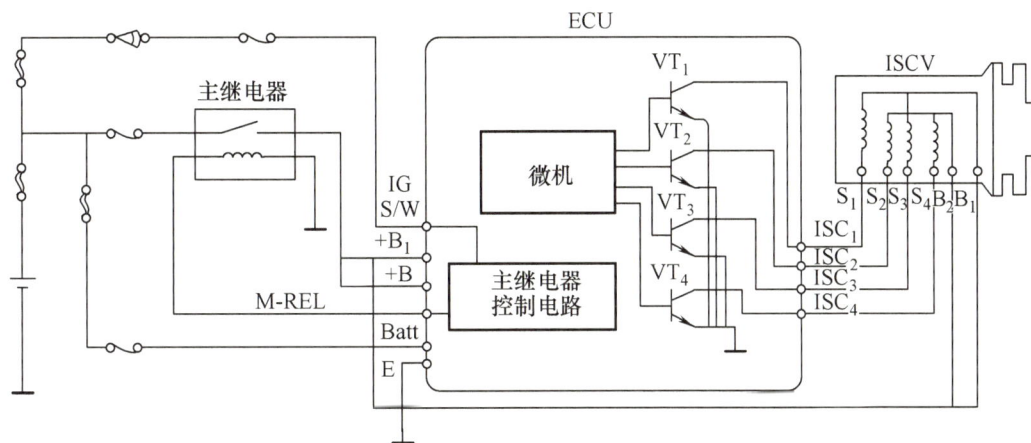

图 5-9　步进电机式怠速控制阀的控制电路

四、智能电子节气门的结构与工作原理

智能电子节气门的开度范围完全受发动机 ECU 的控制，其控制原理如图 5-10 所示，其主要工作特点是：用节气门控制电动机完全取代了节气门拉索，在加速踏板处另设一个加速踏板位置传感器，发动机 ECU 则根据该传感器信号控制节气门电动机电流的大小和方向，从而控制节气门的开度，节气门的实际开度则由节气门位置传感器反馈给发动机 ECU。

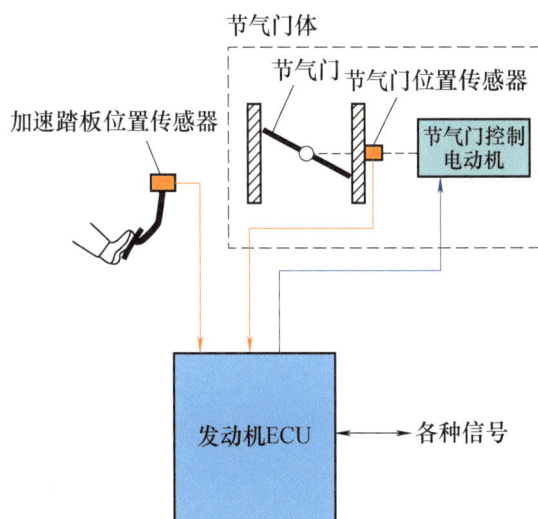

图 5-10　智能电子节气门控制原理

1. 结构

丰田卡罗拉智能电子节气门体的结构如图 5-11 所示，它主要由节气门、节气门电动机、减速齿轮、霍尔式节气门位置传

随堂笔记

感器、回位弹簧等组成。

图 5-11 智能电子节气门体的结构

插座
插接器
霍尔式节气门
位置传感器

插头
节气门电动机
减速齿轮
节气门轴
节气门
回位弹簧

2. 工作原理

当没有电流流向电动机时，回位弹簧使节气门开启到一个固定位置（大约6°），但是，在正常怠速期间，节气门的开度反而小于这个固定位置。当驾驶人踩下加速踏板时，加速踏板位置传感器将这一信息传输到ECU，ECU再发出指令到节气门电动机，驱动节气门打开。在正常模式下，节气门开度随加速踏板转角变化而变化，但略小于加速踏板转角，以确保汽车能够平稳行驶。

3. 加速踏板位置传感器的结构与工作原理

（1）结构 加速踏板位置传感器也称为油门踏板位置传感器，它一般与加速踏板做成一体，如图 5-12 所示。该传感器采用霍尔效应原理制成，与霍尔式节气门位置传感器的结构与工作原理基本相同。

（2）工作原理 加速踏板位置传感器内有 2 个完全独立的传感器：VPA（主）和 VPA2（副），如图 5-13 所示。主、副传感器的信号电压在 0~5V 变化，并与加速踏板工作角度成比例。来自主传感器的

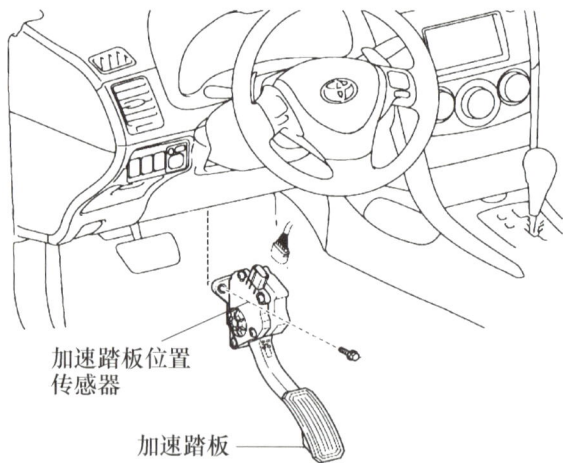

加速踏板位置传感器
加速踏板

图 5-12 加速踏板位置传感器

信号，指示实际加速踏板开度并用于发动机控制。来自副传感器的信号，传输主电路的状态信息并用于检查加速踏板位置传感器自身情况，ECU通过两个传感器的信号监视实际加速踏板开度，从而保证工作的可靠性。

（3）连接电路 加速踏板位置传感器与节气门电动机的连接电路如图 5-14 所示。该传感器共有 6 个端子，其中 1（VCP2）、4（VCPA）号端子是主、副传感器的电源

随堂笔记

正极（一般为 5V），2（EPA2）、5（EPA）号端子是主、副传感器经过 ECM 内部搭铁的负极端子，3（VPA2）、6（VPA）号端子是向 ECM 输送加速踏板位置的信号端子，该 2 个端子电压随着加速踏板开度的变化而变化。

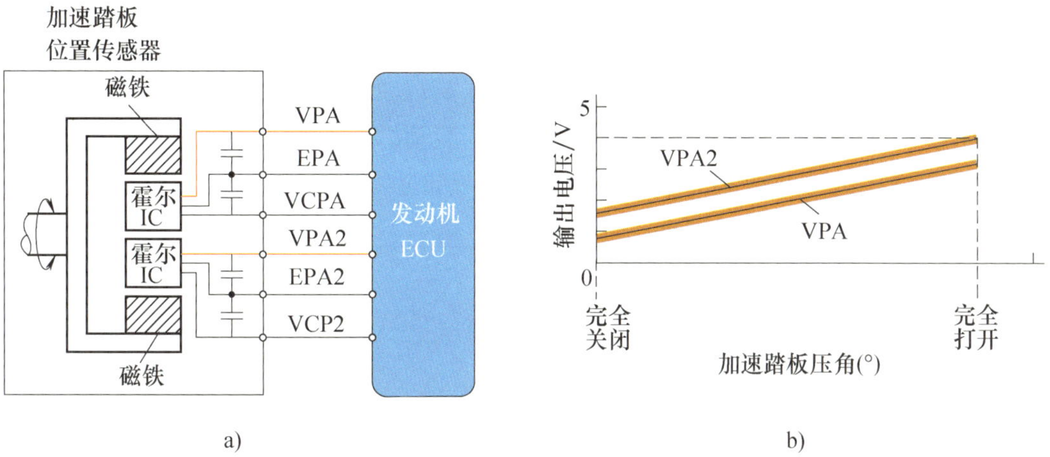

图 5-13　加速踏板位置传感器的工作原理与输出信号

a）工作原理　b）输出信号

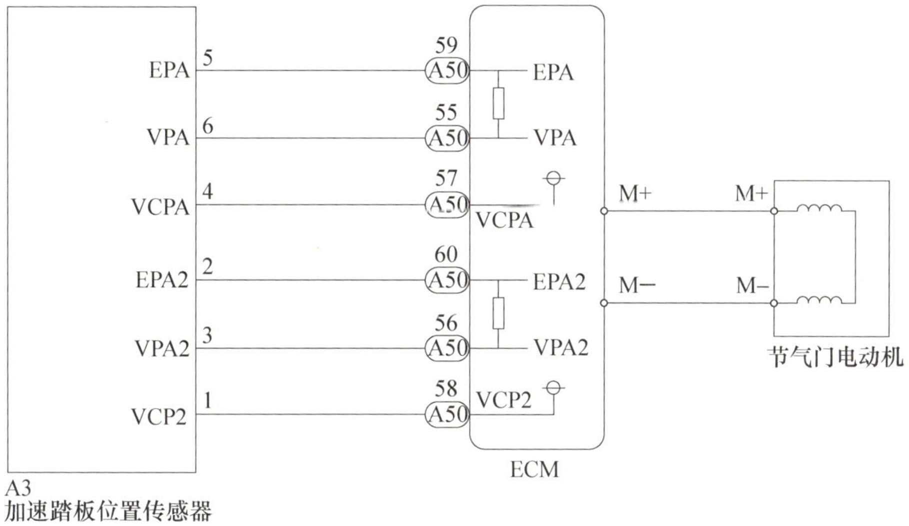

图 5-14　加速踏板位置传感器与节气门电动机的连接电路

随堂笔记

怠速控制系统的检查	学习任务单	班级:
		姓名:

1. 发动机以最低稳定转速运转，称为发动机_____，此时发动机不向外输出功率，正常怠速一般为_____r/min；暖机怠速要求怠速适当_____；高怠速一般要求达到_____r/min。

2. 怠速进气量的控制方式随车型不同而有所不同，主要有_____和节气门直动式两种，其中节气门直动式是由ECU通过_____直接控制节气门的开度。

3. 旁通空气式怠速控制系统主要由_____、发动机ECU以及各种传感器等组成。其中，怠速控制阀装在绕过节气门的旁通气道上，怠速时，节气完全关闭，所有空气经由该旁通气道进入发动机，ECU只要控制怠速控制阀的开度，即可控制_____，从而达到控制怠速转速的目的。常用的怠速控制阀主要有旋转滑阀式和_____式。

4. 根据题图5-1写出智能电子节气门各零部件的名称。

1: _____   2: _____

3: _____   4: _____

5: _____   6: _____

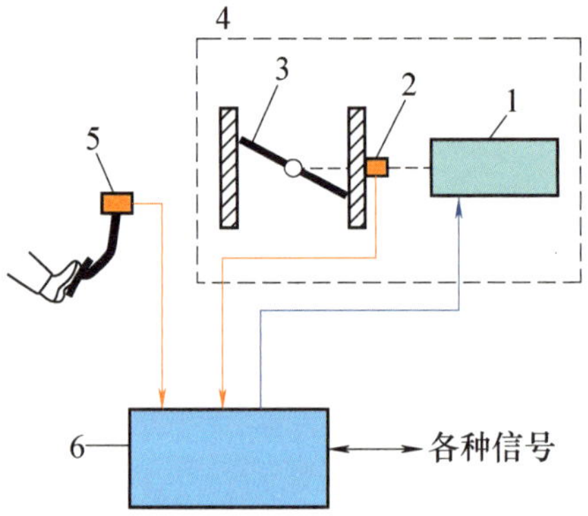

题图 5-1

5. 智能电子节气门主要由节气门、_____、减速齿轮、霍尔式节气门位置传感器、回位弹簧等组成。当没有电流流向电动机时，回位弹簧使节气门开启到一个固定位置（大约6°），但是，在正常怠速期间，节气门的开度反而小于这个固定位置。当驾驶人踩下加速踏板时，加速踏板位置传感器将这一信息传输到ECU，ECU再发出指令到_____，驱动节气门打开。

6. 加速踏板位置传感器也称为油门踏板位置传感器，它一般与加速踏板做成一体。该传感器采用_____原理制成，与霍尔式节气门位置传感器的结构与工作原理基本相同。

7. 连接加速踏板位置传感器与节气门电动机的连接电路并分析（题图5-2）。

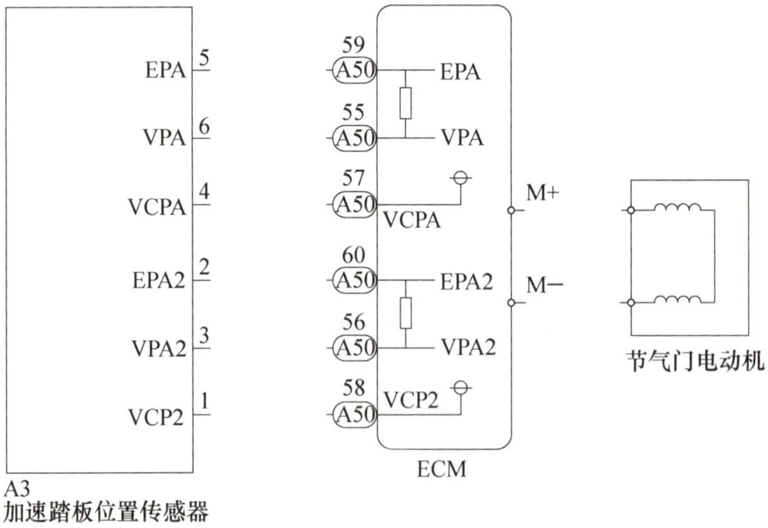

题图 5-2

根据题图5-2中你所连接的电路分析，1（VCP2）端子、4（VCPA）端子正常工作时电压应为_____V，当加速踏板开度逐渐增大时，3号端子（VPA2）电压应逐渐_____，6号端子（VPA）电压应逐渐_____。

任务实施

实训器材

轿车整车或电控发动机实训台架、常用工具、万用表、故障诊断仪等。

作业准备

1）车辆在工位停放周正。

2）铺好车内和车外护套。

操作步骤

一、用汽车故障诊断仪读取发动机 ECU 的故障码和数据流

1）检查变速器档位是否处于 P 位，驻车制动器是否处于制动状态。

2）打开位于仪表板左下方的车辆诊断接口盖，将汽车故障诊断仪连接到车辆故障诊断接口。

3）起动发动机。

4）打开故障诊断仪，按菜单指示操作，进入发动机系统。

5）选择读取故障码（一般车型的怠速控制没有自诊断功能，可能有故障现象，而没有故障码），若有故障码，则根据故障码信息先排除相关故障。

6）选择读取数据流。读取节气门位置传感器的数据流，来检查节气门位置传感器是否正常，当确认节气门位置传感器输入的信号正常后，再进行下面的检查。

读取故障码

随堂笔记

二、检修怠速控制阀

1. 旋转滑阀式怠速控制阀的检修

1）首先检查怠速控制阀的外观是否完好，插接器连接是否牢固。

2）拔下怠速控制阀插接器。

3）打开点火开关。

4）用万用表测量怠速控制阀插接器的电源端子（+B）与搭铁的电压是否为 12V，若不是 12V，则先检查电源电路是否存在断路或短路；若电压正常，则进入下一步。

5）从节气门体上拆下怠速控制阀。

6）用万用表测量怠速控制阀两个线圈之间的电阻：+B 与 ISC_1 之间、+B 与 ISC_2 之间的电阻值都应为 17~24.5Ω，否则更换怠速控制阀。

7）用万用表测量怠速控制阀两个线圈的搭铁情况：测 ISC_1 端子、ISC_2 端子与怠速控制阀外壳之间的电阻，应为无穷大，否则更换怠速控制阀。

8）分别向怠速控制阀的 +B 端子与 ISC_1 端子之间、+B 端子与 ISC_2 端子之间提

供 12V 电压（时间不超过 1s），看怠速控制阀是否动作。若无动作，则更换怠速控制阀；若动作正常，则进行下一步检查。

9）拆下蓄电池的负极插头，拔下 ECU 的插接器。

10）用万用表检查怠速控制阀插接器线束侧 ISC_1 端子、ISC_2 端子与 ECU 的电路连接情况，若有断路，则查找断点并进行维修。

11）用万用表检查怠速控制阀插接器线束侧 ISC_1 端子、ISC_2 端子的搭铁情况，测 ISC_1 端子、ISC_2 端子与搭铁之间的电阻，应为无穷大，否则维修或更换线束。

12）检查旁通气道有无污物阻塞情况，若有，则进行清洁。

如果以上情况都正常，但接上 ECU 后怠速控制阀仍然不工作，则更换发动机 ECU。

2. 步进电机式怠速控制阀的检修

（1）基本检查

1）检查怠速控制阀的外观是否完好，插接器连接是否牢固。

2）起动发动机，然后再关闭发动机，听怠速控制阀是否有"咔嗒"声（置于完全打开位置，便于下次起动）。若有，则说明怠速控制阀及其控制电路基本正常；若无，则说明怠速控制阀及其控制电路存在故障，需进入下一步检查。

（2）检查怠速控制阀的供电电压　打开点火开关，用万用表测怠速控制阀插接器 B_1 端子和 B_2 端子搭铁电压，应为 12V，否则检查主继电器与怠速控制阀插接器 B_1 端子和 B_2 端子之间的电路是否断路或短路（参见图 5-9）。

（3）检查怠速控制阀的电阻

1）拔下怠速控制阀的插接器。

2）选用合适的工具将怠速控制阀从节气门体上拆下。

3）用万用表测步进电机 4 个线圈之间的电阻值：B_1 与 S_1 之间、B_1 与 S_3 之间、B_2 与 S_2 之间、B_2 与 S_4 之间的电阻值应均为 10~30Ω。如果有一处不正常，则更换怠速控制阀。

（4）检查怠速控制阀的运行

1）将蓄电池的正极接在怠速控制阀的 B_1 端子和 B_2 端子上。

2）按照 S_1—S_2—S_3—S_4 的顺序将蓄电池的负极与各个线圈的端子相连，怠速控制阀应逐步伸出；按照 S_4—S_3—S_2—S_1 的顺序将蓄电池的负极与各个线圈的端子相连，怠速控制阀应逐步缩入，如图 5-15 所示。

若不符合上述要求，则更换怠速控制阀。

（5）怠速旁通气道的检查　检查旁通气道有无污物阻塞情况，若有，则进行清洁。

如果以上情况都正常，但发动机怠速不良的故障现象依然存在，则更换发动机ECU。

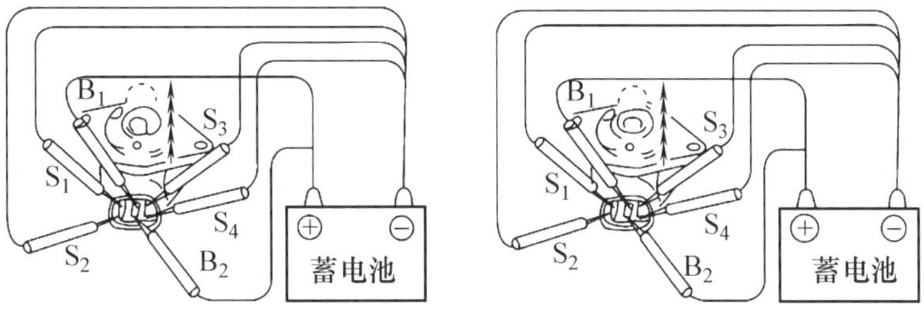

图 5-15　怠速控制阀的检查

随堂笔记

怠速控制系统的检查	工作任务单	班级：
		姓名：

1. 车辆信息记录

品牌		整车型号		生产年月	
发动机型号		发动机排量		行驶里程	
车辆识别代号（VIN）					

2. 故障诊断分析报告

项目	诊断记录
故障现象描述	

<table>
<tr><td rowspan="2">相关数据流分析</td><td colspan="2">1. 故障码读取与分析</td></tr>
<tr><td colspan="2">

故障指示灯	故障码	故障码说明
常亮□　正常□		

2. 与故障码相关数据流读取与分析

序号	项目名称	数据	判定
1			异常□　正常□
2			异常□　正常□

</td></tr>
</table>

<table>
<tr><td rowspan="3">故障诊断步骤</td></tr>
</table>

故障诊断步骤

1. 怠速控制阀的检修

部件名称	条件	检查结果		判定
怠速控制阀	电阻测量	电阻：	Ω	异常□　正常□
	短路测量	电阻：	Ω	异常□　正常□
	施加电压测试	工作□　未工作□		异常□　正常□

2. 怠速控制阀电路的检修

电路端子	条件	标准值	测量值	判定
	电压测量			异常□　正常□
	断路测量			异常□　正常□
	断路测量			异常□　正常□
	短路测量			异常□　正常□
	短路测量			异常□　正常□

3. 部件 / 电路故障点确认及分析

维修措施：维修□　更换□　调整□

随堂笔记

怠速控制系统的检查		实习日期：	
姓名：	班级：	学号：	导师签名：
自评：□熟练　□不熟练	互评：□熟练　□不熟练	师评：□合格　□不合格	
日期：	日期：	日期：	

怠速控制系统的检查【评分细则】

序号	评分项	得分条件	分值	评分要求	自评	互评	师评
1	安全/7S/态度	□ 1. 能进行工位 7S 操作 □ 2. 能进行设备和工具安全检查 □ 3. 能进行车辆安全防护操作 □ 4. 能进行工具清洁、校准、存放操作 □ 5. 能进行三不落地操作	15	未完成1项扣3分，扣分不得超过15分	□熟练 □不熟练	□熟练 □不熟练	□合格 □不合格
2	专业技能能力	作业 1 □ 1. 能正确读取故障码 □ 2. 能正确记录并分析故障码 □ 3. 能正确读取系统数据流 □ 4. 能正确记录并分析系统数据流 作业 2 □ 1. 能正确测量怠速电磁阀电阻 □ 2. 能正确测量怠速电磁阀电路是否短路 □ 3. 能正确测试怠速电磁阀工作情况	50	未完成1项扣5分，扣分不得超过50分	□熟练 □不熟练	□熟练 □不熟练	□合格 □不合格
3	工具及设备的使用能力	□ 1. 能正确使用维修工具 □ 2. 能正确使用万用表 □ 3. 能正确使用故障诊断仪	10	未完成1项扣3分，扣分不得超过10分	□熟练 □不熟练	□熟练 □不熟练	□合格 □不合格
4	资料、信息查询能力	□ 1. 能正确使用维修手册查询资料 □ 2. 能正确记录查询资料的章节及页码 □ 3. 能正确记录所需维修信息	10	未完成1项扣3分，扣分不得超过10分	□熟练 □不熟练	□熟练 □不熟练	□合格 □不合格
5	数据判断和分析能力	□ 1. 能分析系统故障码是否正常 □ 2. 能分析系统数据流是否正常 □ 3. 能判断怠速电磁阀是否正常 □ 4. 能判断测量电路是否正常	10	未完成1项扣3分，扣分不得超过10分	□熟练 □不熟练	□熟练 □不熟练	□合格 □不合格
6	表单填写和报告撰写能力	□ 1. 字迹清晰 □ 2. 语句通顺 □ 3. 无错别字 □ 4. 无涂改 □ 5. 无抄袭	5	未完成1项扣1分，扣分不得超过5分	□熟练 □不熟练	□熟练 □不熟练	□合格 □不合格

总分：

随堂笔记

任务二

排放控制系统的检查

🔧 学习目标

知识目标

1）了解汽车排放的污染物有哪些及形成原因。

2）掌握三元催化转化器、废气再循环和燃油蒸发排放控制的基本原理。

技能目标

1）能规范地检查三元催化转化器的性能。

2）会分析并能排除与废气再循环系统相关的故障。

3）会分析并能排除与燃油蒸发排放控制系统相关的故障。

素养目标

1）能够在工作过程中与小组其他成员合作、交流，养成团队合作意识，锻炼沟通能力。

2）养成 7S 的工作习惯。

3）养成服从管理、吃苦耐劳与规范作业的良好工作作风。

🚗 任务描述

有一位丰田卡罗拉轿车用户将车开到维修站，反映车辆行驶一段距离后发动机故障指示灯就会亮起，每次运行时都是如此，但是当故障指示灯亮起后，发动机性能没有明显的变化，需要检修。

相关知识

一、发动机排放污染物的形成与影响因素

汽车的排放污染物有很多，但最主要的有害成分有三种：CO（一氧化碳）、HC（碳氢化合物）和 NO_x（氮氧化合物），如图 5-16 所示。

1. 一氧化碳（CO）的形成

CO 是可燃混合气在燃烧过程中，因氧气不足而生成的产物。其生成量主要取决于空燃比，当使用空燃比小于 14.7 的浓混合气时，因氧气相对不足，生成的 CO 较多。

2. 碳氢化合物（HC）的形成

HC 是燃料没有燃烧或不完全燃烧的产物，还有一部分是来自曲轴箱窜气（图 5-17）和燃油箱燃料的蒸发（图 5-18）。曲轴箱窜出的气体大部分是未燃烧的气体。燃油箱内的汽油在温度越高时，蒸发量越大。

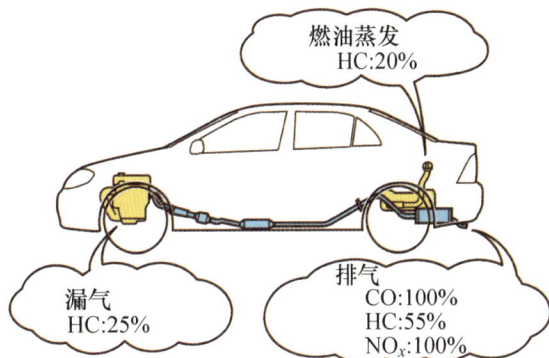

图 5-16　汽车排放的污染物

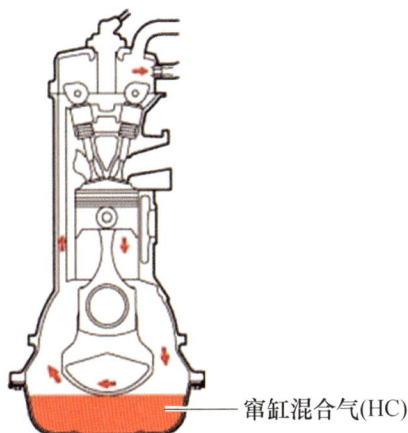

图 5-17　曲轴箱窜气

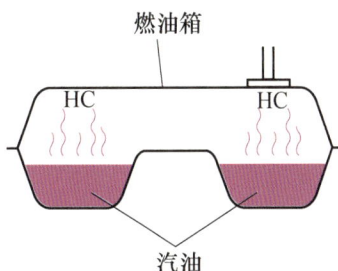

图 5-18　燃油箱蒸发

3. 氮氧化合物（NO_x）的形成

NO_x 是由空气中的氮和氧在燃烧室高温高压作用下发生化学反应生成的，它的生成量取决于燃烧的最高温度和高温持续时间等。柴油发动机压缩比高，燃烧后产生的温度高，因而 NO_x 是主要的有害排放物。

二、三元催化转化器

1. 作用

三元催化转化器是汽车排放系统中最重要的机外净化装置，它可将汽车尾气排出的 CO、HC 和 NO_x 等有害气体通过氧化和还原作用转变为无害的二氧化碳、水和氮气。

2. 结构

三元催化转化器安装在排气消声器前面，由三元催化转化芯子和外壳等成。芯子是催化剂的载体，它是由陶瓷做成的蜂窝状的格栅，并在格栅上涂有贵金属材料铂（或钯）和铑，如图 5-19 所示。

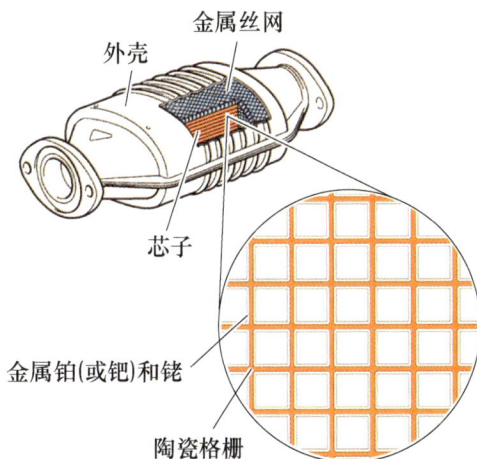

图 5-19　三元催化转化器的结构

随堂笔记

171

3. 工作原理

当发动机燃烧后的废气通过蜂窝状的格栅时，金属铂具有很强的氧化性，能够使 HC 和 CO 继续和排气管中的 O_2 产生氧化反应，生成 CO_2 和 H_2O；金属钯和铑具有很强的还原性，能够将 NO_x 还原成 O_2 和 N_2，但只有当空燃比精确控制在理论空燃比 14.7 附近时，其转化效率才能最佳。因此，在三元催化转化器的前端安装有前氧传感器，它通过反馈控制能将空燃比控制在理论空燃比附近；同时，在三元催化转化器的后端安装有后氧传感器，用于检测三元催化转化器的转化效率。

三、废气再循环（EGR）

1. 作用

废气再循环就是在 ECU 的控制下，根据发动机的不同工况，将一部分废气引入进气管与新鲜可燃混合气混合后再进入气缸，由于该部分废气不能参与燃烧，从而能够降低燃烧速度和最高燃烧温度，以减少 NO_x 生成量。

2. 结构与工作原理

EGR 系统的结构如图 5-20 所示，它通过一个特殊的通道将排气歧管与进气歧管连通，在该通道上装有 EGR 阀。当 EGR 阀膜片上方真空室的真空度增大时，阀门开度增大，循环的废气量增多；反之，真空度小，循环的废气量小。ECU 通过控制 EGR 阀上方真空度的大小，就能控制废气循环量。

图 5-20　EGR 系统的结构

实验表明，当废气量达到 15% 时，NO_x 的排放量即可减少 60%。但废气量增加过多时，会使发动机动力性能下降，HC 含量会上升。因此，必须对进入进气管内的废气量实行适时控制，既能降低 NO_x 含量，又可保证发动机的动力性。废气再循环电子控制系统就是选择 NO_x 排放量多的发动机运行工况（中、高负荷工况），进行适当废气量（范围可达 15%~20%）的控制。

3. 控制方式

图 5-21 为常见的 EGR 电子控制系统，它主要由 EGR 阀、EGR 电磁阀和相关传感器等组成。

EGR 阀通过管道将排气管与进气总管连通，其真空气室的真空度受 EGR 电磁阀

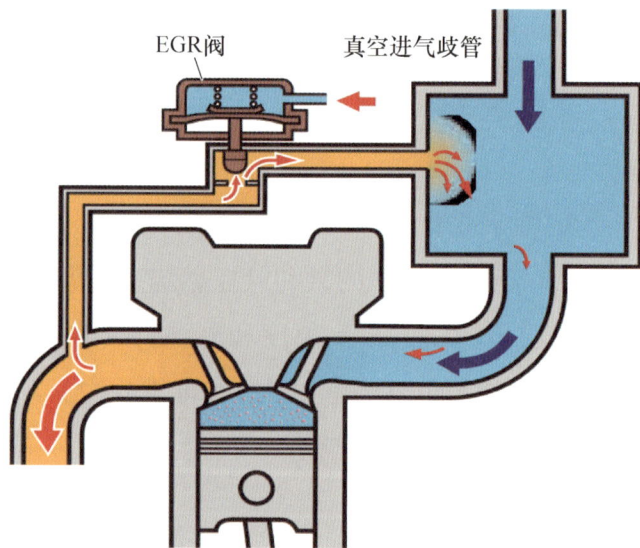

控制，ECU 根据发动机转速、空气流量、节气门位置、冷却液温度等信号控制 EGR 电磁阀通电时间的长短来控制进入 EGR 阀真空气室的真空度，从而控制 EGR 阀的开度来改变参与再循环的废气量。

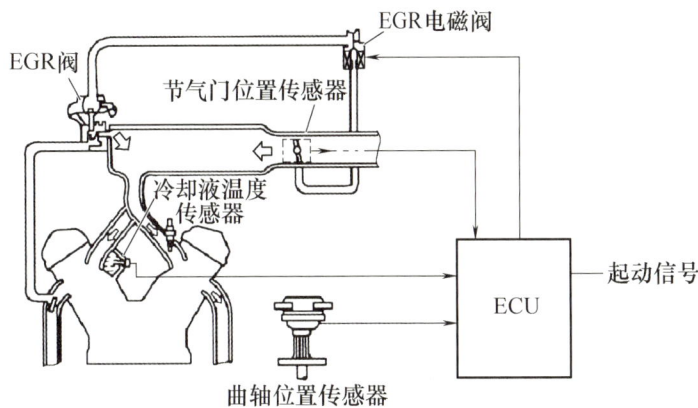

图 5-21　EGR 电子控制系统

四、燃油蒸发排放控制（EVAP）

1. 作用

EVAP 系统收集燃油箱蒸发的燃油蒸气，并将燃油蒸气在合适的时机导入气缸参加燃烧，从而防止燃油蒸气直接排到大气而造成污染。同时，根据发动机工况，EVAP 系统控制导入气缸参加燃烧的燃油蒸气量。

2. 结构

目前，常见的比较简单的燃油蒸发排放控制系统如图 5-22 所示，它主要由燃油箱、活性炭罐（内装活性炭）和炭罐电磁阀等组成。

活性炭罐是燃油蒸发系统中储存蒸气的部件，它的下部与大气相通，上部用接头与油箱和进气歧管相连，用于收集和清除燃油蒸气，中间是活性炭颗粒，它具有极强的吸附燃油分子的作用。

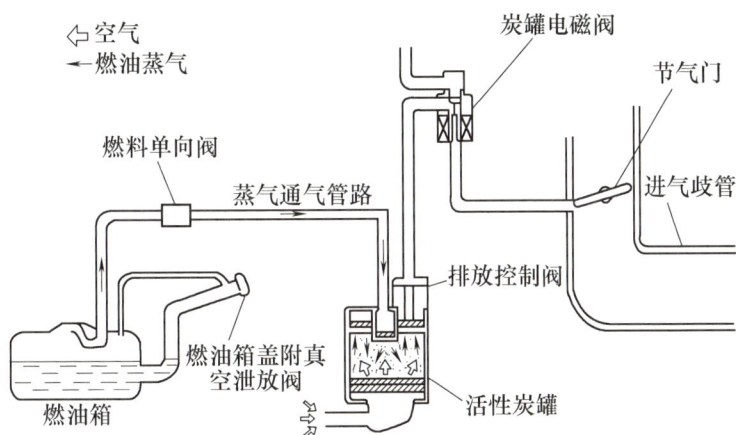

图 5-22　燃油蒸发排放控制系统

3. 工作原理

燃油箱蒸发的燃油蒸气经燃油箱管道进入活性炭罐后，蒸气中的燃油分子被吸附在活性炭颗粒的表面储存起来。当发动机运转时，如果 ECU 控制炭罐电磁阀开启，则在进气歧管真空吸力的作用下，空气从活性炭罐底部进入，经过活性炭至上方出口，再经软管进入发动机进气管，吸附在活性炭表面的燃油分子又重新脱附，随新

随堂笔记

173

鲜空气一起被吸入发动机气缸燃烧，使活性炭罐内的活性炭又能恢复吸附能力，而不会因使用太久而失效。当炭罐电磁阀关闭时，燃油蒸气储存在活性炭罐中。

五、曲轴箱强制通风装置（PCV）

1. 作用

在发动机工作时，总有一部分可燃混合气和废气经活塞环窜到曲轴箱内，它会使润滑油变稀，润滑性能变差，若漏到大气中，会造成污染。曲轴箱强制通风装置通过管道将曲轴箱内的窜缸气体引入进气管进入气缸燃烧，起到降低有害污染物（HC）的作用。

2. 结构与工作原理

曲轴箱强制通风装置结构如图 5-23 所示，它主要由曲轴箱强制通风管、PCV 软管和 PCV 阀等组成。其核心部件是 PCV 阀，它由一个柱塞式阀门和弹簧构成，一般装在气缸盖的上部。进气歧管的真空度决定了 PCV 阀开启和关闭的程度。当节气门开度小时，进气歧管的真空度较大，PCV 阀在真空的吸力下压缩弹簧关闭了通道，随着节气门开度的增加，进气歧管的真空度减小，对 PCV 阀的吸力减小，阀门在弹簧的作用下逐渐打开，此时将曲轴箱内的废气吸入气缸再燃烧。

随堂笔记

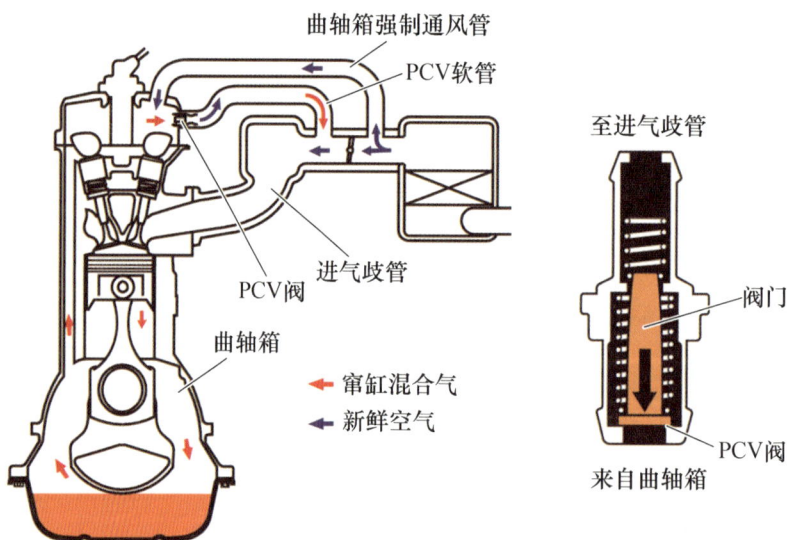

图 5-23 曲轴箱强制通风装置结构

排放控制系统的检查	学习任务单	班级： 姓名：

1. 汽车的排放污染物有很多，但最主要的有害成分有三种：_____、_____和 NO_x（氮氧化合物）。

2. CO 是可燃混合气在燃烧过程中，因_____不足而生成的产物。其生成量主要取决于空燃比，当使用空燃比小于_____的浓混合气时，因氧气相对不足，生成的 CO 较多。

3. _____是燃料没有燃烧或不完全燃烧的产物，还有一部分是来自曲轴箱窜气和燃油箱燃料的蒸发。

4. _____是由空气中的氮和氧在燃烧室高温高压作用下发生化学反应生成的，它的生成量取决于燃烧的最高温度和高温持续时间等。

5. 三元催化转化器是汽车排放系统中最重要的机外净化装置，它可将汽车尾气排出的 CO、HC 和_____等有害气体通过氧化和还原作用转变为无害的二氧化碳、_____和氮气。

6. 三元催化转化器安装在_____前面，由三元催化转化芯子和外壳等组成。_____用于检测三元催化转化器的转化效率，当检测到转化效率不良时，发动机故障指示灯会点亮。

7. 废气再循环就是在 ECU 的控制下，根据发动机的不同工况，将一部分_____引入进气管与新鲜可燃混合气混合后再进入气缸，由于该部分废气不能参与燃烧，从而能够降低燃烧速度和最高燃烧温度，以减少_____生成量。

8. 废气再循环系统一般是在发动机_____工况下才能工作。

9. 燃油蒸发排放控制的作用是收集燃油箱蒸发的_____，并将燃油蒸气在合适的时机导入气缸参加_____，从而防止燃油蒸气直接排到大气而造成环境污染。

10. 根据题图 5-3 写出燃油蒸发排放控制系统各零部件的名称。

随堂笔记

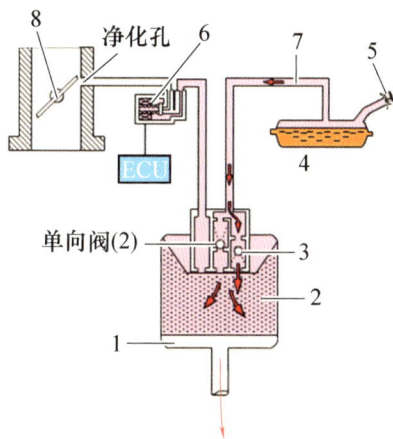

题图　5-3

任务实施

实训器材

轿车整车或电控发动机实训台架、常用工具、万用表、故障诊断仪、红外线温度计等。

作业准备

1）车辆在工位停放周正。

2）铺好车内和车外护套。

操作步骤

一、用汽车故障诊断仪读取发动机 ECU 的故障码

1）检查变速器档位是否处于 P 位，驻车制动器是否处于制动状态。

2）打开位于仪表板左下方的车辆诊断接口盖，将汽车故障诊断仪连接到车辆故障诊断接口。

3）起动发动机。

4）打开故障诊断仪，按菜单指示操作，进入发动机系统。

5）选择读取故障码，根据故障码查找对应的排放控制系统，然后按照各排放系统的检修方法找到故障的原因。

二、检修三元催化转化器

1. 外观检查

1）观察三元催化转化器表面是否有凹陷，若有明显的凹痕或刮擦，则说明三元催化转化器的载体可能受到损伤，需更换。

2）观察三元催化转化器外壳上是否有严重的褪色斑点或略有青色和紫色的痕迹，若有则说明三元催化转化器处于过热状态，需做进一步的检查。

3）用拳头敲击或用力晃动三元催化转化器，如果听到有物体移动的声音，则说明其内部催化剂载体破碎，需要更换三元催化转化器。

4）若故障码显示三元催化转化器转化效果不良，也可直接拆下三元催化转化器，检查催化剂载体是否破损或堵塞。

2. 加热法检查

三元催化转化器在正常工作状态下，由于氧化反应会产生大量的热量，因此可通过温差对比来判断三元催化转化器性能的好坏。

1）起动发动机，预热至正常工作温度，将发动机转速维持在 2500r/min 左右。

2）将车辆举升到合适的高度，并落好安全锁。

随堂笔记

3）用红外线温度计测量三元催化转化器进口和出口的温度（出口的温度应至少高于进口温度 10%~15%），如果出口温度低于以上的范围，则说明三元催化转化器工作不正常，需更换；如果出口温度值超过以上范围，则说明废气中含有异常高浓度的 CO 和 HC，需对发动机本身作进一步的检查。

三、检修废气再循环系统

废气再循环系统的主要故障是废气不能进入发动机进气系统进行循环；还有废气不应循环时反而进入发动机进气系统中循环。当发动机怠速时，若废气进入进气系统，会使发动机运转不稳，甚至出现熄火。

1. EGR 阀测试

1）起动发动机，并运转到正常工作温度。

2）从 EGR 阀上拆下真空管。

3）将手持式真空泵连接到 EGR 阀上，然后摇动真空泵，发动机怠速会不稳或熄火；当释放掉真空后怠速应能恢复正常。

进行以上测试时如果发动机怠速没反应，则可能 EGR 阀损坏或废气通道堵塞。

4）拆下 EGR 阀。

5）检查 EGR 阀的通道和废气通道是否堵塞，必要时清洗；若通道正常则更换 EGR 阀。

2. EGR 系统的检测

1）首先检查连接的真空管路是否破损和导线插接器连接是否牢固。

2）关闭点火开关，拔下 EGR 电磁阀插接器。

3）用万用表测量 EGR 电磁阀线圈的阻值，阻值一般为 20~50Ω。否则，应更换 EGR 电磁阀。

4）向 EGR 电磁阀两端子施加蓄电池电压，应能听到"咔嗒"声。否则，更换 EGR 电磁阀。

四、检修燃油蒸发排放控制系统

1. 外观检查

1）用手晃动检查燃油蒸发管路及接头部分是否松动。

2）检查燃油箱盖垫圈及阀门有无损坏。

3）检查活性炭罐表面有无开裂和变形等损坏，若有损坏，则应更换。

2. 就车检查

1）怠速检测：起动发动机，并运转到正常工作温度后怠速运转。拔下活性炭罐上通往炭罐电磁阀的真空软管，检查软管内应无真空吸力，否则，应进一步检查炭罐电磁阀。

随堂笔记

2）加速检测：踩下加速踏板，使发动机转速保持在 2500r/min，上述软管应有吸力；若无吸力，应检查电磁阀线束插头内的电压，若电压正常，说明电磁阀故障；若电压异常或无电压，说明 ECU 或控制电路有故障。

3. 检查炭罐电磁阀

1）检查炭罐电磁阀电阻，一般应为 20~30Ω，若阻值不符，应更换炭罐电磁阀。

2）向炭罐电磁阀两端子施加蓄电池电压，应能听到"咔嗒"声。否则，更换炭罐电磁阀。

随堂笔记

排放控制系统的检查	工作任务单	班级：
		姓名：

1. 车辆信息记录

品牌		整车型号		生产年月	
发动机型号		发动机排量		行驶里程	
车辆识别代号（VIN）					

2. 故障诊断分析报告

项目	诊断记录
故障现象描述	

相关数据流分析

1. 故障码读取与分析

故障指示灯	故障码	故障码说明
常亮□　正常□		

2. 与故障码相关数据流读取与分析

序号	项目名称	数据	判定
1			异常□　正常□
2			异常□　正常□

部件检查

1. 三元催化转化器的检修

部件名称	条件	检查结果	判定
三元催化转化器	外观检查	损伤□　过热□　正常□	异常□　正常□
	加热法检查	三元催化转化器进口温度：_____℃　三元催化转化器出口温度：_____℃	异常□　正常□

2. EGR 阀的测试

部件名称	条件	检查结果	判定
EGR 阀	真空测试	怠速变低□　怠速无变化□	异常□　正常□
	电阻测量	电阻：_____Ω	异常□　正常□
	施加电压测试	工作□　未工作□	异常□　正常□

3. 燃油蒸发排放控制系统的检修

部件名称	条件	检查结果	判定
燃油蒸发管路	外观检查	损伤□　松脱□　正常□	异常□　正常□
活性炭罐	外观检查	损伤□　开裂□　正常□	异常□　正常□
电磁阀真空管	怠速检测	有吸力□　无吸力□	异常□　正常□
	加速检测	有吸力□　无吸力□	异常□　正常□
炭罐电磁阀	电阻测量	电阻：_____Ω	异常□　正常□
	施加电压测试	工作□　未工作□	异常□　正常□

4. 部件 / 电路故障点确认及分析

维修措施：维修□　更换□　调整□

随堂笔记

排放控制系统的检查			实习日期：			
姓名：		班级：	学号：		导师签名：	
自评：□熟练 □不熟练		互评：□熟练 □不熟练	师评：□合格 □不合格			
日期：		日期：	日期：			

排放控制系统的检查【评分细则】

序号	评分项	得分条件	分值	评分要求	自评	互评	师评
1	安全/7S/态度	□ 1. 能进行工位 7S 操作 □ 2. 能进行设备和工具安全检查 □ 3. 能进行车辆安全防护操作 □ 4. 能进行工具清洁、校准、存放操作 □ 5. 能进行三不落地操作	15	未完成1项扣3分，扣分不得超过15分	□熟练 □不熟练	□熟练 □不熟练	□合格 □不合格
2	专业技能能力	作业 1 □ 1. 能正确读取并分析故障码 □ 2. 能正确读取并分析系统数据流 作业 2 □ 1. 能正确检查三元催化转化器的外观 □ 2. 能正确检查三元催化转化器的进口温度 □ 3. 能正确检查三元催化转化器的出口温度 □ 4. 能正确进行 EGR 阀真空测试 □ 5. 能正确测量 EGR 阀电阻 □ 6. 能正确测试 EGR 阀工作情况 □ 7. 能正确检查燃油蒸发管路 □ 8. 能正确检查活性炭罐的外观 □ 9. 能正确检查怠速时电磁阀软管真空度 □ 10. 能正确检查加速时电磁阀软管真空度 □ 11. 能正确测量炭罐电磁阀电阻 □ 12. 能正确测试炭罐电磁阀工作情况	50	未完成1项扣3分，扣分不得超过50分	□熟练 □不熟练	□熟练 □不熟练	□合格 □不合格
3	工具及设备的使用能力	□ 1. 能正确使用维修工具 □ 2. 能正确使用万用表 □ 3. 能正确使用故障诊断仪 □ 4. 能正确使用红外线温度计 □ 5. 能正确使用真空泵	10	未完成1项扣3分，扣分不得超过10分	□熟练 □不熟练	□熟练 □不熟练	□合格 □不合格
4	资料、信息查询能力	□ 1. 能正确使用维修手册查询资料 □ 2. 能正确记录查询资料的章节及页码 □ 3. 能正确记录所需维修信息	10	未完成1项扣3分，扣分不得超过10分	□熟练 □不熟练	□熟练 □不熟练	□合格 □不合格
5	数据判断和分析能力	□ 1. 能分析系统故障码是否正常 □ 2. 能分析系统数据流是否正常 □ 3. 能判断三元催化转化器是否正常 □ 4. 能判断 EGR 阀是否正常 □ 5. 能判断炭罐电磁阀是否正常	10	未完成1项扣3分，扣分不得超过10分	□熟练 □不熟练	□熟练 □不熟练	□合格 □不合格
6	表单填写和报告撰写能力	□ 1. 字迹清晰 □ 2. 语句通顺 □ 3. 无错别字 □ 4. 无涂改 □ 5. 无抄袭	5	未完成1项扣1分，扣分不得超过5分	□熟练 □不熟练	□熟练 □不熟练	□合格 □不合格

总分：

随堂笔记

任务三

涡轮增压系统的检查

🔧 学习目标

知识目标

1）掌握涡轮增压系统的作用、类型与原理。

2）了解涡轮增压器的结构。

技能目标

1）会规范地检查与拆装涡轮增压系统各部件。

2）会参考维修手册，排除与涡轮增压系统相关的故障。

素养目标

1）能够在工作过程中与小组其他成员合作、交流，养成团队合作意识，锻炼沟通能力。

2）养成 7S 的工作习惯。

3）养成服从管理、吃苦耐劳与规范作业的良好工作作风。

🚗 任务描述

有一位长城哈弗 M6 越野车用户将车开到维修站，反映最近车辆行驶无力，油耗明显增加，需要检修。

相关知识

一、涡轮增压的作用

涡轮增压的主要作用就是提高发动机进气量，从而提高发动机的功率和转矩，让车辆"更有劲"。一台发动机装上涡轮增压器后，如图 5-24 所示，其最大功率与未装增压器的时候相比可以增加 30% 甚至更高。这样也就意味着同样一台发动机在经过增压之后能够产生更大的功率。例如最常见的 1.8T 涡轮增压发动机，

图 5-24　涡轮增压发动机

经过增压之后，动力可以达到 2.4L 发动机的水平，但是耗油量却与 1.8L 发动机差不多，从另外一个角度来看就是提高燃油经济性和降低尾气排放。

但是，发动机在经过增压之后，工作时的压力和温度都大大升高，因此发动机寿命会比同样排量没有经过增压的发动机要短，而且其机械性能、润滑性能都会受到影响，所以，在一定程度上限制了涡轮增压技术在发动机上的应用。

二、涡轮增压的增压类型与原理

不同汽车的增压发动机使用的增压方式不尽相同，主要有机械增压方式、废气涡轮增压方式和复合增压方式等几种类型，其中废气涡轮增压方式在汽车上应用最广泛。

1. 机械增压方式

机械增压装置安装在发动机上并由传动带与发动机曲轴相连接，发动机输出轴的动力驱动增压器的转子旋转，从而将空气增压"吹"到进气歧管里，如图 5-25a 所示。其优点是涡轮转速和发动机转速相同，因此没有滞后现象，动力输出非常流畅。但是由于该方式由发动机曲轴带动，因此还是消耗了发动机部分动力，增压效果并不好。

2. 废气涡轮增压方式

废气涡轮增压器与发动机无任何机械联系，实际上是一种空气压缩机，它通过压缩空气来增加进气量。它是利用发动机排出的废气惯性冲力来推动涡轮室内的涡轮，涡轮又带动同轴的叶轮，叶轮压送由空气滤清器管道送来的空气，使之增压进入气缸，如图 5-25b 所示，当发动机转速增加，废气排出速度与涡轮转速也同步增加，叶轮就压缩更多的空气进入气缸，空气的压力和密度增大可以燃烧更多的燃料，相应增加燃油量就可以增加发动机的输出功率。一般而言，加装废气涡轮增压器后的发动机功率及转矩要增大 20%~30%。

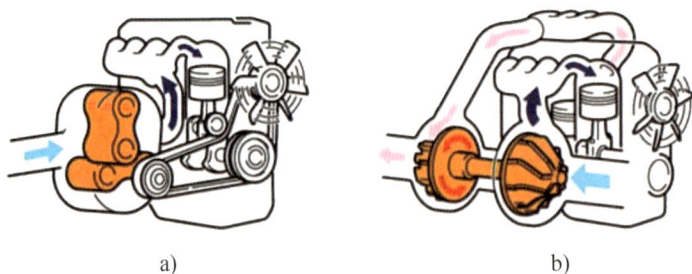

图 5-25 机械增压与废气涡轮增压

a）机械涡轮增压　b）废气涡轮增压

3. 复合增压方式

复合增压方式是指废气涡轮增压和机械增压并用，如图 5-26 所示，机械增压有

助于低转速时的转矩输出，但是高转速时功率输出有限；而废气涡轮增压在高转速时拥有强大的功率输出，但低转速时则"力不从心"。因此，把机械增压和涡轮增压结合在一起，来解决两种技术各自的不足，同时解决低速转矩和高速功率输出的问题。这种增压方式发动机输出功率大、燃油消耗率低、噪声小，但是结构太复杂，技术含量高，维修维护不容易，因此很难普及。

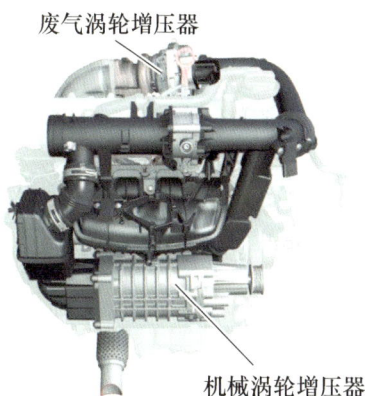

图 5-26　复合增压式发动机

三、废气涡轮增压系统结构

废气涡轮增压系统是在自然吸气式发动机的基础上增加废气涡轮增压器、增压管、空气冷却器、压力与温度传感器等部件，如图 5-27 所示。

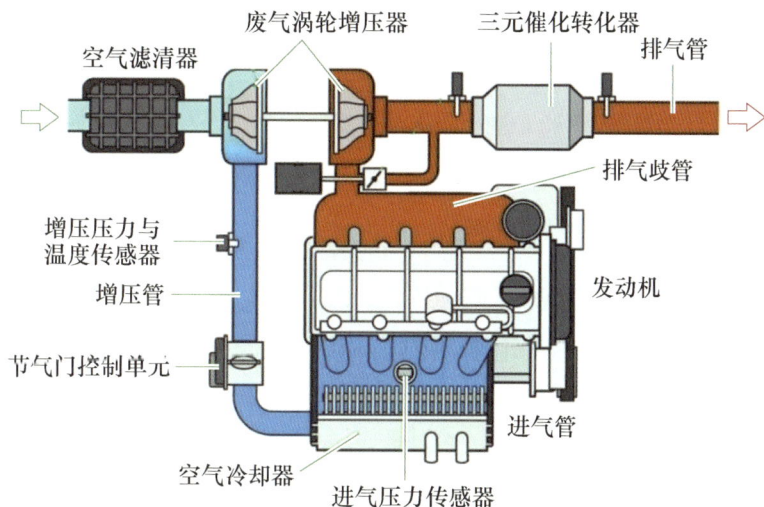

图 5-27　废气涡轮增压系统结构

1. 废气涡轮增压器

（1）结构　废气涡轮增压器的结构如图 5-28 所示，它主要由涡轮叶轮、压缩机叶轮、连接两个叶轮的轴及轴承机构、废气旁通阀、空气旁通阀和真空执行器等组成。

（2）工作过程　安装在排气道的涡轮叶轮和安装在进气道的压缩机叶轮由一根轴相连，组合成转子，如图 5-29 所示，当发动机工作时，排出的废气还有非常大的动能，驱动涡轮叶轮高速旋转，通过轴带动压缩机叶轮高速旋转，压缩机叶轮转动后给进气系统增压。增压器一般安装在发动机的排气一侧，所以增压器的工作温度很高，因此增压器需要接通冷却系统，用冷却液为增压器进行冷却。而且增压器在工作时转子的转速非常高，可达到每分钟十几万转，如此高的转速和温度使得常见的机械滚针或滚珠轴承无法为转子工作，因此涡轮增压器普遍采用全浮动轴承，再接通润滑系统，由机油来进行润滑，保证增压器的可靠工作。

随堂笔记

183

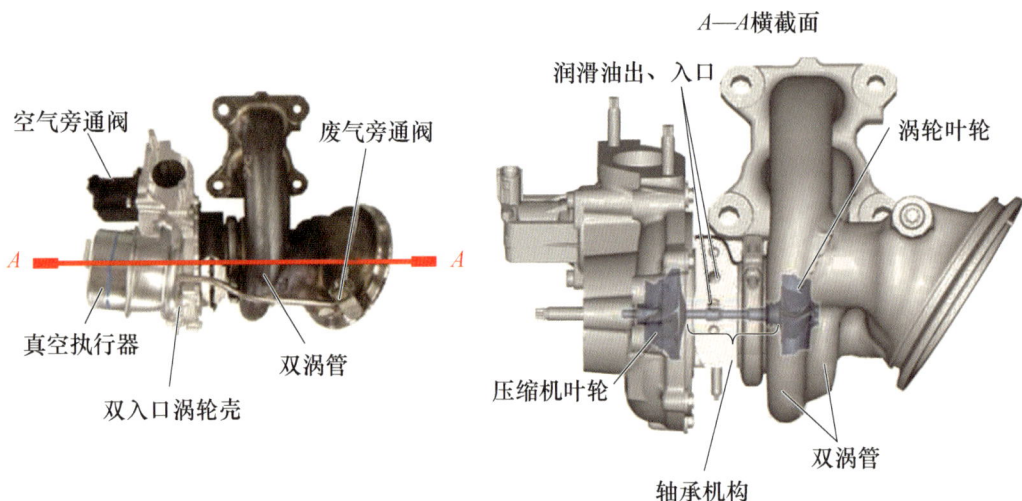

图 5-28　废气涡轮增压器的结构

（3）**废气旁通阀**　废气旁通阀调节废气旁通气道开度的大小，使得只有一部分废气经过涡轮叶轮进入排气道，由此来调节涡轮的输出功率和增压压力。废气旁通阀的开度是由ECM 通过真空电磁阀控制通往真空执行器的真空度来调节的，其工作过程如图 5-30 所示。

（4）**空气旁通阀**　空气旁通阀调节空气旁通气道开度的大小，可以减弱涡轮增压时特有的噪声。空气旁通阀是一个步进电动机，由 ECM 直接控制，其工作过程如图 5-31 所示。

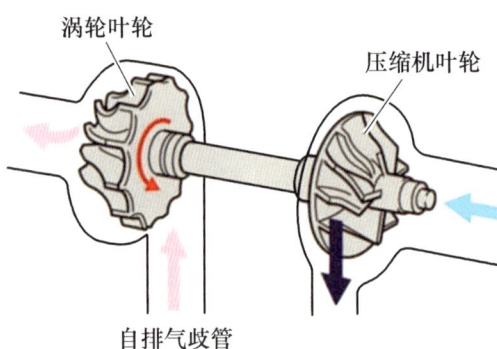

图 5-29　废气涡轮增压器转子

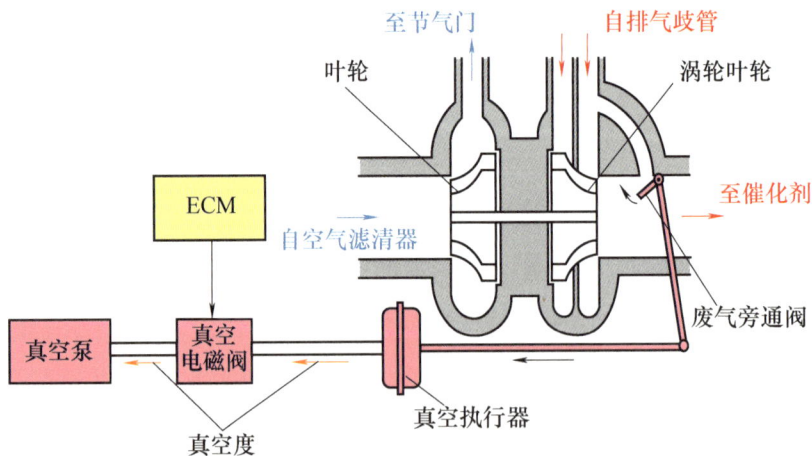

图 5-30　废气旁通阀的工作过程

2. 空气冷却器

空气冷却器也称为中冷器，因为涡轮增压对进气压缩后会导致进气的压力和温度升高，需要通过冷却增压后的气体来保证气缸内足够的进气量。部分车型的空气冷却器安装在散热器的前方，如图 5-32 所示，也有部分车型的空气冷却器安装在进气歧管上，还有部分车型空气冷却器通过冷却系统（一般独立于发动机冷却系统）的专用散热器进行冷却。

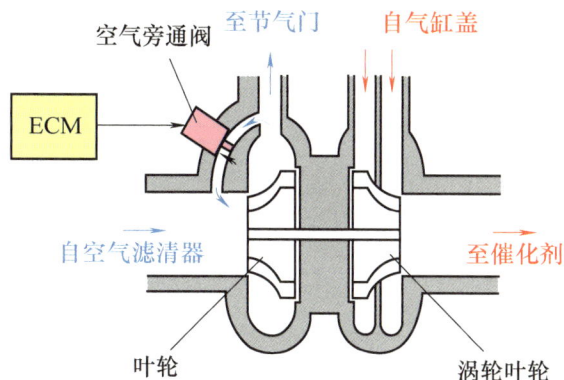

图 5-31　空气旁通阀的工作过程

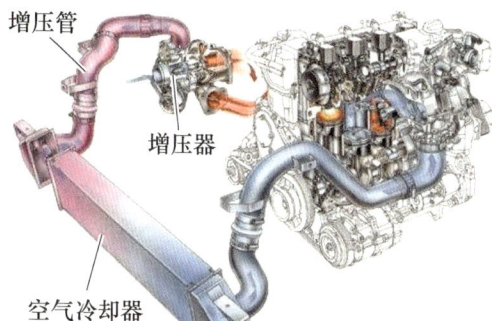

图 5-32　空气冷却器安装位置

3. 压力与温度传感器

带涡轮增压的发动机一般有 2 个压力与温度传感器，一个安装在增压器与节气门体之间的增压管路上，称为增压压力与温度传感器，另一个安装在进气歧管上，称为进气压力与温度传感器，如图 5-33 所示。2 个压力与温度传感器的信号配合使用能保证精确控制。

一般增压压力传感器用来控制增压压力，温度传感器用于对增压压力进行修正，因为温度对增压空气的密度有影响，当温度过高的时候，会通过降低增压压力的方式来保护发动机。

安装在进气歧管上的进气压力传感器和进气温度传感器用来计算冷却后的进气歧管内的进气量。

随堂笔记

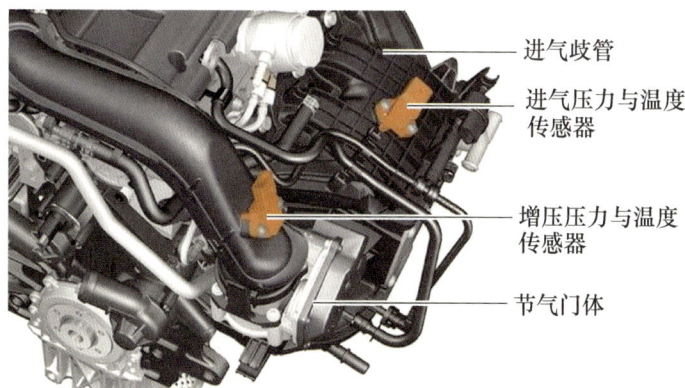

图 5-33　压力与温度传感器位置

涡轮增压系统的检查	学习任务单	班级：
		姓名：

1. 涡轮增压的主要作用就是提高发动机_____，从而提高发动机的功率和转矩，让车辆"更有劲"，还能提高燃油经济性和降低_____。

2. 不同汽车的增压发动机使用的增压方式不尽相同，主要有机械增压方式、_____增压方式和复合增压方式等几种类型，其中_____增压方式是利用发动机排出的废气惯性冲力来推动涡轮室内的涡轮，涡轮又带动同轴的叶轮，叶轮压送由空气滤清器管道送来的空气，使之增压进入气缸。

3. 根据题图 5-4 写出画线处所指零件的名称。

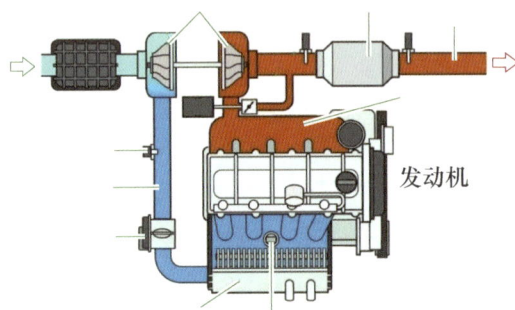

题图 5-4

4. 废气涡轮增压器的_____阀调节废气旁通气道开度的大小，使得只有一部分废气经过涡轮叶轮进入排气道，由此来调节涡轮的输出功率和增压压力。

5. 废气涡轮增压器的_____阀调节空气旁通气道开度的大小，可以减弱涡轮增压时特有的噪声。

6. 空气冷却器的作用是冷却增压后的气体来保证气缸内足够的进气量，因为涡轮增压对进气压缩后会导致进气的压力和温度升高，因此它一般安装在_____。

7. 根据题图 5-5 写出画线处所指零件的名称。

题图 5-5

任务实施

实训器材

涡轮增压发动机的整车或涡轮增压发动机实训台架、常用工具、万用表、汽车故障诊断仪等。

作业准备

1）车辆在工位停放周正。

2）铺好车内和车外护套。

操作步骤

一、使用汽车故障诊断仪读取 ECU 故障码和数据流

1. 读取故障码

1）检查变速器档位是否处于 P 位，驻车制动器是否处于制动状态。

2）打开位于仪表板左下方的车辆诊断接口盖，将汽车故障诊断仪连接到车辆故障诊断接口。

3）起动发动机。

随堂笔记

4）打开故障诊断仪，按菜单指示操作，进入发动机系统。

5）选择读取故障码。

2. 选择读取数据流。

起动发动机，打开诊断仪；选择读取数据流；主要读取发动机怠速时和发动机转速 2000r/min 时增压压力、增压温度、进气压力与进气温度等数据流，并将以上数据值与维修手册标准数据进行对比，从而可以判断涡轮增压系统是否有故障。

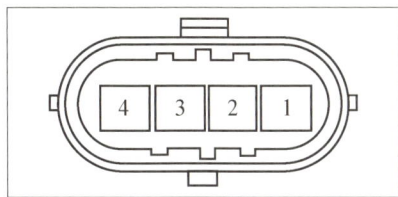

二、增压压力与温度传感器的检测

1. 温度传感器的检测

1）拔下增压压力与温度传感器的插接器，传感器共 4 个引脚，各引脚功能如图 5-34 所示。

2）用万用表测量传感器 1、2 号引脚的阻值，标准电阻值与温度的对应见表 5-1。

引脚号	功能
1	传感器搭铁
2	温度信号
3	5V电源
4	压力信号

图 5-34 插接器各引脚功能

若测量的电阻值不在标准范围内，则需更换增压压力与温度传感器。若测量的电阻值在标准范围内，继续测量至 ECU 的连接电路是否存在断路或短路的故障。

2. 压力传感器的检测

1）用 T 形线或大头针等引出 3、4 号引脚。

表 5-1　标准电阻值与温度对应

温度 /℃	电阻值 /Ω
10	3791~3927
20	2499~2583
50	833.8~857
80	322.5~329.9

2）起动发动机并怠速运转。

3）将数字万用表打到直流电压档，黑表笔接搭铁，红表笔接 3 号引脚的 T 形线或大头针，电压应为 5V。

4）黑表笔接搭铁，红表笔接 4 号引脚的 T 形线或大头针，电压应为 1.3V；再慢慢踩加速踏板，4 号引脚的电压应变化不大；再快速踩加速踏板，4 号引脚的电压瞬间可达 4V 左右，然后再下降到 1.5V 左右。

5）若检测值与标准值不相同，则更换增压压力与温度传感器。

三、废气涡轮增压系统的检查与拆装

1. 废气涡轮增压系统的检查

1）检查废气涡轮增压系统的连接管路夹箍安装是否牢固，连接管路是否松动漏气。

2）检查废气涡轮增压系统的连接管路是否因老化、有裂纹而存在漏气现象。

3）检查空气冷却器是否有裂纹损坏等。

4）检查废气涡轮增压器运转时是否有异响或漏油现象。

2. 废气涡轮增压器的拆卸

1）拆下蓄电池负极。

2）排放发动机冷却液。

3）拆下废气涡轮增压器上的空气冷却器连接管夹箍，再拆下连接管，并用干净的抹布堵住管口，防止杂物进入管内，如图 5-35 所示。

4）拆下废气涡轮增压器上的空气滤清器连接管夹箍，再拆下连接管，并用干净的抹布堵住管口，防止杂物进入管内。

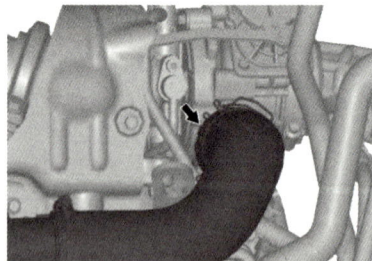

图 5-35　连接管夹箍

5）拆卸排气管连接卡箍。

6）拆下增压器进油管连接螺栓，并取下进油管组件。

7）拆下增压器回油管组件。

8）拆下增压器支架 3 个固定螺栓，并取下支架，如图 5-36 所示。

随堂笔记

9）拆下增压器进水管连接螺栓，并取下进水管组件。

10）拆下增压器回水管组件。

11）拆下增压器与排气管连接的 3 个螺母，并取下增压器总成，如图 5-37 所示。

图 5-36 拆下增压器支架 3 个
固定螺栓

图 5-37 拆下增压器与排气管
连接的 3 个螺母

3. 废气涡轮增压器的安装

按与拆卸相反的顺序安装增压器组件，但需要更换新的增压器进口垫片和进油螺栓垫片，将各连接螺栓按维修手册规定的力矩拧紧，安装完毕后起动发动机，仔细检查增压器是否存在漏油、漏水和漏气等不良现象。

随堂笔记

涡轮增压系统的检查	工作任务单	班级： 姓名：

1. 车辆信息记录

品牌		整车型号		生产年月	
发动机型号		发动机排量		行驶里程	
车辆识别代号（VIN）					

2. 故障诊断分析报告

项目	诊断记录
故障现象描述	

相关数据流分析

1. 故障码读取与分析

故障指示灯	故障码	故障码说明
常亮□　正常□		

2. 与故障码相关数据流读取与分析

序号	项目名称	数据	判定
1			异常□　正常□
2			异常□　正常□
3			异常□　正常□
4			异常□　正常□

故障诊断步骤

1. 增压压力与温度传感器的检测

测量端子	条件	标准值	测量值	判定
温度传感器检测	1-2 号引脚电阻			异常□　正常□
压力传感器检测	3 号引脚电压			异常□　正常□
	4 号引脚电压			异常□　正常□

2. 废气涡轮增压系统的检查

部件名称	检查情况					判定
连接管路	破损□	变形□	老化□	松动□	漏气□	异常□　正常□
空气冷却器	破损□	变形□	裂纹□	松动□	漏气□	异常□　正常□
废气涡轮增压器	破损□	变形□	裂纹□	异响□	漏油□	异常□　正常□

3. 部件／电路故障点确认及分析

维修措施：维修□　更换□　调整□

随堂笔记

涡轮增压系统的检查				实习日期:			
姓名:		班级:		学号:		导师签名:	
自评：□熟练 □不熟练		互评：□熟练 □不熟练		师评：□合格 □不合格			
日期:		日期:		日期:			

涡轮增压系统的检查【评分细则】

序号	评分项	得分条件	分值	评分要求	自评	互评	师评
1	安全/7S/态度	□ 1. 能进行工位 7S 操作 □ 2. 能进行设备和工具安全检查 □ 3. 能进行车辆安全防护操作 □ 4. 能进行工具清洁、校准、存放操作 □ 5. 能进行三不落地操作	15	未完成1项扣3分，扣分不得超过15分	□熟练 □不熟练	□熟练 □不熟练	□合格 □不合格
2	专业技能能力	作业 1 □ 1. 能正确读取与分析故障码 □ 2. 能正确读取与分析系统数据流 作业 2 □ 1. 能正确测量温度传感器 □ 2. 能正确测量压力传感器 作业 3 □ 1. 能正确检查涡轮增压系统的连接管路 □ 2. 能正确检查空气冷却器状况 □ 3. 能正确检查废气涡轮增压器运转状况 □ 4. 能正确拆卸废气涡轮增压器 □ 5. 能正确安装废气涡轮增压器	50	未完成1项扣5分，扣分不得超过50分	□熟练 □不熟练	□熟练 □不熟练	□合格 □不合格
3	工具及设备的使用能力	□ 1. 能正确使用维修工具 □ 2. 能正确使用万用表 □ 3. 能正确使用故障诊断仪	10	未完成1项扣3分，扣分不得超过10分	□熟练 □不熟练	□熟练 □不熟练	□合格 □不合格
4	资料、信息查询能力	□ 1. 能正确使用维修手册查询资料 □ 2. 能正确记录查询资料的章节及页码 □ 3. 能正确记录所需维修信息	10	未完成1项扣3分，扣分不得超过10分	□熟练 □不熟练	□熟练 □不熟练	□合格 □不合格
5	数据判断和分析能力	□ 1. 能分析系统故障码是否正常 □ 2. 能分析系统数据流是否正常 □ 3. 能判断增压压力与温度传感器是否正常 □ 4. 能判断测量电路是否正常 □ 5. 能判断涡轮增压系统的连接管路是否正常 □ 6. 能判断空气冷却器是否正常	10	未完成1项扣3分，扣分不得超过10分	□熟练 □不熟练	□熟练 □不熟练	□合格 □不合格
6	表单填写和报告撰写能力	□ 1. 字迹清晰 □ 2. 语句通顺 □ 3. 无错别字 □ 4. 无涂改 □ 5. 无抄袭	5	未完成1项扣1分，扣分不得超过5分	□熟练 □不熟练	□熟练 □不熟练	□合格 □不合格
总分:							

随堂笔记

参 考 文 献

［1］谭本忠.发动机构造与维修［M］.济南：山东科学技术出版社，2010.

［2］廖晓琼，周广春.汽车发动机维修［M］.北京：人民交通出版社，2014.

［3］王囤.汽车电控发动机构造与维修［M］.北京：人民交通出版社，2011.

［4］陈高路，蔡北勤.汽车发动机控制系统检测与维修工作页［M］.北京：人民交通出版社，2013.

［5］刁维芹，侯文胜.汽车发动机电控系统［M］.北京：机械工业出版社，2013.